Auxiliar de Administración General del Ayuntamiento de Salamanca

Junio, 2024

Curso

La diferencia entre aprobar y sacar plaza

Auxiliar de Administración General

AYUNTAMIENTO DE SALAMANCA

Accede a tu **Curso MAD360** y disfruta de los siguientes recursos:

- Técnicas de Memoria 360.
- MADTEST: Test nivel PRO.
- Temario en formato digital.
- Vídeos.
- Esquemas.
- Planificación de estudio.
- Foro entre opositores hasta la fecha del examen.*
- Recursos y novedades exclusivas.
- Consulta sobre la oposición y el proceso selectivo.
- Actualizaciones legislativas (Boletines Oficiales) hasta 60 días antes de la fecha del examen.*

Para acceder al Curso MAD360** será necesaria la compra de todos los libros para esta especialidad de la edición 2024.

Valida los códigos que encuentras en la última página de tus libros y disfruta de la experiencia MAD360.

Infórmate en: mad.es/registro-campus

NOTA IMPORTANTE:

* Examen de esta categoría profesional correspondiente a la convocatoria publicada en el BOP de Salamanca n.º 93, de 15/05/2024, o hasta el 30 de junio del 2025, lo que se cumpla antes.

** El acceso al CURSO MAD360 estará disponible desde julio de 2024 (algunos recursos podrían estar disponibles en fecha posterior). Tendrá una duración de 365 días, desde la validación de códigos, o hasta el 31 de diciembre del 2025, lo que se cumpla antes.

MAD se reserva el derecho a ampliar dichas fechas.

Auxiliar de Administración General del Ayuntamiento de Salamanca

Test

Autores

JOSÉ LUIS GARRIDO VELA
Licenciado en Derecho

SERGIO JIMENO MOLINS
Ingeniero Superior en Telecomunicaciones Profesor
de Educación Secundaria Obligatoria y Bachillerato

CARLOS TOJEIRO ALCALÁ
Ingeniero Informático
Titulado MCP de Microsoft

© 7 Editores Recursos para la Cualificación Profesional y el Empleo, S.L. (7 Editores)
© Los autores
Primera edición, junio 2024 (426 páginas)
Derechos de edición reservados a favor de 7 Editores
IMPRESO EN ESPAÑA
Diseño Portada: 7 Editores
Edita: 7 Editores
Avda. San Francisco Javier, 9 · Edificio Sevilla 2 · Planta 11 · Módulos 25-27 · 41018 Sevilla
Teléfono: 954 784 411 · WEB: www.mad.es · e-mail: administracion@7editores.com
ISBN: 978-84-142-8282-3
© "Editorial Mad" y "Eduforma" son nombres comerciales registrados de
7 Editores Recursos para la Cualificación Profesional y el Empleo, S.L.

Índice

BLOQUE II

BLOQUE I

TEST N.º 1

La Constitución Española de 1978.
Principios generales. Estructura

1. ¿En qué se fundamenta la Constitución Española?

a) En un Estado social y democrático de Derecho.
b) En la indisoluble unidad de la Nación española.
c) En la independencia de los poderes del Estado.
d) En la organización territorial del Estado.

2. Según el artículo 3 de la CE, el castellano es la lengua oficial del Estado y todos los Españoles:

a) Tienen el deber de usar y el derecho de conocer el castellano.
b) Tienen el derecho y el deber de conocer el castellano.
c) Tienen el deber de conocer y el derecho de usar el castellano.
d) Tienen el derecho de conocer y usar el castellano.

3. La Constitución Española reconoce y garantiza el derecho a la autonomía:

a) De las nacionalidades que la integran.
b) De las regiones que la integran.
c) De las Comunidades Autónomas que la integran.
d) De las nacionalidades y regiones que la integran.

4. El Preámbulo de la Constitución:

a) Tiene en sí carácter de norma jurídica.
b) Es una declaración de intenciones, destinada a interpretar lo que se quiere alcanzar con el contenido normativo de la Constitución.
c) Se trata de un texto sin fuerza jurídica de obligar.
d) Las respuestas b) y c) son correctas.

5. Señala la afirmación correcta, respecto de la aprobación, ratificación y publicación de la Constitución Española:

a) Aprobada por las Cortes el 31 de octubre de 1978, ratificada por el pueblo en referéndum el 6 de diciembre de 1978 y publicada el 29 de diciembre de 1978.

b) Aprobada por las Cortes el 30 de octubre de 1978, ratificada por el pueblo en referéndum el 16 de diciembre de 1978 y publicada el 27 de diciembre de 1978.

c) Aprobada por las Cortes el 31 de octubre de 1978, ratificada por el pueblo en referéndum el 16 de diciembre de 1978 y publicada el 29 de diciembre de 1978.

d) Aprobada por las Cortes el 10 de octubre de 1978, ratificada por el pueblo en referéndum el 26 de diciembre de 1978 y publicada el 30 de diciembre de 1978.

6. ¿En qué parte de la Carta Magna se establece la exposición de motivos que impulsan la norma constitucional y los objetivos que con ella se pretenden alcanzar?

a) En el Título preliminar.

b) En el Preámbulo.

c) En el Título I.

d) En el Título II.

7. La Constitución Española fue sancionada por:

a) El Rey.

b) El Presidente del Congreso.

c) Las Cortes Generales.

d) El Presidente del Gobierno.

8. ¿Cuáles de los siguientes españoles de origen pueden ser privados de su nacionalidad?

a) Exclusivamente los miembros de grupos terroristas.

b) Los miembros de grupos terroristas y los que atenten contra el Rey u otro miembro de la Casa Real.

c) Los que atenten contra un miembro de la Familia Real o del Gobierno de la Nación.

d) Ningún español de origen podrá ser privado de su nacionalidad.

9. Según la CE son fundamentos del orden político y la paz social:

a) La dignidad de la persona, los derechos violables que les son inherentes y el respeto a la ley.

b) La dignidad de la persona, el desarrollo limitado de la personalidad y el respeto a la ley.

c) El respeto a la ley, a los reglamentos administrativos y demás disposiciones legales.

d) La dignidad de la persona, los derechos inviolables que le son inherentes, el libre desarrollo de su personalidad, el respeto a la ley y a los derechos de los demás.

10. ¿Cuál de los siguientes es considerado por la CE como uno de los valores superiores del ordenamiento jurídico?

a) La jerarquía normativa.
b) El pluralismo político.
c) La publicidad normativa.
d) La equidad.

11. La forma política del Estado español es:

a) Democracia parlamentaria.
b) Gobierno parlamentario.
c) Monarquía parlamentaria.
d) República democrática.

12. La parte de la CE que regula la estructura de los principales órganos del Estado recibe el nombre de:

a) Parte dogmática.
b) Parte orgánica.
c) Parte estatal.
d) Parte estructural.

13. Según la CE, la soberanía nacional:

a) Corresponde a las Cortes Generales, al estar compuestas por los representantes del pueblo.
b) Corresponde al Rey.
c) Reside en el pueblo español.
d) Corresponde al Gobierno de la Nación elegido directamente por el pueblo.

14. Las primeras elecciones democráticas celebradas en España tras la muerte de Franco tuvieron lugar en:

a) 1975.
b) 1976.
c) 1977.
d) 1978.

15. El referéndum en el que se aprobó popularmente la Constitución se llevó a efecto el:

a) 27 de diciembre de 1978.
b) 6 de diciembre de 1978.
c) 31 de octubre de 1978.
d) 29 de diciembre de 1979.

16. La ponencia encargada de redactar el borrador de la Constitución se constituyó en el:

a) Senado.
b) Senado y Congreso de los Diputados.
c) Congreso de los Diputados.
d) Gobierno de la Nación.

17. Si un poder público, en su actuación, infringe lo dispuesto en el Preámbulo de la Constitución:

a) Incurre en nulidad.
b) Incurre en inconstitucionalidad.
c) No pasa nada salvo que, como consecuencia de esa actuación, se infrinja un artículo de la propia Constitución.
d) Nada de lo anterior es cierto.

18. El principio en virtud del cual el ciudadano está amparado por una legislación no sujeta a continuos vaivenes es el de:

a) Legalidad.
b) Publicidad normativa.
c) Seguridad jurídica.
d) Jerarquía normativa.

19. El principio en virtud del cual un Reglamento no puede contradecir una ley es el de:

a) Legalidad.
b) Jerarquía normativa.
c) Las respuestas a) y b) son correctas.
d) Seguridad jurídica.

20. Según la Constitución, una norma que imponga una nueva pena más leve para un delito:

a) No se aplica retroactivamente.
b) Puede aplicarse retroactivamente.
c) Ha de ser reglamentaria.
d) Atenta contra el principio de legalidad penal si se aplica retroactivamente.

21. Todos los españoles, respecto al castellano, tienen el:

a) Derecho-deber de conocerlo.
b) Derecho de usar y deber de conocerlo.
c) Derecho-deber de usarlo.
d) Nada de lo anterior.

22. La capital del Estado en España es:

a) La propia de cada Comunidad Autónoma.
b) La villa de Madrid.
c) Aquella donde se establezca en cada momento el Gobierno de la Nación.
d) Aquella en la que resida generalmente el Rey.

23. El Título de la Constitución que trata de la reforma constitucional es el:

a) Primero.
b) Décimo.
c) Noveno.
d) Undécimo.

24. El Defensor del Pueblo se regula en el siguiente Título y Capítulo de la Constitución, respectivamente:

a) Preliminar y 1.º
b) Segundo y 4.º
c) Segundo y 3.º
d) Primero y 4.º

25. El Título de la misma que trata del Gobierno y la Administración es el:

a) Tercero.
b) Cuarto.
c) Quinto.
d) Sexto.

26. Los principios rectores de la política social y económica se regulan en el siguiente Capítulo y Título de la Constitución:

a) Segundo del Primero.
b) Tercero del Primero.
c) Tercero del Preliminar.
d) Primero del Séptimo.

27. La derogación de una norma posconstitucional que vaya en contra de la Constitución se efectúa por el/la/las:

a) Propia Constitución.
b) Tribunal Constitucional.
c) Cortes Generales.
d) Gobierno de la Nación.

28. El pluralismo político, para nuestra Constitución, es un/una:

a) Principio General del ordenamiento político.
b) Valor superior del ordenamiento jurídico.
c) Principio rector de la política social y económica.
d) Derecho fundamental.

29. La forma política del Estado español es:

a) Unitaria y regionalizada.
b) Federal.
c) La Monarquía Parlamentaria.
d) La propia de un Estado Social y Democrático.

30. La justicia, según nuestra Constitución, es un/una:

a) Principio de nuestro ordenamiento jurídico.
b) Valor superior del anterior.
c) Manifestación del Estado democrático.
d) Todo lo anterior.

31. Un español de origen puede perder esta nacionalidad:

a) Por sanción administrativa.
b) Cuando libremente renuncie a la misma.
c) Por condena penal.
d) En ningún caso.

32. La defensa de la integridad territorial de España se atribuye por la Constitución a/al/a las:

a) Fuerzas y Cuerpos de Seguridad.
b) Fuerzas Armadas.
c) Gobierno de la Nación.
d) Todas las anteriores.

33. El Título de la Constitución que trata de las relaciones entre el Gobierno y las Cortes Generales es el:

a) Cuarto.
b) Quinto.
c) Sexto.
d) Tercero.

34. ¿En qué fecha aprobaron las Cortes Generales la Constitución Española?

a) El 31 de octubre de 1978.
b) El 6 de diciembre de 1978.
c) El 27 de diciembre de 1978.
d) El 29 de diciembre de 1978.

35. ¿Cuál de las siguientes no es una característica de la Carta Magna?

a) Su rigidez.
b) El establecimiento, como forma política del Estado, de la monarquía hereditaria.
c) Su codificación en un solo texto.
d) Su extensión.

36. ¿De cuántos artículos consta la Constitución Española de 1978?

a) De 154.
b) De 163.
c) De 169.
d) De 171.

37. ¿Cuál de los siguientes no es uno de los valores superiores de nuestro ordenamiento jurídico?

a) El pluralismo político.
b) La solidaridad.
c) La libertad.
d) La igualdad.

38. A tenor del artículo 11 de la Constitución, los españoles de origen podrán ser privados de su nacionalidad:

a) Cuando así lo determinen las leyes.
b) Cuando entren al servicio de las armas de un país extranjero.
c) Cuando así lo apruebe el Consejo de Ministros.
d) En ningún caso un español de origen podrá ser privado de su nacionalidad.

39. Las Cortes Generales, ¿en qué Título de nuestra Constitución se regulan?

a) En el Título II.
b) En el Título III.
c) En el Título IV.
d) En el Título VI.

40. Según la Disposición Final de nuestra Constitución, esta entrará en vigor:

a) Al día siguiente de su publicación en el Boletín Oficial del Estado.
b) A los veinte días de la publicación de su texto oficial en el Boletín Oficial del Estado.
c) El mismo día de la publicación de su texto oficial en el Boletín Oficial del Estado.
d) Al año de la publicación de su texto oficial en el Boletín Oficial del Estado.

Solución al test n.º 1

1. b) En la indisoluble unidad de la Nación española.

2. c) Tienen el deber de conocer y el derecho de usar el castellano.

3. d) De las nacionalidades y regiones que la integran.

4. d) Las respuestas b) y c) son correctas.

5. a) Aprobada por las Cortes el 31 de octubre de 1978, ratificada por el pueblo en referéndum el 6 de diciembre de 1978 y publicada el 29 de diciembre de 1978.

6. b) En el Preámbulo.

7. a) El Rey.

8. d) Ningún español de origen podrá ser privado de su nacionalidad.

9. d) La dignidad de la persona, los derechos inviolables que le son inherentes, el libre desarrollo de su personalidad, el respeto a la ley y a los derechos de los demás.

10. b) El pluralismo político.

11. c) Monarquía parlamentaria.

12. b) Parte orgánica.

13. c) Reside en el pueblo español.

14. c) 1977.

15. b) 6 de diciembre de 1978.

16. c) Congreso de los Diputados.

17. c) No pasa nada, salvo que, como consecuencia de esa actuación, se infrinja un artículo de la propia Constitución.

18. c) Seguridad jurídica.

19. c) Las respuestas a) y b) son correctas.

20. b) Puede aplicarse retroactivamente.

21. b) Derecho de usar y deber de conocerlo.

22. b) La villa de Madrid.

23. b) Décimo.

24. d) Primero y 4.º.

25. b) Cuarto.

26. b) Tercero del Primero.

27. a) Propia Constitución.

28. b) Valor superior del ordenamiento jurídico.

29. c) La Monarquía Parlamentaria.

30. b) Valor superior del anterior.

31. b) Cuando libremente renuncie a la misma.

32. b) Fuerzas Armadas.

33. b) Quinto.

34. a) El 31 de octubre de 1978.

35. b) El establecimiento, como forma política del Estado, de la monarquía hereditaria.

36. c) De 169.

37. b) La solidaridad.

38. d) En ningún caso un español de origen podrá ser privado de su nacionalidad.

39. b) En el Título III.

40. c) El mismo día de la publicación de su texto oficial en el Boletín Oficial del Estado.

TEST N.º 2

**Derechos y deberes fundamentales de los españoles.
Su garantía y suspensión. El Defensor del Pueblo**

1. Según la Constitución, el Estado es:

a) Apolítico.
b) Aconfesional.
c) De bienestar social.
d) Federal.

2. El derecho a la vida se consagra en el siguiente artículo de la Constitución:

a) 10.
b) 16.
c) 15.
d) 24.

3. La pena de muerte en España:

a) Ha quedado abolida.
b) Puede aplicarse en cualquier momento.
c) Solo se aplicará, en tiempo de guerra, a los militares.
d) Rige solo en el ámbito civil.

4. La inmediata puesta a disposición judicial derivada del habeas corpus, se produce por:

a) Detención ilegal.
b) Prisión ilegal.
c) Prisión preventiva.
d) Detención preventiva.

5. El proceso en el que se enjuicie a un presunto delincuente debe:

a) Ser sumario.
b) No dilatarse.
c) Entorpecer los instrumentos probatorios.
d) Nada de lo anterior es cierto.

6. La entrada en un domicilio en caso de flagrante delito, sin autorización de su titular:

a) Puede dar lugar a la aplicación del habeas corpus.
b) Requiere autorización previa de la autoridad judicial.
c) Puede efectuarse en todo momento.
d) No puede realizarse en momento alguno.

7. Cuando, al conocerse la comisión de un delito por una persona, se acude a su domicilio para detenerla:

a) Está obligada a franquear la entrada.
b) Se necesitará autorización judicial para entrar, si no da su consentimiento para ello.
c) Pese a que no dé su consentimiento, se puede entrar.
d) Nada de lo anterior es correcto.

8. La autorización previa para celebrar una manifestación pública:

a) La da el Subdelegado del Gobierno en la Provincia.
b) Es ineludible.
c) Sería inconstitucional.
d) Se da cuando no se prevean alteraciones al orden público, con peligro para personas o bienes.

9. El tipo de sufragio que consagra la Constitución es el:

a) Proporcional.
b) Universal.
c) Censitario.
d) Las respuestas a) y b) son correctas.

10. Además de la no autoinculpación, la Constitución prevé que no se está obligado a declarar sobre un hecho presuntamente delictivo en caso de:

a) Parentesco y afinidad.
b) Cláusula de conciencia.
c) Secreto profesional.
d) Las respuestas a) y b) son correctas.

11. Los Tribunales de Honor están prohibidos respecto de los/la/las:

a) Sindicatos y Organizaciones Profesionales.
b) Administración Civil y Militar.
c) Organizaciones Profesionales y la Administración Civil.
d) Todas las respuestas anteriores son correctas.

12. El secreto profesional, constitucionalmente, sirve para:

a) Ejercer con libertad una profesión titulada.
b) La libertad de creación científica y técnica.
c) No declarar sobre hechos presuntamente delictivos.
d) Todo lo anterior.

13. La fundación de una Internacional Sindical por un sindicato español:

a) Es libre.
b) Está prohibida.
c) Debe plasmarse en un Tratado Internacional.
d) Nada de lo anterior es cierto.

14. El ejercicio del derecho de petición a través de una manifestación ciudadana:

a) No se admite.
b) Se admite en algún caso.
c) Se admite, salvo para los militares.
d) Ni se admite ni se prohíbe.

15. Nuestro sistema tributario ha de ser:

a) Regresivo e igualitario.
b) Progresivo y generalizado.
c) Confiscatorio.
d) Justo y regresivo.

16. Las Fundaciones son:

a) Entidades constituidas para fines de interés general.
b) Administración Corporativa.
c) Entidades privadas con fines de carácter también privado.
d) Asociaciones de personas para conseguir fines de interés general.

17. La asistencia de todo orden a los hijos habidos extraconyugalmente:

a) No está prevista en la Constitución.
b) Es un deber de los padres.
c) Se dispensará por Instituciones de Beneficencia.
d) Se dispensa solo a los que de ellos tengan discapacidad.

18. La especulación urbanística, según la Constitución:

a) Debe evitarse.
b) Está permitida.
c) Genera plusvalías para la colectividad.
d) Pueden hacerla los poderes públicos.

19. No es susceptible de recurso de amparo el derecho a la/de:

a) Sindicación.
b) Investigación científica.
c) Secreto de las comunicaciones.
d) Lo son todos ellos.

20. Tampoco lo es el derecho de:

a) Libertad de cátedra.
b) Negociación colectiva.
c) Manifestación.
d) Huelga.

21. Y sí lo está el derecho de/a la:

a) Libre sindicación.
b) Petición.
c) Cláusula de conciencia.
d) Lo están todos ellos.

22. Una vez declarado el estado de excepción no se puede suspender el derecho/ libertad de:

a) Huelga.
b) Enseñanza.
c) Adopción de medidas de conflicto colectivo.
d) Libertad de circulación.

23. Durante el estado de excepción, un detenido conserva el derecho de/a:

a) Setenta y dos horas para ser puesto a disposición judicial.
b) Secreto de comunicaciones.
c) Asistencia de Letrado.
d) Ninguno de ellos.

24. Se puede suspender, con motivo de investigaciones relativas a bandas arma-das, el derecho de:

a) Huelga.
b) Inviolabilidad del domicilio.
c) Libertad de circulación.
d) Las respuestas b) y c) son correctas.

25. El Defensor del Pueblo se configura constitucionalmente como alto comisionado:

a) Del pueblo.
b) De las Cortes Generales.
c) Del Poder Judicial.
d) Del Gobierno.

26. ¿De quién recibe órdenes el Defensor del Pueblo?

a) De las Cortes Generales.
b) No está sometido a mandato imperativo.
c) De los Tribunales.
d) Del Gobierno.

27. El Defensor del Pueblo da cuenta del ejercicio de sus atribuciones al/a las:

a) Tribunal Constitucional.
b) Gobierno de la Nación.
c) Cortes Generales.
d) Poder Judicial.

28. La elección del Defensor del Pueblo compete al/a la/a los:

a) Plenos del Congreso de los Diputados y el Senado.
b) Comisión creada al efecto en el Congreso de los Diputados.
c) Gobierno de la Nación.
d) Rey.

29. La inviolabilidad, respecto al Defensor del Pueblo:

a) No la tiene.
b) La posee sobre cualquier actuación, personal o propia del cargo, que realice.
c) La ostenta en cuanto a los actos que realice en el ejercicio de sus competencias como tal.
d) Supone que está exento de dar cuenta de su trabajo a las Cortes Generales.

30. Si se presenta una queja anónima ante el Defensor del Pueblo:

a) Deberá darle trámite.
b) Solo la tramitará si el asunto es de interés general.
c) No está obligado a darle trámite.
d) Se deja a su arbitrio el darle o no trámite.

31. Las quejas deben presentarse al Defensor del Pueblo:

a) A través de Abogado y Procurador.
b) En papel de pagos al Estado.
c) Con el justificante de haber pagado las tasas correspondientes.
d) En papel común.

32. El auxilio al Defensor del Pueblo por parte de los funcionarios públicos:

a) Se supedita a lo que, en cada caso, determine la Autoridad administrativa de la que dependan.
b) Solo se realizará cuando judicialmente se reclame.
c) Ha de ser preferente y urgente.
d) Es potestativo para ellos.

Solución al test n.º 2

1. b) Aconfesional.

2. c) 15.

3. a) Ha quedado abolida.

4. a) Detención ilegal.

5. b) No dilatarse.

6. c) Puede efectuarse en todo momento.

7. b) Se necesitará autorización judicial para entrar, si no da su consentimiento para ello.

8. c) Sería inconstitucional.

9. b) Universal.

10. c) Secreto profesional.

11. c) Organizaciones Profesionales y la Administración Civil.

12. c) No declarar sobre hechos presuntamente delictivos.

13. a) Es libre.

14. a) No se admite.

15. b) Progresivo y generalizado.

16. a) Entidades constituidas para fines de interés general.

17. b) Es un deber de los padres.

18. a) Debe evitarse.

19. b) Investigación científica.

20. b) Negociación colectiva.

21. d) Lo están todos ellos.

22. b) Enseñanza.

23. c) Asistencia de Letrado.

24. b) Inviolabilidad del domicilio.

25. b) De las Cortes Generales.

26. b) No está sometido a mandato Imperativo.

27. c) Cortes Generales.

28. a) Plenos del Congreso de los Diputados y el Senado.

29. c) La ostenta en cuanto a los actos que realice en el ejercicio de sus competencias como tal.

30. c) No está obligado a darle trámite.

31. d) En papel común.

32. c) Ha de ser preferente y urgente.

TEST N.º 3

La Corona. El Poder Legislativo

1. Según la Constitución Española, arbitra y modera el funcionamiento regular de las instituciones:

a) El Presidente del Gobierno.
b) El Rey.
c) El Estado.
d) Los tribunales de Justicia.

2. Las abdicaciones y renuncias se resolverán:

a) Por ley.
b) Por decreto ley.
c) Por decisión de las Cortes Generales.
d) Por ley orgánica.

3. Si no hubiese a quien corresponda la Regencia, esta será nombrada por:

a) Las Cortes Generales.
b) El Congreso de los Diputados.
c) El Senado.
d) El Gobierno.

4. No necesita de refrendo:

a) Declarar la guerra y hacer la paz.
b) Expedir los decretos acordados en Consejo de Ministros.
c) Nombrar y relevar a los miembros civiles y militares de la Casa Real.
d) Todos los actos del Rey necesitan refrendo.

5. ¿A quién corresponde manifestar el consentimiento del Estado para obligarse por medio de tratados?

a) Al Rey.
b) Al Gobierno.

c) Al Estado.
d) Al Presidente del Gobierno.

6. Las Cámaras se reúnen en sesiones:

a) Ordinarias y extraordinarias.
b) Simples o conjuntas.
c) Ordinarias, extraordinarias y conjuntas.
d) Ordinarias, extraordinarias y de urgencia.

7. Para adoptar acuerdos, las Cámaras deben estar reunidas reglamentariamente y con asistencia de la mayoría de sus miembros. Dichos acuerdos, para ser válidos, deberán ser aprobados:

a) Por la mayoría de los miembros presentes.
b) Por mayoría absoluta de sus miembros.
c) Por los 3/5 de cada una de las Cámaras.
d) Por los 2/3 del conjunto de las Cámaras.

8. ¿En qué plazo deberá ser convocado el Congreso electo tras la celebración de elecciones?

a) Entre los 30 y 60 días siguientes.
b) Dentro de los 25 días siguientes.
c) Entre los 10 y 30 días siguientes.
d) Dentro de los 30 días siguientes.

9. En las causas contra Diputados y Senadores será competente:

a) La Sala de lo Civil del Tribunal Supremo.
b) La Sala de lo Social del Tribunal Supremo.
c) La Sala de lo Contencioso-Administrativo del Tribunal Supremo.
d) La Sala de lo Penal del Tribunal Supremo.

10. Las Diputaciones Permanentes estarán presididas por:

a) El diputado de mayor edad.
b) El diputado del grupo parlamentario más numeroso.
c) El Presidente del Gobierno.
d) El Presidente de la Cámara respectiva.

11. ¿Cuántos Senadores corresponderán a Menorca?

a) 1.
b) 2.
c) 3.
d) 4.

12. La asunción de funciones constitucionales por la Reina consorte:

a) Está prevista como regla general.
b) Depende de la voluntad del Rey.
c) Está prohibida.
d) Está limitada.

13. La tutoría del Rey puede recaer en:

a) Cualquier persona nombrada por las Cortes Generales, en su caso.
b) Sus hijos.
c) Una, tres o cinco personas.
d) Nada de lo anterior es cierto.

14. Una hija del Príncipe de Asturias ostentará este tratamiento:

a) Cuando su padre acceda a la condición de Rey, si es la primogénita, aunque tenga hermanos varones.
b) Al morir su padre.
c) Al acceder a Rey su padre, si no tiene hermano varón.
d) Cuando delegue en ella el propio Príncipe.

15. La Regencia se ejerce:

a) Por mandato del Rey.
b) En nombre de este.
c) Por mandato constitucional.
d) Las respuestas b) y c) son correctas.

16. La dirección de la defensa del Estado es competencia genuina del/de las:

a) Rey.
b) Fuerzas Armadas.
c) Gobierno de la Nación.
d) Todos ellos.

17. El refrendo de los actos del Rey está íntimamente relacionado con:

a) Su irresponsabilidad política.
b) Su inhabilitación.
c) La Regencia.
d) Sus poderes discrecionales.

18. En caso de que el Rey sea menor de edad:

a) No tomará posesión de su cargo hasta su mayoría de edad.
b) Ejercerá la Regencia el Príncipe heredero.
c) Ejercerá la Regencia su cónyuge.
d) Nada de lo anterior es cierto.

19. Si el Príncipe heredero tuviera descendientes y renunciara a sus derechos al trono:

a) Su cónyuge ejercería la Regencia hasta que su primogénito varón fuere mayor de edad.
b) Su cónyuge ejercería la Regencia hasta que dicho primogénito fuera proclamado Rey.
c) Se nombraría Princesa heredera a su hermana mayor, si la hubiere.
d) Nada de lo anterior es cierto.

20. La presidencia por el Rey de las reuniones del Consejo de Ministros:

a) Se permite solo respecto de las decisorias.
b) Ha de efectuarse a petición del Presidente del Gobierno de la Nación.
c) Está prevista constitucionalmente para dirigir la Administración Civil y Militar.
d) Las respuestas a) y b) son ciertas.

21. El juramento lo prestará el Rey ante el/las:

a) Cortes Generales.
b) Gobierno de la Nación.
c) Miembros de la Familia Real.
d) Pueblo español.

22. Si se agotan todas las líneas llamadas a la sucesión en la Corona de España, se:

a) Nombran Regentes.
b) Proveerá a la sucesión en la Corona por las Cortes Generales.
c) Proclama la República.
d) Establece una Dictadura.

23. La inhabilitación del Rey se reconoce por el/los/las:

a) Gobierno de la Nación.
b) Congreso de los Diputados.
c) Cortes Generales.
d) Tres Poderes constitucionales.

24. El Regente nombrado en defecto de padre, madre, pariente mayor de edad o Príncipe heredero mayor de edad se designa por el/las:

a) Propio Rey.
b) Cortes Generales.
c) Congreso de los Diputados.
d) Consejo de Regencia.

25. El número mínimo de Diputados previstos para el Congreso de los Diputados es de:

a) 250.
b) 300.
c) 400.
d) 350.

26. No es incompatible para ser elegido Diputado del Congreso de los Diputados un:

a) Militar en activo.
b) Miembro de una Junta Electoral.
c) Juez.
d) Ministro.

27. La Palma elige los siguientes Senadores:

a) Ninguno.
b) Dos.
c) Uno.
d) Cuatro.

28. La declaración del estado de sitio debe hacerla el/las:

a) Gobierno de la Nación.
b) Rey.
c) Congreso de los Diputados.
d) Presidente del Gobierno de la Nación.

29. El Presidente de la Diputación Permanente del Congreso de los Diputados es el:

a) Del partido mayoritario.
b) Portavoz del partido con mayor número de escaños.
c) Presidente de la Cámara.
d) Elegido por los Portavoces de los Grupos Parlamentarios.

30. El mínimo de miembros integrantes de una Comisión de Investigación según el artículo 76 de la Constitución es de:

a) Veintiuno.
b) Mayoría simple.
c) Mayoría absoluta.
d) No se establece.

31. No puede solicitar la celebración de una sesión extraordinaria de las Cortes Generales el/la:

a) Mayoría absoluta de sus miembros.
b) Diputación Permanente de ellas.
c) Mesa de cada Cámara.
d) Gobierno de la Nación.

32. El primer período de sesiones de las Cámaras concluye, según la Constitución:

a) Al finalizar su mandato.
b) En enero.
c) En diciembre.
d) En junio.

33. No puede delegarse en una Comisión Legislativa Permanente la posibilidad de aprobar una Ley:

a) Tributaria.
b) De funcionarios públicos.
c) Orgánica.
d) Las respuestas a) y c) son correctas.

34. ¿Con qué norma se restauró el sistema bicameral en España?

a) Con la Constitución de la I República.
b) Con la Ley 1/1977, de 4 de enero, para la Reforma Política.
c) Con la Ley 5/1981, de 3 de mayo, para la Reforma Constitucional.
d) Con la Constitución de 1978.

35. ¿Qué potestad/es ejercen las Cortes Generales?

a) La potestad ejecutiva del Estado.
b) La potestad legislativa y ejecutiva del Estado.
c) La potestad reglamentaria del Estado.
d) La potestad legislativa del Estado.

36. Las Cámaras pueden recibir peticiones:

a) Individuales y colectivas, siempre por escrito.
b) Individuales y colectivas, excepcionalmente por escrito.
c) Solo individuales pero siempre por escrito.
d) Solo colectivas, pero nunca por escrito.

37. Las sesiones plenarias de las Cámaras serán:

a) Siempre públicas.
b) Siempre secretas.
c) Públicas, salvo acuerdo en contrario de cada Cámara, adoptado por mayoría absoluta.
d) Secretas, salvo acuerdo en contrario de cada Cámara, adoptado por mayoría absoluta.

38. ¿A quién atribuye el art. 91 de la Carta Magna la potestad para ordenar la inmediata publicación de las leyes aprobadas por las Cortes Generales?

a) Al Rey.
b) Al Presidente del Gobierno.
c) Al Presidente del Congreso de los Diputados.
d) Al Presidente de la Mesa de la Cámara Baja.

39. ¿Cómo se denominan las leyes por las que las Cortes Generales, en materia de competencia estatal, pueden atribuir a todas o a alguna de las Comunidades Autónomas la facultad de dictar, para sí mismas, normas legislativas en el marco de los principios, bases y directrices fijados por una ley estatal?

a) Leyes orgánicas.
b) Leyes ordinarias.
c) Leyes marco.
d) Leyes de armonización.

40. ¿En qué plazo sancionará el Rey las leyes aprobadas por las Cortes Generales?

a) Un mes.
b) Veinte días.
c) Quince días.
d) Diez días.

41. ¿Qué órgano de los siguientes promulga las leyes?

a) El Rey.
b) El Presidente del Gobierno.
c) Las Cortes Generales.
d) El Presidente del Congreso.

42. ¿De qué plazo dispone el Rey para sancionar las leyes aprobadas por las Cortes Generales?

a) De un mes.
b) De veinte días.
c) De quince días.
d) De siete días.

43. ¿A quién corresponde la sanción y promulgación de las leyes de las Comunidades Autónomas?

a) Al Rey.
b) Al Presidente de cada una de ellas, en nombre de la Comunidad.
c) Al Presidente de cada una de ellas, en nombre del Rey.
d) Al Presidente del Parlamento Autonómico.

44. ¿Cómo se denominan las leyes por las que las Cortes Generales, en materia de competencia estatal, pueden atribuir a todas o a alguna de las Comunidades Autónomas la facultad de dictar, para sí mismas, normas legislativas en el marco de los principios, bases y directrices fijados por una Ley estatal?

a) Leyes de armonización.
b) Decretos-Leyes.
c) Leyes marco.
d) Decretos Legislativos.

45. La Constitución Española prevé la necesariedad de Ley Orgánica en la regulación de:

a) Las dudas, renuncias, etc., respecto a la sucesión en la Corona.
b) Las bases de la organización militar.
c) La iniciativa popular legislativa.
d) Todas las respuestas son correctas.

Solución al test n.º 3

1. b) El Rey.

2. d) Por ley orgánica.

3. a) Las Cortes Generales.

4. c) Nombrar y relevar a los miembros civiles y militares de la Casa Real.

5. a) Al Rey.

6. c) Ordinarias, Extraordinarias y Conjuntas.

7. a) Por la mayoría de los miembros presentes.

8. b) Dentro de los 25 días siguientes.

9. d) La Sala de lo Penal del Tribunal Supremo.

10. d) El Presidente de la Cámara respectiva.

11. a) 1.

12. d) Está limitada.

13. a) Cualquier persona nombrada por las Cortes, en su caso.

14. c) Al acceder a Rey su padre, si no tiene hermano varón.

15. d) Las respuestas b) y c) son correctas.

16. c) Gobierno de la Nación.

17. a) Su irresponsabilidad política.

18. d) Nada de lo anterior es cierto.

19. c) Se nombraría Princesa heredera a su hermana mayor, si la hubiere.

20. b) Ha de efectuarse a petición del Presidente del Gobierno de la Nación.

21. a) Cortes Generales.

22. b) Proveerá a la sucesión en la Corona por las Cortes Generales.

23. c) Cortes Generales.

24. b) Cortes Generales.

25. b) 300.

26. d) Ministro.

27. c) Uno.

28. c) Congreso de los Diputados.

29. c) Presidente de la Cámara.

30. d) No se establece.

31. c) Mesa de cada Cámara.

32. c) En diciembre.

33. c) Orgánica.

34. b) Con la Ley 1/1977, de 4 de enero, para la Reforma Política.

35. d) La potestad legislativa del Estado.

36. a) Individuales y colectivas, siempre por escrito.

37. c) Públicas, salvo acuerdo en contrario de cada Cámara, adoptado por mayoría absoluta.

38. a) Al Rey.

39. c) Leyes marco.

40. c) Quince días.

41. a) El Rey.

42. c) De quince días.

43. c) Al Presidente de cada una de ellas, en nombre del Rey.

44. c) Leyes marco.

45. d) Todas las respuestas son correctas.

TEST N.º 4

El Gobierno y la Administración del Estado. Relaciones entre el Gobierno y las Cortes Generales

1. Según exige la Constitución Española, el Congreso de los Diputados otorga su confianza al candidato a la Presidencia del Gobierno:

a) Por mayoría especial de 3/5 de sus miembros.
b) Por mayoría cualificada de 2/3 de sus miembros.
c) Por mayoría absoluta de sus miembros.
d) Por mayoría simple de sus miembros.

2. El Rey propone al candidato a la Presidencia del Gobierno:

a) Mediante Real Decreto.
b) A través del Presidente del Gobierno saliente.
c) A través del Presidente del Congreso.
d) Ninguna respuesta es correcta.

3. La acusación de traición al Presidente y demás miembros del Gobierno en el ejercicio de sus funciones, puede ser planteada por:

a) Cualquier ciudadano mediante la acción popular.
b) Las Cortes Generales.
c) La cuarta parte de los miembros del Congreso de los Diputados.
d) El Rey.

4. Los miembros del Gobierno de la Nación serán nombrados por:

a) El Presidente del Gobierno.
b) El Rey, a propuesta del Presidente del Gobierno.
c) El Presidente del Congreso.
d) La mayoría simple de los Diputados.

5. El Presidente del Gobierno es elegido por:

a) Las Cortes.
b) El Congreso de los Diputados.
c) El Rey.
d) Directamente por los electores.

6. El Gobierno español es un órgano:

a) Presidencialista.
b) Colegiado.
c) Unipersonal.
d) Cameralista.

7. Según la Constitución, la Administración Pública ha de actuar de acuerdo con los principios de:

a) Descentralización y desconcentración.
b) Unidad y variedad.
c) Coordinación y tutela.
d) Jerarquía y delegación.

8. El control de la potestad reglamentaria del Gobierno corresponde:

a) Al Congreso.
b) Al Senado.
c) Al Tribunal de Cuentas.
d) A los Tribunales según la materia.

9. La prerrogativa real de gracia no será aplicable a:

a) Los Ministros.
b) Los Secretarios de Estado.
c) Los Subsecretarios.
d) Podrá aplicarse a todos los anteriores.

10. Según la Constitución, ¿cuál de los siguientes órganos dirige la defensa del Estado?

a) El Rey.
b) La Junta de Defensa Nacional.
c) El Ministerio de Defensa.
d) El Gobierno.

11. El debate para la elección de Presidente del Gobierno se denomina:

a) Moción.
b) Elección.
c) Investidura.
d) Propuesta.

12. ¿Cuál de las siguientes afirmaciones es correcta?

a) Los Ministros sin cartera tienen menos rango administrativo y político que el resto de los Ministros.
b) Todos los Ministros tienen idéntico rango político y administrativo.
c) Unos Ministros, denominados de Estado, tienen preferencia sobre los demás.
d) Los Ministros que cuentan con Secretarios de Estado tienen un nivel administrativo superior a los demás.

13. ¿Cómo se nombran los Ministros?

a) Por el Rey, a propuesta del Presidente del Gobierno, previo acuerdo del Consejo de Ministros.
b) Por el Rey, a propuesta del Presidente del Gobierno.
c) Por el Presidente del Gobierno, previo acuerdo del Consejo de Ministros.
d) Por el Rey, a propuesta del Presidente del Congreso.

14. El Presidente del Gobierno es nombrado por:

a) Las Cortes.
b) El Rey.
c) El Congreso de los Diputados.
d) El Senado.

15. Al Vicepresidente del Gobierno lo nombra:

a) El Presidente del Gobierno.
b) El Rey a propuesta del Presidente del Gobierno.
c) El Presidente del Congreso.
d) El Presidente del Tribunal Constitucional.

16. ¿El Presidente del Gobierno puede ejercer una actividad profesional?

a) No.
b) Sí.
c) Sólo en el sector público.
d) Sólo en el sector privado.

17. Mediante el voto de investidura, según nuestra Constitución:

a) Las Cortes otorgan su confianza al Rey cuando es proclamado Jefe de Estado.
b) El Gobierno presenta la cuestión de confianza a las Cortes.

c) El Congreso de los Diputados manifiesta su confianza con la persona que el Rey ha propuesto como Presidente.

d) El Congreso de los Diputados o el Senado, según los casos, presenta un voto de censura contra el Gobierno.

18. La Administración Pública actúa –entre otros– de acuerdo con el principio de jerarquía:

a) Solamente la Autonómica.
b) Sí.
c) Sólo la Administración Local.
d) Sólo la Administración Central.

19. El supremo órgano consultivo del Gobierno es:

a) El Consejo Económico y Social.
b) El Consejo General del Poder Judicial.
c) El Consejo de Estado.
d) El Tribunal Constitucional.

20. El candidato propuesto a Presidente del Gobierno deberá alcanzar en segunda votación:

a) Mayoría de 3/5.
b) Mayoría absoluta en el Congreso.
c) Mayoría simple en el Congreso.
d) Mayoría de 2/3.

21. No corresponde al Gobierno:

a) Aprobar los presupuestos Generales del Estado.
b) Dirigir la Defensa Nacional.
c) Ejercer la Potestad Reglamentaria.
d) Dirigir la Administración Militar.

22. Los Ministros son propuestos por:

a) El Rey.
b) El Presidente del Gobierno.
c) El Consejo de Ministros.
d) El Congreso de los Diputados.

23. El Gobierno se compone, según la Constitución, de:

a) El Presidente y los Ministros.
b) El Presidente, los Vicepresidentes en su caso, los Ministros y los demás miembros que establezca la Ley.

c) El Presidente, el Vicepresidente, los Ministros y los Subsecretarios.

d) Votación en el Congreso de los Diputados.

24. Indica cuál de los actos que se enumeran no forma parte del proceso de designación del Presidente del Gobierno:

a) Consultas previas del Rey con los representantes de los partidos con representación parlamentaria.

b) Exposición por el candidato de su programa al Congreso y votación de confianza por mayoría absoluta.

c) Ratificación de la confianza por el Senado.

d) Votación en el Congreso de los Diputados.

25. Según la Constitución, dirigir la Administración Militar es función del:

a) El Gobierno y las Cortes.

b) El Parlamento.

c) El Gobierno.

d) No lo determina.

26. La responsabilidad criminal de un Ministro es exigible ante:

a) Los Tribunales Superiores de Justicia.

b) Cualquier Sala del Tribunal Supremo.

c) La Sala de lo Penal del Tribunal Supremo.

d) La Audiencia Nacional, con jurisdicción en todo el territorio nacional.

27. La acusación por traición de cualquier miembro del Gobierno exige:

a) La aprobación, por mayoría simple, del Senado.

b) La aprobación del Congreso, ratificada por el Senado.

c) La aprobación, por mayoría simple, del Congreso.

d) La aprobación, por mayoría absoluta, del Congreso.

28. Según la Constitución, coordinar las funciones de todos los miembros del Gobierno, es misión de:

a) El Consejo de Ministros.

b) El Jefe de Estado.

c) El Presidente del Gobierno.

d) La Secretaría de Estado para la coordinación política.

29. ¿La Administración Pública actúa –entre otros– de acuerdo con el principio de jerarquía?

a) Sí.

b) No.

c) Sólo la Administración Local.
d) Sólo la Administración Autonómica.

30. ¿Cuál de estos principios no establece la Constitución con respecto a la actuación de la Administración?

a) Eficacia.
b) Coordinación.
c) División del trabajo.
d) Descentralización.

31. Para declarar el estado de sitio se requiere:

a) Aprobación de las Cortes Generales.
b) Mayoría absoluta del Congreso de los Diputados.
c) Autorización del Gobierno de la Nación.
d) Autorización del Rey.

32. La cuestión de confianza se considera otorgada al Gobierno cuando vote a favor de la misma la mayoría:

a) Simple del Congreso de los Diputados.
b) Absoluta del Congreso y Senado.
c) Absoluta del Senado.
d) Simple del Congreso y Senado.

33. No es función del Gobierno de la Nación:

a) Nombrar al Defensor del Pueblo.
b) Dirigir la defensa del Estado.
c) Dirigir la política interior y exterior del Estado.
d) Dictar Decretos-Leyes.

34. El artículo 113 de la Constitución Española regula:

a) Los estados de alarma, excepción y sitio.
b) La cuestión de confianza.
c) La moción de censura.
d) Todas las respuestas son falsas.

35. De conformidad con lo establecido por la Constitución, el Gobierno responde de su gestión política:

a) Ante el Tribunal Constitucional.
b) Ante el Tribunal Supremo.

c) Ante el Congreso de los Diputados.
d) Ante el Congreso y el Senado.

36. La exigencia de la responsabilidad política del Gobierno mediante la moción de censura, se lleva a cabo por:

a) Las Cortes Generales.
b) Una Comisión mixta compuesta por los portavoces de los Grupos Parlamentarios del Congreso y del Senado.
c) La Diputación Permanente del Senado.
d) El Congreso de los Diputados.

37. Para poder ser admitida una Moción de Censura, la misma deberá ser propuesta, al menos, por:

a) Dos grupos parlamentarios.
b) 35 Diputados.
c) Tres quintos de la Cámara.
d) La mayoría absoluta de los miembros de la Cámara.

38. La moción de censura ha de ser propuesta al menos por:

a) La décima parte de los Diputados.
b) Mayoría simple.
c) Mayoría absoluta.
d) Cincuenta Senadores.

39. La cuestión de confianza es planteada por:

a) Al menos la décima parte de los Diputados.
b) La mayoría de los Diputados.
c) El Gobierno.
d) El Presidente del Gobierno.

40. La confianza del Congreso se entiende otorgada al Presidente del Gobierno por:

a) Mayoría simple.
b) Mayoría absoluta.
c) Mayoría de los 3/5.
d) Mayoría de los 2/3.

41. El Gobierno responde de su gestión política:

a) Solidariamente ante las Cortes Generales.
b) Solidariamente ante el Senado.
c) Solidariamente ante el Congreso.
d) No responde en ningún caso solidariamente.

42. El Gobierno responde de su gestión política:

a) Solidariamente ante las Cortes Generales.
b) Mancomunadamente solamente ante el Congreso.
c) Mancomunadamente ante las Cortes Generales.
d) Solidariamente ante el Congreso de los Diputados.

43. La responsabilidad política del Gobierno le es exigida por el Congreso mediante:

a) La moción de censura.
b) La cuestión de confianza.
c) Interpelaciones.
d) Preguntas.

44. Entre las facultades del Presidente del Gobierno se encuentra:

a) La disolución de las Cortes Generales.
b) La propuesta de disolución de las Cortes.
c) La disolución del Consejo General del Poder Judicial.
d) La propuesta de disolución del Tribunal Constitucional.

45. La responsabilidad del Gobierno ante el Congreso es de carácter:

a) Personal.
b) Individual.
c) Solidario.
d) Subsidiado.

46. ¿Los miembros del Gobierno pueden hablar en las Cámaras?

a) Nunca.
b) Siempre que lo deseen.
c) Sólo si son parlamentarios.
d) Sólo en el caso de ser reprobados.

47. ¿Toda interpelación al Gobierno podrá dar lugar a una moción?

a) Sí.
b) No, nunca.
c) Sólo en asuntos exteriores.
d) Sólo en asuntos de defensa.

48. ¿Qué número de Diputados es necesario para interponer una moción de censura?

a) Mayoría simple de la Cámara.
b) Una décima parte de la Cámara.
c) Mayoría absoluta de la Cámara.
d) Dos tercios de la Cámara.

49. Declarado el estado de alarma:

a) Se dará cuenta al Consejo de Ministros, sin cuya autorización no podrá ser prorrogado el plazo inicial.
b) Se dará cuenta al Rey, sin cuya autorización no podrá ser prorrogado el plazo inicial de duración.
c) Se dará cuenta al Congreso de los Diputados, sin cuya autorización no podrá ser prorrogado dicho plazo.
d) Se dará cuenta al Congreso de los Diputados, siendo improrrogable el plazo inicialmente marcado para la duración del estado de alarma.

50. La moción de censura no podrá ser votada hasta que, desde su presentación, hayan transcurrido:

a) Cinco días.
b) Siete días.
c) Diez días.
d) Treinta días.

51. ¿Ante quién responde solidariamente el Gobierno de su gestión política?

a) Ante el pueblo español.
b) Ante las Cortes Generales.
c) Ante el Congreso de los Diputados.
d) Ante el Rey.

52. La disolución de las Cámaras será decretada por:

a) El Rey.
b) El Presidente del Congreso.
c) El Presidente del Gobierno.
d) El Gobierno de la Nación.

53. El ámbito territorial, duración y condiciones del estado de sitio serán determinados por:

a) Las Cortes Generales.
b) El Congreso.
c) El Rey.
d) El Gobierno.

54. El Estado de alarma:

a) Será declarado por el Gobierno mediante decreto acordado en Consejo de Ministros, previa autorización del Congreso de los Diputados.
b) Será declarado por el Gobierno mediante decreto acordado en Consejo de Ministros por un plazo máximo de quince días, dando cuenta al Congreso de los Diputados, reunido inmediatamente al efecto y sin cuya autorización no podrá ser prorrogado dicho plazo.

c) Será declarado por el Gobierno mediante decreto acordado en Consejo de Ministros por un plazo máximo de quince días, previa autorización del Congreso de los Diputados, reunido inmediatamente al efecto y sin cuya autorización no podrá ser prorrogado dicho plazo.

d) Será declarado por la mayoría absoluta del Congreso de los Diputados, a propuesta exclusiva del Gobierno.

55. ¿Qué mayoría es necesaria para que se entienda aprobada una moción de censura?

a) Mayoría simple.
b) Mayoría absoluta.
c) Mayoría de 2/3.
d) Mayoría de 1/3.

56. Los signatarios de una moción de censura no pueden presentar otra en:

a) La misma legislatura.
b) El mismo período de sesiones.
c) En ningún momento.
d) En la misma Cámara.

57. Las interpelaciones al Gobierno de la Nación pueden dar lugar, por sí mismas, a:

a) Una moción.
b) Una moción de censura.
c) Una cuestión de confianza.
d) Todo lo anterior.

58. La responsabilidad solidaria del Gobierno de la Nación ante el Congreso de los Diputados significa que:

a) Cada Ministro está sometido a las interpelaciones de las mismas.
b) El Gobierno de la Nación en sí responde ante el Congreso de los Diputados y no cada uno de sus miembros individualmente considerado.
c) El Presidente es el que responde.
d) Solo puede ser obligado a dimitir por unanimidad.

59. La responsabilidad solidaria del Gobierno de la Nación ante el Congreso de los Diputados es de carácter:

a) Judicial.
b) Administrativo.
c) Político.
d) De los tres tipos anteriores.

60. La responsabilidad del Gobierno de la Nación ante el Senado es:

a) Mancomunada.
b) Individual.
c) Solidaria.
d) Inexistente.

61. El tiempo mínimo previsto para interpelaciones en las Cortes Generales al Gobierno de la Nación es:

a) Semanal.
b) Trimestral.
c) Mensual.
d) En cada período de sesiones.

62. Las interpelaciones al Gobierno de la Nación pueden dar lugar, por sí mismas, a:

a) Una moción.
b) Una moción de censura.
c) Una cuestión de confianza.
d) Todo lo anterior.

63. El pronunciamiento sobre la cuestión de confianza es competencia del/de las:

a) Congreso de los Diputados exclusivamente.
b) Senado cuando se plantee ante él.
c) Congreso de los Diputados y Senado.
d) Propio Gobierno de la Nación.

64. La cuestión de confianza se plantea por el:

a) Presidente del Gobierno de la Nación.
b) Gobierno de la Nación en sí.
c) Congreso de los Diputados.
d) Cualquier Ministro.

65. Respecto al planteamiento de la cuestión de confianza, el Consejo de Ministros:

a) Decide.
b) Debe dictaminarlo favorablemente.
c) Delibera.
d) No tiene nada que hacer.

66. Los signatarios de una moción de censura no pueden presentar otra en el/la:

a) Misma legislatura.
b) Mismo período de sesiones.

c) Ningún momento.

d) Misma Cámara.

67. La disolución anticipada del Congreso de los Diputados o del Senado, se decreta por el:

a) Presidente del Gobierno de la Nación.

b) Presidente de la Cámara.

c) Rey.

d) Gobierno de la Nación en pleno.

68. La declaración del estado de alarma lo es por el/las:

a) Cortes Generales.

b) Gobierno de la Nación, por quince días.

c) Congreso de los Diputados, por treinta días.

d) Gobierno de la Nación, por treinta días prorrogables por el Congreso de los Diputados.

69. Para los supuestos de graves alteraciones de orden público está previsto declarar el estado de:

a) Excepción.

b) Sitio.

c) Alarma.

d) Ninguno de ellos.

70. La declaración del estado de sitio se realiza por el/las:

a) Congreso de los Diputados por mayoría absoluta.

b) Gobierno de la Nación, previa autorización del Congreso de los Diputados.

c) Cortes Generales.

d) Senado por mayoría simple, a propuesta del Gobierno de la Nación.

Solución al test n.º 4

1. c) Por mayoría absoluta de sus miembros.

2. c) A través del Presidente del Congreso.

3. c) La cuarta parte de los miembros del Congreso de los Diputados.

4. b) El Rey, a propuesta del Presidente del Gobierno.

5. b) El Congreso de los Diputados.

6. b) Colegiado.

7. a) Descentralización y desconcentración.

8. d) A los Tribunales según la materia.

9. a) Los Ministros.

10. d) El Gobierno.

11. c) Investidura.

12. b) Todos los Ministros tienen idéntico rango político y administrativo.

13. b) Por el Rey, a propuesta del Presidente del Gobierno.

14. b) El Rey.

15. b) El Rey a propuesta del Presidente del Gobierno.

16. a) No.

17. c) El Congreso de los Diputados manifiesta su confianza con la persona que el Rey ha propuesto como Presidente.

18. b) Sí.

19. c) El Consejo de Estado.

20. c) Mayoría simple en el Congreso.

21. a) Aprobar los presupuestos Generales del Estado.

22. b) El Presidente del Gobierno.

23. b) El Presidente, los Vicepresidentes en su caso, los Ministros y los demás miembros que establezca la Ley.

24. c) Ratificación de la confianza por el Senado.

25. c) El Gobierno.

26. c) La Sala de lo Penal del Tribunal Supremo.

27. d) La aprobación, por mayoría absoluta, del Congreso.

28. c) El Presidente del Gobierno.

29. a) Sí.

30. c) División del trabajo.

31. b) Mayoría absoluta del Congreso de los Diputados.

32. a) Simple del Congreso de los Diputados.

33. a) Nombrar al Defensor del Pueblo.

34. c) La moción de censura.

35. c) Ante el Congreso de los Diputados.

36. d) El Congreso de los Diputados.

37. b) 35 Diputados.

38. a) La décima parte de los Diputados.

39. d) El Presidente del Gobierno.

40. a) Mayoría simple.

41. c) Solidariamente ante el Congreso.

42. d) Solidariamente ante el Congreso de los Diputados.

43. a) La moción de censura.

44. b) La propuesta de disolución de las Cortes.

45. c) Solidario.

46. b) Siempre que lo deseen.

47. a) Sí.

48. b) Una décima parte de la Cámara.

49. c) Se dará cuenta al Congreso de los Diputados, sin cuya autorización no podrá ser prorrogado dicho plazo.

50. a) Cinco días.

51. c) Ante el Congreso de los Diputados.

52. a) El Rey.

53. b) El Congreso.

54. b) Será declarado por el Gobierno mediante decreto acordado en Consejo de Ministros por un plazo máximo de quince días, dando cuenta al Congreso de los Diputados, reunido inmediatamente al efecto y sin cuya autorización no podrá ser prorrogado dicho plazo.

55. b) Mayoría absoluta.

56. b) El mismo período de sesiones.

57. a) Una moción.

58. b) El Gobierno de la Nación en sí responde ante el Congreso de los Diputados y no cada uno de sus miembros individualmente considerado.

59. c) Político.

60. d) Inexistente.

61. a) Semanal.

62. a) Una moción.

63. a) Congreso de los Diputados exclusivamente.

64. a) Presidente del Gobierno de la Nación.

65. c) Delibera.

66. b) Mismo período de sesiones.

67. c) Rey.

68. b) Gobierno de la Nación, por quince días.

69. a) Excepción.

70. a) Congreso de los Diputados por mayoría absoluta.

TEST N.º 5

El Poder Judicial. Principios constitucionales. El Consejo General del Poder Judicial. El Tribunal Supremo. El Ministerio Fiscal

1. La justicia se administra en nombre del:

a) Juez o Tribunal que la imparta.
b) Pueblo español.
c) Rey.
d) Justiciable.

2. El titular de la Justicia es el/los:

a) Poder Judicial.
b) Rey.
c) Pueblo soberano.
d) Jueces y Tribunales.

3. El artículo 117 de la Constitución no incluye como característica de los Jueces y Magistrados la:

a) Independencia.
b) Responsabilidad.
c) Inamovilidad.
d) Incluye a todas ellas.

4. La ejecución de lo juzgado es competencia genuina de la/los:

a) Juzgados y Tribunales.
b) Consejo General del Poder Judicial.
c) Policía Judicial.
d) Administración Pública.

5. Los supuestos de suspensión o movilidad de los Jueces deben estar establecidos en un/una/la:

a) Ley.
b) Reglamento.

c) Instrucción del Consejo General del Poder Judicial.
d) Constitución.

6. Según la Constitución, el procedimiento en el ámbito de la administración de justicia debe ser:

a) Gratuito siempre.
b) Predominantemente oral.
c) En audiencia pública.
d) Motivado.

7. La colaboración con los Jueces y Tribunales por los particulares es obligatoria:

a) En el proceso.
b) Antes del procesamiento.
c) Solo cuando no exista Policía Judicial.
d) En todo caso.

8. Los Jueces y Tribunales deben elevar al Tribunal Constitucional:

a) La cuestión de inconstitucionalidad.
b) El recurso de inconstitucionalidad.
c) La inconstitucionalidad de las normas reglamentarias.
d) Todo lo anterior.

9. Por funcionamiento anormal de la Administración de Justicia debe responder el/la:

a) Propia Administración.
b) Ministerio de Justicia solamente.
c) Estado.
d) Nadie.

10. La cúspide de la jurisdicción en España la ostenta el:

a) Consejo General del Poder Judicial.
b) Ministerio Fiscal.
c) Tribunal Constitucional.
d) Tribunal Supremo.

11. La misión de velar por la independencia de los Tribunales y procurar ante estos la satisfacción del interés social es propia del/de los:

a) Poder Judicial.
b) Consejo General del Poder Judicial.
c) Ministerio Fiscal.
d) Jueces y Tribunales.

12. El jurado no intervendrá en procesos:

a) De ningún tipo.
b) Penales.
c) Residenciados en Audiencias Provinciales.
d) Civiles.

13. El Jurado en los Tribunales consuetudinarios:

a) No existe.
b) Existe.
c) Ejerce la acción popular.
d) Se integra por Jueces y Magistrados.

14. Un Policía Local actuará como Policía Judicial:

a) En todo caso.
b) Nunca.
c) Cuando se le requiera al efecto.
d) Previa autorización de su Alcalde.

15. La afiliación sindical de Jueces y Magistrados está:

a) Prohibida.
b) Permitida.
c) Legalizada.
d) Admitida, si media consentimiento del Consejo General del Poder Judicial.

16. A efectos judiciales no se constituye como división del Estado el/la:

a) Comunidad Autónoma.
b) Municipio.
c) Partido Judicial.
d) Lo son todos ellos.

17. El Partido Judicial se integra por:

a) Uno o más Municipios.
b) Un solo Municipio o Provincia.
c) Una o más Provincias.
d) Una Comunidad Autónoma.

18. No existe Tribunal Militar Territorial en:

a) Sevilla.
b) La Coruña.

c) Las Palmas.
d) Barcelona.

19. Tampoco existe Tribunal Militar Territorial en:

a) Sevilla.
b) Baleares.
c) Madrid.
d) Santa Cruz de Tenerife.

20. El segundo escalón de la Jurisdicción Militar lo constituye el/la/los:

a) Tribunal Militar Central.
b) Tribunales Militares Territoriales.
c) Juzgados Togados Militares.
d) Sala de lo Militar del Tribunal Supremo.

21. La jurisdicción del Tribunal Supremo abarca a:

a) Todas las materias.
b) Las actividades de las Cortes Generales.
c) Todo el territorio nacional.
d) Las cuestiones constitucionales.

22. La Sala de lo Militar en el Tribunal Supremo es la:

a) Sexta.
b) Quinta.
c) Cuarta.
d) No existe como tal.

23. En el Tribunal Supremo, la Sala Cuarta se dedica a lo:

a) Penal.
b) Contencioso-Administrativo.
c) Militar.
d) Social.

24. Con su Presidente, integran el Consejo General del Poder Judicial los siguientes miembros:

a) Doce.
b) Veintiuno.
c) Veinte.
d) Trece.

25. Actualmente, el Congreso de los Diputados propone los siguientes miembros del Consejo General del Poder Judicial:

a) Cuatro.
b) Doce.
c) Diez.
d) Seis.

26. En materia de modificación de plantillas orgánicas de Jueces y Magistrados, el Consejo General del Poder Judicial:

a) Decide.
b) Informa posteriormente.
c) Informa previamente.
d) Propone en todo caso.

27. Los veinte Vocales del Consejo General del Poder Judicial serán designados por:

a) Las Cortes Generales.
b) El Gobierno de la Nación.
c) Las respuestas a) y b) son correctas.
d) El Tribunal Constitucional, en parte.

28. No es órgano del Consejo General del Poder Judicial las/el/la:

a) Pleno.
b) Secciones.
c) Comisión de Asuntos Económicos.
d) Comisión Permanente.

29. El Vicepresidente en el Consejo General del Poder Judicial:

a) Es un cargo facultativo.
b) Existe siempre.
c) Se elige por la Comisión Permanente.
d) No existe como tal órgano.

30. Los miembros del Ministerio Fiscal se integran en:

a) Un Cuerpo único.
b) Una estructura no jerarquizada.
c) Una sola categoría.
d) Categorías independientes.

31. Los principios con arreglo a los cuales han de ejercer sus funciones los miembros del Ministerio Fiscal son los de:

a) Igualdad y legalidad.
b) Imparcialidad e igualdad.

c) Imparcialidad y legalidad.
d) Legalidad y dependencia.

32. El Consejo General del Poder Judicial, respecto al nombramiento del Fiscal General del Estado:

a) Es quien lo nombra.
b) Debe ser oído por el Gobierno antes de su nombramiento.
c) No tiene atribuciones.
d) Emite dictamen preceptivo respecto a su nombramiento.

Solución al test n.º 5

1. c) Rey.

2. c) Pueblo soberano.

3. d) Incluye a todas ellas.

4. a) Juzgados y Tribunales.

5. a) Ley.

6. b) Predominantemente oral.

7. a) En el proceso.

8. a) La cuestión de inconstitucionalidad.

9. c) Estado.

10. d) Tribunal Supremo.

11. c) Ministerio Fiscal.

12. d) Civiles.

13. a) No existe.

14. c) Cuando se le requiera al efecto.

15. a) Prohibida.

16. d) Lo son todos ellos.

17. a) Uno o más Municipios.

18. c) Las Palmas.

19. b) Baleares.

20. a) Tribunal Militar Central.

21. c) Todo el territorio nacional.

22. b) Quinta.

23. d) Social.

24. b) Veintiuno.

25. c) Diez.

26. c) Informa previamente.

27. a) Las Cortes Generales.

28. b) Secciones.

29. d) No existe como tal órgano.

30. a) Un Cuerpo único.

31. c) Imparcialidad y legalidad.

32. b) Debe ser oído por el Gobierno antes de su nombramiento.

TEST N.º 6

La Administración Pública. Clases de Administraciones Públicas. Principios

1. Indica cuál de las siguientes no es una de las competencias de los Secretarios de Estado:

a) Nombrar y separar a los Subdirectores Generales de la Secretaría de Estado.
b) Autorizar las comisiones de servicio con derecho a indemnización por cuantía exacta para los altos cargos dependientes de la Secretaría de Estado.
c) Conceder subvenciones y ayudas con cargo a los créditos de gasto propios de la Secretaría de Estado, con los límites establecidos por el titular del Departamento.
d) Desempeñar la jefatura superior de todo el personal del Departamento.

2. Una vez declarado el estado de excepción no se puede suspender el derecho/ libertad de:

a) Huelga.
b) Enseñanza.
c) Adopción de medidas de conflicto colectivo.
d) Libertad de circulación.

3. La mecanización e informatización de los trabajos burocráticos es un exponente del principio de:

a) Legalidad.
b) Eficacia.
c) Descentralización.
d) Jerarquía.

4. La dirección de los órganos inferiores, por parte de los superiores, se suele llevar a efecto a través de:

a) Instrucciones y órdenes de servicio.
b) La resolución de los conflictos entre los mismos.
c) La delegación de competencias entre ellos.
d) Todo lo anterior.

5. Como consecuencia de la delegación de competencias, estas:

a) Se transfieren a órganos superiores.
b) Se ejercen por órganos inferiores, manteniéndose la titularidad de las mismas en el órgano delegante.
c) Dejan de pertenecer a la esfera jurídica del órgano delegante.
d) El órgano al que se delegan puede fiscalizar la actividad del órgano delegante.

6. La revocación de una delegación de competencias:

a) Está prohibida con carácter general.
b) Solo se admite en caso de insuficiencia técnica del órgano al que se han delegado.
c) Puede producirse en cualquier momento.
d) Ha de efectuarse tras sentencia judicial al efecto.

7. Normalmente, la revocación de los actos de los inferiores por el superior jerárquico puede producirse tras la interposición del siguiente recurso o reclamación:

a) De alzada.
b) De revisión.
c) Contencioso-administrativo.
d) Cualquiera de los anteriores.

8. Una característica de los Entes descentralizados es que:

a) Carecen de personalidad jurídica.
b) Están subordinados jerárquicamente al órgano que efectúa la descentralización.
c) Pertenecen al mismo Ente que el que descentraliza.
d) Nada de lo anterior es correcto.

9. Cuando se efectúa el traspaso de la titularidad de una competencia de un órgano superior a otro inferior, se habla de:

a) Delegación.
b) Desconcentración.
c) Descentralización.
d) Coordinación.

10. En el supuesto denominado "delegación de firma", el órgano titular de la competencia:

a) Ha de firmar todas las comunicaciones que se produzcan.
b) Habilita al inferior para que ejerza la potestad sancionadora en su nombre.
c) Pierde la competencia de que se trate.
d) Nada de lo anterior es correcto.

11. La revisión de oficio de los actos de los inferiores:

a) Ha de acordarse por ellos mismos exclusivamente.
b) Puede ser instada procedimentalmente por el superior jerárquico.
c) No requiere procedimiento específico.
d) Se efectúa a través del recurso de alzada.

12. Las Administraciones Públicas actúan para el cumplimiento de sus fines con:

a) Personalidad jurídica única.
b) Personalidad jurídica plural.
c) Personalidad jurídica colectiva.
d) Sin personalidad jurídica, pero con capacidad de obrar.

13. La avocación supone que:

a) Un órgano superior delega en el inferior una competencia.
b) El órgano superior revoca el acto del inferior.
c) Se asume el ejercicio de una competencia de un inferior por parte del superior.
d) Se produce cualquiera de las tres proposiciones anteriores.

14. A los Delegados del Gobierno de la Nación en las Comunidades Autónomas se refiere el siguiente artículo de la Constitución:

a) 137.
b) 103.
c) 156.
d) 154.

15. El Delegado del Gobierno de la Nación en una Comunidad Autónoma se nombra por el:

a) Consejo de Ministros.
b) Rey.
c) Presidente del Gobierno de la Nación.
d) Parlamento Autonómico.

16. La propuesta del nombramiento del Delegado del Gobierno de la Nación en las Comunidades Autónomas corresponde al/a los:

a) Presidente del Gobierno de la Nación.
b) Parlamento Autonómico.
c) Subdelegados del Gobierno en las provincias afectadas.
d) Ministro del Interior.

17. El Consejo de Ministros, en el nombramiento de Subdelegados del Gobierno en las provincias:

a) Delibera previamente.
b) Lo confiere.
c) No interviene.
d) Lo propone.

18. Los Subdelegados del Gobierno en las provincias, salvo en las Comunidades Autónomas uniprovinciales, tienen nivel orgánico de:

a) Director General.
b) Subsecretario.
c) Subdirector General.
d) Secretario de Estado.

19. Según la Constitución, las Haciendas Locales deben:

a) Ser autosuficientes.
b) Carecer de recursos propios.
c) Supeditarse a la estatal.
d) Nada de lo anterior es cierto.

20. El carácter de cauce inmediato de participación ciudadana se predica del/de la:

a) Comunidad Autónoma.
b) Municipio.
c) Estado.
d) Provincia.

21. Según el artículo 24 bis de la Ley 7/1985, de 2 de abril, Reguladora de las Bases del Régimen Local, las Leyes de las Comunidades Autónomas sobre régimen local regularán los siguientes entes, que carecerán de personalidad jurídica, como forma de organización desconcentrada del Municipio:

a) Entes de ámbito territorial inferior al Municipio.
b) Mancomunidades.
c) Comarcas.
d) Ninguno de los anteriores.

22. Tiene el carácter de división territorial para el cumplimiento de las actividades del Estado un/una:

a) Comarca.
b) Municipio.
c) Provincia.
d) Comunidades Autónomas.

23. Un Colegio Oficial de Abogados:

a) Tiene personalidad jurídica propia.
b) Carece de esta personalidad.
c) Depende del Ente que lo crea.
d) Solo tiene personalidad respecto de los asuntos que determine la ley.

24. El sustrato de una Fundación es una:

a) Pluralidad de bienes.
b) Pluralidad de personas.
c) Comunidad de bienes.
d) Comunidad de Entes.

25. Los Ministerios contarán, en todo caso, con una Subsecretaría, y dependiendo de ella:

a) Una Dirección Técnica.
b) Una Secretaría General Técnica.
c) Una Subsecretaría General.
d) Una Subdirección General Técnica.

26. Los órganos directivos de la Administración General del Estado se ordenan jerárquicamente entre sí de la siguiente forma:

a) Subdirector general, Subsecretario y Director general.
b) Director general, Subsecretario y Subdirector general.
c) Director general, Subdirector general y Subsecretario.
d) Subsecretario, Director general y Subdirector general.

27. Señala cuál de las siguientes no es una función de los Ministros:

a) Dirigir la actuación de los titulares de los órganos superiores y directivos del Ministerio.
b) Otorgar premios y recompensas propios del Departamento.
c) Autorizar las comisiones de servicio sin derecho a indemnización para altos cargos dependientes del Ministro.
d) Ejercer la potestad reglamentaria en las materias propias de su Departamento.

28. El Servicio Exterior del Estado se rige en todo lo concerniente a su composición, organización, funciones, integración y personal por lo dispuesto en:

a) La Ley 2/2014, de 25 de marzo, de la Acción y del Servicio Exterior del Estado.
b) La Ley 4/2016, de 25 de marzo, del Servicio Exterior del Estado.
c) La Ley 6/2015, de 25 de marzo, del Servicio Exterior del Estado.
d) La Ley 7/2012, de 25 de marzo, de la Acción y del Servicio Exterior del Estado.

Solución al test n.º 6

1. d) Desempeñar la jefatura superior de todo el personal del Departamento.

2. b) Enseñanza.

3. b) Eficacia.

4. a) Instrucciones y órdenes de servicio.

5. b) Se ejercen por órganos inferiores, manteniéndose la titularidad de las mismas en el órgano delegante.

6. c) Puede producirse en cualquier momento.

7. a) De alzada.

8. d) Nada de lo anterior es correcto.

9. b) Desconcentración.

10. d) Nada de lo anterior es correcto.

11. b) Puede ser instada procedimentalmente por el superior jerárquico.

12. a) Personalidad jurídica única.

13. c) Se asume el ejercicio de una competencia de un inferior por parte del superior.

14. d) 154.

15. a) Consejo de Ministros.

16. a) Presidente del Gobierno de la Nación.

17. c) No interviene.

18. c) Subdirector General.

19. d) Nada de lo anterior es cierto.

20. b) Municipio.

21. a) Entes de ámbito territorial inferior al Municipio.

22. c) Provincia.

23. a) Tiene personalidad jurídica propia.

24. a) Pluralidad de bienes.

25. b) Una Secretaría General Técnica.

26. d) Subsecretario, Director general y Subdirector general.

27. c) Autorizar las comisiones de servicio sin derecho a indemnización para altos cargos dependientes del Ministro.

28. a) La Ley 2/2014, de 25 de marzo, de la Acción y del Servicio Exterior del Estado.

El acto administrativo. Concepto, clases, elementos, motivación. Términos y plazos. Requisitos. Validez. Eficacia. Notificación y publicación. La nulidad y anulabilidad

1. El contenido eventual del acto supone:

a) Que este puede estar condicionado.
b) Que se presume en todos los actos del mismo tipo.
c) Que es connatural con el acto de que se trate.
d) Su carácter reglado.

2. Cuando algo necesariamente forma parte de un acto administrativo, hablamos de contenido:

a) Natural.
b) Legal.
c) Eventual.
d) Implícito.

3. En la notificación de todo acto administrativo no es necesario que conste siempre:

a) Su texto íntegro.
b) Los recursos que contra el mismo procedan.
c) Los motivos en que se basa la decisión.
d) El plazo de interposición de los recursos.

4. Según que la Administración, al dictarlos, se limite a aplicar una norma que le señala claramente la decisión a adoptar en el supuesto del hecho de que se trate, o tenga libertad en la emisión de dicho acto, pudiendo optar entre diversas alternativas que la ley le ofrece, pero sin olvidar que el fin de toda su actuación es el interés general, los actos administrativos se clasifican en:

a) Actos únicos y actos múltiples.
b) Actos de trámite y actos complejos.

c) Actos directos y actos indirectos.
d) Actos reglados y actos discrecionales.

5. La regla general cuando un acto infringe el ordenamiento jurídico es:

a) Su anulabilidad.
b) Su validez temporal.
c) Su nulidad relativa.
d) Las respuestas a) y c) son correctas.

6. Las resoluciones administrativas que vulneren lo establecido en una disposición reglamentaria son:

a) Nulas.
b) Válidas.
c) Anulables.
d) Temporalmente válidas.

7. Las cláusulas accesorias de un acto administrativo forman parte del contenido:

a) Natural del acto.
b) Implícito del mismo.
c) Legal del acto.
d) Eventual del acto.

8. Según pongan fin al expediente administrativo o formen parte del mismo, como una fase del mismo, sin tener carácter resolutivo, los actos administrativos se clasifican en:

a) Actos definitivos y actos de trámite.
b) Actos propios y actos impropios.
c) Actos básicos y actos de trámite.
d) Actos únicos y actos múltiples.

9. Un acto complejo es aquel:

a) En el que intervienen, sucesivamente, en virtud de la tutela administrativa, dos órganos administrativos.
b) Que se adopta por un órgano colegiado.
c) En cuyo proceso de elaboración se ha evacuado el dictamen de un órgano consultivo.
d) En cuya emisión de voluntad han de intervenir, como mínimo, dos órganos administrativos.

10. Los efectos de una declaración de nulidad absoluta se producen desde:

a) Que se notifica el acto anulatorio.
b) El momento de la declaración de la nulidad.
c) La notificación o publicación del acto anulatorio, según los casos.
d) Que se dictó el acto anulado.

11. Los actos dictados prescindiendo total y absolutamente del procedimiento legalmente establecido o de las normas que contienen las reglas esenciales para la formación de la voluntad de los órganos colegiados, se consideran:

a) Válidos.
b) Nulos de pleno derecho.
c) Anulables.
d) Irregulares.

12. Entre los medios de ejecución forzosa no se encuentra el/la:

a) Desahucio administrativo.
b) Ejecución subsidiaria.
c) Multa coercitiva.
d) Compulsión sobre la persona.

13. Según provengan de un solo órgano administrativo o de dos o más órganos administrativos, los actos administrativos se clasifican en:

a) Actos únicos y actos múltiples.
b) Actos de trámite y actos complejos.
c) Actos simples y complejos.
d) Actos básicos y actos complejos.

14. El procedimiento, que es la vía a través de la cual se elabora la declaración de voluntad, deseo, conocimiento o juicio de la Administración, en que consiste el acto, es un elemento del acto administrativo de tipo:

a) Objetivo.
b) Subjetivo.
c) Formal.
d) Accidental.

15. ¿Cuándo podrá la Administración Pública convalidar un acto administrativo?

a) Cuando el vicio consiste en incompetencia jerárquica.
b) Cuando el vicio consiste en incompetencia funcional.
c) Cuando el vicio consiste en incompetencia territorial.
d) En ninguno de los anteriores casos.

16. Serán motivados, con sucinta referencia de hechos y fundamentos de derecho:

a) Los actos que se separen del criterio seguido en actuaciones precedentes o del dictamen de órganos consultivos.
b) Los actos que limiten derechos subjetivos o intereses legítimos

c) Los actos que resuelvan procedimientos de revisión de oficio de disposiciones o actos administrativos, recursos administrativos y procedimientos de arbitraje y los que declaren su inadmisión.

d) Todas las respuestas son correctas.

17. ¿Cuándo se hará la notificación por medio de un anuncio publicado en el Boletín Oficial del Estado?

a) Cuando se ignore el lugar de la notificación.

b) Cuando los interesados en un procedimiento sean conocidos.

c) Cuando intentada la notificación no se hubiera podido practicar.

d) Las respuestas a) y c) son correctas.

18. Los actos deben motivarse:

a) Siempre.

b) Nunca.

c) Cuando decidan un procedimiento.

d) Cuando la ley lo prescriba.

19. No tienen por qué motivarse los actos que:

a) Resuelvan recursos.

b) Limiten derechos subjetivos.

c) Se separen del dictamen de órganos consultivos.

d) Todos los anteriores deben motivarse.

20. En la notificación de todo acto administrativo no es necesario que conste siempre:

a) Su texto íntegro.

b) Los recursos que contra el mismo procedan.

c) Los motivos en que se basa la decisión.

d) El plazo de interposición de los recursos.

21. ¿En qué supuestos la notificación se hará por medio de un anuncio publicado en el Boletín Oficial del Estado?

a) Cuando se ignore el lugar de la notificación.

b) Cuando los interesados en un procedimiento sean conocidos.

c) Cuando intentada la notificación, no se hubiera podido practicar.

d) Las respuestas a) y c) son correctas.

22. A tenor del artículo 41 LPACAP, las notificaciones se practicarán preferentemente:

a) Por la vía postal.

b) Telefónicamente.

c) Por medios electrónicos.

d) Por el medio más rápido y económico para la Administración.

23. Las resoluciones administrativas que vulneren lo establecido en una disposición reglamentaria son:

a) Nulas.

b) Válidas.

c) Anulables.

d) Temporalmente válidas.

24. Para que un acto tenga eficacia retroactiva es necesario que:

a) Limite derechos de los particulares.

b) Restrinja el ejercicio de facultades de los particulares.

c) Imponga deberes u obligaciones.

d) No se lesionen derechos de otras personas.

25. Los supuestos de nulidad absoluta de actos administrativos:

a) Son la regla general en nuestro Derecho.

b) Son los recogidos en el artículo 47 de la Ley 39/2015, de 1 de octubre, del Procedimiento Administrativo Común de las Administraciones Públicas, exclusivamente.

c) Pueden establecerse expresamente por una disposición con rango de Ley.

d) Son solo los del artículo 47 citado y de otras leyes formales.

26. Los efectos de una declaración de nulidad absoluta se producen desde:

a) Que se notifica el acto anulatorio.

b) El momento de la declaración de la nulidad.

c) La notificación o publicación del acto anulatorio, según los casos.

d) Se dictó el acto anulado.

Solución al test n.º 7

1. a) Que este puede estar condicionado.

2. a) Natural.

3. c) Los motivos en que se basa la decisión.

4. d) Actos reglados y actos discrecionales.

5. d) Las respuestas a) y c) son correctas.

6. a) Nulas.

7. d) Eventual del acto.

8. a) Actos definitivos y actos de trámite.

9. d) En cuya emisión de voluntad han de intervenir, como mínimo, dos órganos administrativos.

10. d) Que se dictó el acto anulado.

11. b) Nulos de pleno derecho.

12. a) Desahucio administrativo.

13. c) Actos simples y complejos.

14. c) Formal.

15. a) Cuando el vicio consiste en incompetencia jerárquica.

16. d) Todas las respuestas son correctas.

17. d) Las respuestas a) y c) son correctas.

18. d) Cuando la ley lo prescriba.

19. d) Todos los anteriores deben motivarse.

20. c) Los motivos en que se basa la decisión.

21. d) Las respuestas a) y c) son correctas.

22. c) Por medios electrónicos.

23. a) Nulas.

24. d) No se lesionen derechos de otras personas.

25. c) Pueden establecerse expresamente por una disposición con rango de Ley.

26. d) Se dictó el acto anulado.

Procedimiento administrativo electrónico: Garantías y fases. Abstención y recusación

1. Al conjunto ordenado de trámites y actuaciones formalmente realizadas, según el cauce legalmente previsto, para dictar un acto administrativo o expresar la voluntad de la Administración, se le denomina:

a) Expediente administrativo.
b) Régimen jurídico.
c) Procedimiento administrativo.
d) Instrucción del procedimiento.

2. Una vez adoptadas medidas provisionales antes de la iniciación del procedimiento, deberán ser confirmadas, modificadas o levantadas en el acuerdo de iniciación del procedimiento, que deberá efectuarse a partir de su adopción, dentro de:

a) Los 10 días siguientes.
b) Los 15 días siguientes.
c) Los 20 días siguientes.
d) Los 30 días siguientes.

3. La propuesta de iniciación del procedimiento formulada por cualquier órgano administrativo que no tiene competencia para iniciar el mismo y que ha tenido conocimiento de las circunstancias, conductas o hechos objeto del procedimiento, bien ocasionalmente o bien por tener atribuidas funciones de inspección, averiguación o investigación:

a) Vincula al órgano competente para iniciar el procedimiento, en todo caso.
b) Faculta al órgano competente a ceder al órgano que la formuló la competencia para iniciar el procedimiento, guardándose él la instrucción y resolución del mismo.
c) No vincula al órgano competente para iniciar el procedimiento, si bien deberá comunicar al órgano que la hubiera formulado los motivos por los que, en su caso, no procede la iniciación.
d) Vincula al órgano competente para iniciar el procedimiento, si el órgano que formuló la propuesta de iniciación pertenece a la misma Administración.

4. En relación al inicio del procedimiento por denuncia, es cierto que:

a) Si los hechos pudieran constituir una infracción administrativa, la denuncia deberá recoger la identificación de los presuntos responsables para que se pueda iniciar el procedimiento.

b) Cuando la denuncia invocara un perjuicio en el patrimonio de las Administraciones Públicas no se podrá dictar la no iniciación del procedimiento.

c) Cuando el denunciante haya participado en la comisión de una infracción de esta naturaleza y existan otros infractores, el órgano competente para resolver el procedimiento no podrá eximir al denunciante del pago de la multa u otro tipo de sanción de carácter no pecuniario que le correspondiera a cambio de aportar elementos de prueba que permitan iniciar el procedimiento o comprobar la infracción.

d) La presentación de una denuncia no confiere, por sí sola, la condición de interesado en el procedimiento.

5. Los procedimientos administrativos se iniciarán:

a) Únicamente de oficio.
b) Únicamente a solicitud de personas interesadas.
c) De oficio o a solicitud de personas interesadas.
d) A solicitud de cualquier persona, aunque no sea interesada.

6. El documento mediante el que los interesados ponen en conocimiento de la Administración Pública competente sus datos identificativos o cualquier otro dato relevante para el inicio de una actividad o el ejercicio de un derecho, es denominado en la Ley 39/2015, de 1 de octubre, del Procedimiento Administrativo Común de las Administraciones Públicas (LPACAP):

a) Declaración responsable.
b) Comunicación.
c) Solicitud.
d) Instancia.

7. El procedimiento, sometido al principio de celeridad, se impulsará de oficio en todos sus trámites y a través de medios electrónicos, respetando los principios de:

a) Transparencia y publicidad.
b) Coordinación y operatividad.
c) Sigilo y seguridad jurídica.
d) Efectividad y proporcionalidad.

8. Salvo en el caso de que en la norma correspondiente se fije plazo distinto, los trámites que deban ser cumplimentados por los interesados deberán realizarse a partir del siguiente al de la notificación del correspondiente acto, en el plazo de:

a) 5 días.
b) 7 días.

c) 10 días.
d) 15 días.

9. Las cuestiones incidentales que se susciten en el procedimiento:

a) No suspenderán la tramitación del mismo, excepto las que se refieran a la nulidad de actuaciones.
b) Salvo la recusación; no suspenderán la tramitación del procedimiento, incluso las que se refieran a la nulidad de actuaciones.
c) Suspenderán la tramitación del procedimiento, excepto la recusación y las que se refieran a la nulidad de actuaciones.
d) Suspenderán la tramitación del procedimiento, incluso la recusación y las cuestiones incidentales que se refieran a la nulidad de actuaciones.

10. La suspensión del acto produce:

a) La nulidad del acto.
b) La revocación del acto.
c) La cesación temporal de la eficacia del acto.
d) La convalidación del acto.

11. El artículo 76 de la LPACAP permite a los interesados aducir alegaciones y aportar documentos u otros elementos de juicio:

a) En cualquier momento del procedimiento.
b) En cualquier momento del procedimiento anterior al trámite de audiencia.
c) En cualquier momento del procedimiento previo al momento en que se dicte la resolución definitiva.
d) En cualquier momento del procedimiento hasta que se agote la vía administrativa.

12. La duración del período de prueba:

a) No será superior a treinta días ni inferior a diez.
b) Será de 10 días.
c) Será de 20 días.
d) No podrá ser inferior a 30 días.

13. El artículo 77 de la LPACAP prevé un período extraordinario de prueba a petición de los interesados, que podrá acordar el instructor cuando lo considere necesario, por un plazo:

a) No inferior a 10 días.
b) No superior a treinta días ni inferior a diez.

c) No superior a 10 días.
d) De 10 días.

14. Salvo disposición expresa en contrario, los informes serán:

a) Facultativos y vinculantes.
b) Preceptivos y vinculantes.
c) Preceptivos y no vinculantes.
d) Facultativos y no vinculantes.

15. El informe emitido fuera de plazo:

a) No podrá ser tenido en cuenta al adoptar la correspondiente resolución.
b) Podrá no ser tenido en cuenta al adoptar la correspondiente resolución.
c) Deberá ser tenido en cuenta si aún no se ha adoptado la correspondiente resolución.
d) No podrá ser tenido en cuenta al adoptar la correspondiente resolución, a menos que el informe fuera preceptivo.

16. Cuando podrá el órgano instructor prescindir del trámite de audiencia:

a) En ningún caso.
b) Cuando no se suspendan derechos ni se alteren intereses legítimos.
c) Cuando no figuren en el procedimiento ni sean tenidos en cuenta en la resolución otros hechos ni otras alegaciones y pruebas que las aducidas por el interesado.
d) Cuando haya un único interesado.

17. El artículo 86 de la LPACAP declara que las Administraciones Públicas podrán celebrar acuerdos, pactos, convenios o contratos con personas tanto de Derecho público como privado, pudiendo tales actos tener la consideración de finalizadores de los procedimientos administrativos siempre que:

a) Sean contrarios al ordenamiento jurídico.
b) Versen sobre materias susceptibles de transacción.
c) Tengan por objeto satisfacer el interés público que tienen encomendado.
d) Se publiquen en el diario oficial correspondiente.

18. Cuando las normas reguladoras de los procedimientos no fijen el plazo máximo en el que debe notificarse la resolución expresa, este será de:

a) 2 meses.
b) 3 meses.
c) 4 meses.
d) 6 meses.

19. El transcurso del plazo máximo legal para resolver un procedimiento y notificar la resolución se suspenderá necesariamente:

a) Cuando los interesados promuevan la recusación en cualquier momento de la tramitación de un procedimiento.

b) Cuando deban realizarse pruebas técnicas o análisis contradictorios o dirimentes propuestos por los interesados.

c) Cuando se soliciten informes preceptivos a un órgano de la misma o distinta Administración.

d) Cuando deba requerirse a cualquier interesado para la subsanación de deficiencias o la aportación de documentos y otros elementos de juicio necesarios.

20. Cuando una Administración Pública requiera a otra para que anule o revise un acto que entienda que es ilegal y que constituya la base para el que la primera haya de dictar en el ámbito de sus competencias:

a) Podrá suspender el transcurso del plazo máximo legal para resolver el procedimiento y notificar la resolución.

b) Suspenderá el transcurso del plazo máximo legal para resolver el procedimiento y notificar la resolución.

c) Podrá anular el procedimiento.

d) Deberá anular el procedimiento.

21. Cuando la competencia para instruir y resolver un procedimiento no recaiga en un mismo órgano:

a) El instructor deberá elevar al órgano competente para resolver una propuesta de resolución.

b) El instructor podrá elevar al órgano competente para resolver una propuesta de resolución.

c) El instructor elevará al órgano competente para resolver una propuesta de resolución cuando éste se la solicite.

d) El instructor elevará al órgano competente para resolver una propuesta de resolución cuando la norma específica que regule el procedimiento así lo contemple.

22. En los procedimientos iniciados a solicitud del interesado, el vencimiento del plazo máximo sin haberse notificado resolución expresa, legitima al interesado o interesados para entenderla:

a) Desestimada por silencio administrativo.

b) Desestimada por silencio administrativo, excepto en los supuestos en los que una norma con rango de ley o una norma de Derecho de la Unión Europea o de Derecho internacional aplicable en España establezcan lo contrario.

c) Estimada por silencio administrativo.

d) Estimada por silencio administrativo, excepto en los supuestos en los que una norma con rango de ley o una norma de Derecho de la Unión Europea o de Derecho internacional aplicable en España establezcan lo contrario.

23. ¿Qué consideración tiene la estimación por silencio administrativo?

a) El efecto de permitir a los interesados la interposición del recurso administrativo.

b) El efecto de permitir a los interesados la interposición del recurso contencioso administrativo.

c) De acto administrativo finalizador del procedimiento.

d) De acto administrativo finalizador del procedimiento solo si previamente se acredita la obtención de acto presunto.

24. En los Procedimientos iniciados a solicitud del interesado, paralizados por causa imputable al mismo, se producirá la caducidad del procedimiento una vez haya transcurrido desde la advertencia al interesado por parte de la Administración:

a) 1 mes.

b) 2 meses.

c) 3 meses.

d) 15 días.

25. En relación con los efectos de la caducidad, el artículo 95 de la LPACAP señala que:

a) La caducidad producirá por sí sola la prescripción de las acciones del particular o de la Administración.

b) Los procedimientos caducados interrumpirán el plazo de prescripción de las acciones del particular o de la Administración.

c) No será aplicable la caducidad en cualquier supuesto en que la cuestión suscitada afecte al interés general.

d) En los casos en los que sea posible la iniciación de un nuevo procedimiento por no haberse producido la prescripción, podrán incorporarse a este los actos y trámites cuyo contenido se hubiera mantenido igual de no haberse producido la caducidad.

26. Los interesados podrán solicitar la tramitación simplificada del procedimiento. Si el órgano competente para la tramitación aprecia que no concurre alguna de las razones que lo aconsejen, podrá desestimar dicha solicitud en el plazo desde su presentación, de:

a) 5 días.

b) 7 días.

c) 10 días.

d) 15 días.

27. ¿Incluyen el trámite de audiencia los procedimientos administrativos tramitados de manera simplificada?

a) No, si la tramitación simplificada ha sido acordada por solicitud de los interesados.

b) Sí, en todo caso.

c) No, en ningún caso.

d) Únicamente cuando la resolución vaya a ser desfavorable para el interesado.

28. Que solo puedan considerarse infracciones administrativas las vulneraciones del ordenamiento jurídico previstas como tales infracciones por una Ley, es consecuencia de la aplicación del principio de:

a) Proporcionalidad.

b) Tipicidad.

c) Irretroactividad.

d) Responsabilidad.

29. Si las leyes que establecen infracciones y sanciones no fijan plazos de prescripción, se entenderá que las infracciones muy graves prescriben:

a) Al año.

b) A los 2 años.

c) A los 3 años.

d) A los 4 años.

30. Interrumpirá la prescripción de una sanción la iniciación, con conocimiento del interesado, del procedimiento de ejecución, volviendo a transcurrir el plazo si aquél está paralizado, por causa no imputable al infractor, durante:

a) Más de un mes.

b) Más de 3 meses.

c) Más de 6 meses.

d) Más de 1 año.

31. En los procedimientos sancionadores:

a) Solo se podrá imponer una sanción sin que se haya tramitado el oportuno procedimiento, cuando el interesado haya asumido su responsabilidad en los hechos.

b) Se iniciarán siempre a solicitud del interesado por acuerdo del órgano competente.

c) Se podrán iniciar cuantos nuevos procedimientos de carácter sancionador por hechos o conductas tipificadas sean necesarios como infracciones en cuya comisión el infractor persista de forma continuada, aún no habiendo recaído una primera resolución sancionadora, con carácter ejecutivo.

d) Se debe establecer la debida separación entre la fase instructora y la sancionadora, que se encomendará a órganos distintos.

32. El órgano instructor del procedimiento sancionador, podrá resolver la finalización con archivo de las actuaciones, sin que sea necesaria la formulación de la propuesta de resolución:

a) En ningún caso el órgano instructor puede finalizar un procedimiento sancionador.

b) Cuando en la instrucción del procedimiento se ponga de manifiesto la inexistencia de los hechos que pudieran constituir la infracción.

c) Cuando los hechos probados únicamente constituyan infracción administrativa.

d) En ningún caso el órgano instructor puede finalizar un procedimiento sancionador sin formular una propuesta de resolución.

33. Cuando las conductas sancionadas hubieran causado daños o perjuicios a las Administraciones y la cuantía destinada a indemnizar estos daños no hubiera quedado determinada en el expediente, se fijará mediante un:

a) Procedimiento complementario.
b) Procedimiento simplificado.
c) Procedimiento de urgencia.
d) Procedimiento convencional.

34. Los particulares tienen derecho a ser indemnizados por las Administraciones Públicas correspondientes, de toda lesión que sufran en cualquiera de sus bienes y derechos causados por el funcionamiento normal o anormal de los servicios públicos:

a) En todo caso.
b) Salvo en los casos de fuerza mayor.
c) Salvo en los casos de daños que el particular tenga el deber jurídico de soportar de acuerdo con la Ley.
d) Salvo en los casos de fuerza mayor o de daños que el particular tenga el deber jurídico de soportar de acuerdo con la Ley.

35. En los procedimientos de reclamación de responsabilidad de las Administraciones Públicas:

a) Cuando las Administraciones Públicas decidan iniciarlo de oficio será necesario que primeramente haya prescrito el derecho a la reclamación del interesado.
b) El procedimiento iniciado no se podrá instruir si los particulares presuntamente lesionados no se personan en el plazo establecido.
c) Los interesados solo podrán solicitar el inicio de un procedimiento de responsabilidad patrimonial, cuando no haya prescrito su derecho a reclamar.
d) El acuerdo de iniciación del procedimiento no precisa la notificación a los particulares presuntamente lesionados.

36. Producido un hecho o acto que motive la indemnización o se manifieste su efecto lesivo, el interesado dispondrá de un plazo para reclamar de:

a) 1 mes.
b) 3 meses.
c) 6 meses.
d) 1 año.

37. En relación al derecho de los particulares a ser indemnizados por las Administraciones Públicas correspondientes, la anulación de los actos o disposiciones administrativas:

a) Presupone, por sí misma, derecho a la indemnización.

b) Presupone, por sí misma, derecho a la indemnización, si la anulación se produce en vía administrativa.

c) Presupone, por sí misma, derecho a la indemnización, si la anulación se produce por el orden jurisdiccional contencioso administrativo.

d) No presupone, por sí misma, derecho a la indemnización.

38. En todo caso, en relación al derecho de los particulares a ser indemnizados por las Administraciones Públicas correspondientes, el daño alegado:

a) Deberá ser individualizado con relación a una persona.

b) No podrá ser evaluable económicamente.

c) Habrá de ser efectivo, evaluable económicamente e individualizado con relación a una persona o grupo de personas.

d) Debe ser jurídicamente soportable por el particular, de acuerdo con la Ley.

39. El plazo del derecho a reclamar en caso de daños de carácter físico o psíquico a las personas, empezará a computarse desde:

a) La curación o la determinación del alcance de las secuelas.

b) Que se produjo el hecho causante.

c) El primer parte médico que reconozca el daño.

d) El momento en que el interesado entra en su domicilio habitual.

40. Según la LPACAP, la cuantía de la multa coercitiva se determina:

a) Por ley.

b) Por acuerdo.

c) Por convenio.

d) Por Real Decreto.

41. Cuando se trate de actos que por no ser personalísimos puedan ser realizados por sujeto distinto del obligado, habrá lugar, como medio de ejecución forzosa, a:

a) La ejecución subsidiaria.

b) La multa coercitiva.

c) El apremio sobre el patrimonio.

d) La compulsión sobre las personas.

42. La multa coercitiva es:

a) Compatible con las sanciones que puedan imponerse con tal carácter.

b) Parte integrante de las sanciones que se impongan.

c) Incompatible con las sanciones que puedan imponerse.

d) Sustitutiva de las sanciones que pudieran imponerse.

43. Señala la respuesta correcta en relación con la abstención en el procedimiento:

a) La actuación de autoridades y personal al servicio de las Administraciones Públicas en los que concurran motivos de abstención implicará, necesariamente, la invalidez de los actos en que hayan intervenido.

b) Los órganos jerárquicamente superiores podrán ordenar a las personas en quienes se dé alguna de las circunstancias señaladas en el art. 23 de la LRJSP que se abstengan de toda intervención en el expediente.

c) La no abstención en los casos en que proceda no dará lugar a responsabilidad.

d) La enemistad manifiesta no es motivo de abstención en el procedimiento de una autoridad de la Administración Pública.

44. En lo concerniente a la recusación, a la que se refiere el art. 24 de la LRJSP:

a) La recusación deberá promoverse por los interesados antes de que se inicie la tramitación del procedimiento.

b) La recusación se planteará por escrito en el que se expresará la causa o causas en que se funda.

c) Si el recusado niega la causa de recusación, el superior resolverá en el plazo de tres meses, previos los informes y comprobaciones que considere oportunos.

d) Contra las resoluciones adoptadas en esta materia cabe recurso de alzada.

45. En los casos de abstención previstos en la Ley 40/2015 (LRJSP), podrá promoverse recusación por los interesados:

a) Antes de la instrucción del procedimiento.

b) En cualquier momento de la tramitación del procedimiento.

c) En cualquier momento anterior al trámite de audiencia.

d) Únicamente ante el órgano resolutorio.

Solución al test n.º 8

1. c) Procedimiento administrativo.

2. b) Los 15 días siguientes.

3. c) No vincula al órgano competente para iniciar el procedimiento, si bien deberá comunicar al órgano que la hubiera formulado los motivos por los que, en su caso, no procede la iniciación.

4. d) La presentación de una denuncia no confiere, por sí sola, la condición de interesado en el procedimiento.

5. c) De oficio o a solicitud de personas interesadas.

6. b) Comunicación.

7. a) Transparencia y publicidad.

8. c) 10 días.

9. b) Salvo la recusación; no suspenderán la tramitación del procedimiento, incluso las que se refieran a la nulidad de actuaciones.

10. c) La cesación temporal de la eficacia del acto.

11. b) En cualquier momento del procedimiento anterior al trámite de audiencia.

12. a) No será superior a treinta días ni inferior a diez.

13. c) No superior a 10 días.

14. d) Facultativos y no vinculantes.

15. b) Podrá no ser tenido en cuenta al adoptar la correspondiente resolución.

16. c) Cuando no figuren en el procedimiento ni sean tenidos en cuenta en la resolución otros hechos ni otras alegaciones y pruebas que las aducidas por el interesado.

17. c) Tengan por objeto satisfacer el interés público que tienen encomendado.

18. b) 3 meses.

19. a) Cuando los interesados promuevan la recusación en cualquier momento de la tramitación de un procedimiento.

20. b) Suspenderá el transcurso del plazo máximo legal para resolver el procedimiento y notificar la resolución.

21. a) El instructor deberá elevar al órgano competente para resolver una propuesta de resolución.

22. d) Estimada por silencio administrativo, excepto en los supuestos en los que una norma con rango de ley o una norma de Derecho de la Unión Europea o de Derecho internacional aplicable en España establezcan lo contrario.

23. c) De acto administrativo finalizador del procedimiento.

24. c) 3 meses.

25. d) En los casos en los que sea posible la iniciación de un nuevo procedimiento por no haberse producido la prescripción, podrán incorporarse a este los actos y trámites cuyo contenido se hubiera mantenido igual de no haberse producido la caducidad.

26. a) 5 días.

27. d) Únicamente cuando la resolución vaya a ser desfavorable para el interesado.

28. b) Tipicidad.

29. c) A los 3 años.

30. a) Más de un mes.

31. d) Se debe establecer la debida separación entre la fase instructora y la sancionadora, que se encomendará a órganos distintos.

32. b) Cuando en la instrucción del procedimiento se ponga de manifiesto la inexistencia de los hechos que pudieran constituir la infracción.

33. a) Procedimiento complementario.

34. d) Salvo en los casos de fuerza mayor o de daños que el particular tenga el deber jurídico de soportar de acuerdo con la Ley.

35. c) Los interesados solo podrán solicitar el inicio de un procedimiento de responsabilidad patrimonial, cuando no haya prescrito su derecho a reclamar.

36. d) 1 año.

37. d) No presupone, por sí misma, derecho a la indemnización.

38. c) Habrá de ser efectivo, evaluable económicamente e individualizado con relación a una persona o grupo de personas.

39. a) La curación o la determinación del alcance de las secuelas.

40. a) Por ley.

41. a) La ejecución subsidiaria.

42. a) Compatible con las sanciones que puedan imponerse con tal carácter.

43. b) Los órganos jerárquicamente superiores podrán ordenar a las personas en quienes se dé alguna de las circunstancias señaladas en el art. 23 de la LRJSP que se abstengan de toda intervención en el expediente.

44. b) La recusación se planteará por escrito en el que se expresará la causa o causas en que se funda.

45. b) En cualquier momento de la tramitación del procedimiento.

La Ley 39/2015, de 1 de octubre, del procedimiento administrativo común de las Administraciones Públicas: Título Preliminar, Disposiciones generales; Título I, De los interesados en el procedimiento; Título II, De la actividad de las Administraciones Públicas

1. La edad mínima para entablar por sí solo relaciones con la Administración Pública es de:

a) Dieciocho años.
b) Depende de los casos.
c) Veintiún años la mujer casada.
d) Dieciséis años.

2. La falta o insuficiente acreditación de la representación no impedirá que se tenga por realizado el acto de que se trate, siempre que se aporte aquella o se subsane el defecto dentro del plazo que deberá conceder al efecto el órgano administrativo, de:

a) Un mes, o de un plazo superior cuando las circunstancias del caso así lo requieran.
b) Veinte días, o de un plazo superior cuando las circunstancias del caso así lo requieran.
c) Quince días, o de un plazo superior cuando las circunstancias del caso así lo requieran.
d) Diez días, o de un plazo superior cuando las circunstancias del caso así lo requieran.

3. Los poderes inscritos en el registro electrónico de apoderamiento tendrán una validez determinada máxima de:

a) Diez años a contar desde la fecha de inscripción.
b) Cinco años a contar desde la fecha de inscripción.
c) Tres años a contar desde la fecha de inscripción.
d) Dos años a contar desde la fecha de inscripción.

4. Señala la respuesta incorrecta respecto a los interesados:

a) Se consideran interesados en el procedimiento administrativo los que, sin haber iniciado el procedimiento, tengan derechos que puedan resultar afectados por la decisión que en el mismo se adopte.

b) Cuando en una solicitud, escrito o comunicación figuren varios interesados, las actuaciones a que den lugar se efectuarán con el representante o el interesado que expresamente hayan señalado, y, en su defecto, con cualquiera de los demás.

c) Cuando la condición de interesado derivase de alguna relación jurídica transmisible, el derecho-habiente sucederá en tal condición cualquiera que sea el estado del procedimiento.

d) La presentación de una denuncia y la comparecencia en el trámite de información pública, respectivamente, no confieren u otorgan, por sí solas, la condición de interesado en el procedimiento.

5. En Derecho Administrativo, a diferencia del Derecho Privado, se puede reconocer a los menores de edad:

a) Capacidad jurídica.
b) Capacidad de obrar.
c) Ambas capacidades.
d) Ninguna de ellas.

6. Señala la respuesta incorrecta. Las Administraciones Públicas solo requerirán a los interesados el uso obligatorio de firma para:

a) Presentar declaraciones responsables o comunicaciones.
b) Adquirir derechos.
c) Interponer recursos.
d) Formular solicitudes.

7. Si durante la instrucción de un procedimiento, se advierte la existencia de personas que sean titulares de derechos o intereses legítimos y directos cuya identificación resulte del expediente y que puedan resultar afectados por la resolución que se dicte:

a) Se comunicará a dichas personas la tramitación del procedimiento cuando así lo solicite el interesado que inició el procedimiento.

b) Se publicará por edictos.

c) Se comunicará a dichas personas la tramitación del procedimiento cuando este no haya tenido publicidad.

d) No se comunicará, salvo que se presenten en forma legal en el procedimiento.

8. Con carácter general, para realizar cualquier actuación prevista en el procedimiento administrativo, será suficiente con que los interesados acrediten previamente su identidad a través de cualquiera de los medios de identificación previstos en la Ley 39/2015, de 1 de octubre. Las Administraciones Públicas NO requerirán a los interesados el uso obligatorio de firma para:

a) Identificar a las autoridades y al personal al servicio de las Administraciones Públicas bajo cuya responsabilidad se tramiten los procedimientos.

b) Desistir de acciones.

c) Presentar declaraciones responsables o comunicaciones.

d) Formular solicitudes.

9. En relación con la asistencia en el uso de medios electrónicos a los interesados, el art. 12.2 de la Ley 39/2015, de 1 de octubre, dispone que las Administraciones Públicas asistirán en el uso de medios electrónicos:

a) A quienes ejerzan una actividad profesional para la que se requiera colegiación obligatoria, para los trámites y actuaciones que realicen con las Administraciones Públicas en ejercicio de dicha actividad profesional.

b) A ciertos colectivos de personas físicas que por razón de su capacidad económica, técnica, dedicación profesional u otros motivos quede acreditado que tienen acceso y disponibilidad de los medios electrónicos necesarios.

c) A los empleados de las Administraciones Públicas para los trámites y actuaciones que realicen con ellas por razón de su condición de empleado público.

d) A los interesados no incluidos en los apartados 2 y 3 del artículo 14 de la Ley 39/2015, de 1 de octubre, que así lo soliciten, especialmente en lo referente a la identificación y firma electrónica, presentación de solicitudes a través del registro electrónico general y obtención de copias auténticas.

10. Si algunos de los interesados no dispone de los medios electrónicos necesarios, su identificación o firma electrónica en el procedimiento administrativo podrá ser válidamente realizada por un funcionario público mediante el uso del sistema de firma electrónica del que esté dotado para ello. En este caso:

a) Será necesario que el interesado que carezca de los medios electrónicos necesarios se identifique ante el funcionario.

b) Será necesario que el interesado que carezca de los medios electrónicos necesarios se identifique ante el funcionario y preste su consentimiento expreso para esta actuación.

c) Será necesario que el interesado que carezca de los medios electrónicos necesarios se identifique ante el funcionario y preste su consentimiento expreso para esta actuación, de lo que deberá quedar constancia para los casos de discrepancia.

d) Será necesario que el interesado que carezca de los medios electrónicos necesarios se identifique ante el funcionario y preste su consentimiento expreso para esta actuación, de lo que deberá quedar constancia para los casos de discrepancia o litigio.

11. Señala uno de los derechos que la Ley 39/2015, de 1 de octubre, del Procedimiento Administrativo Común de las Administraciones Públicas, reconoce a quienes tengan capacidad de obrar ante las Administraciones Públicas:

a) A la obtención y utilización de los medios de identificación y firma electrónica contemplados en la Ley 39/2015, de 1 de octubre.

b) A la protección de datos de carácter personal, y en particular a la seguridad y confidencialidad de los datos que figuren en los ficheros, sistemas y aplicaciones de las Administraciones Públicas.

c) A ser asistidos en el uso de medios electrónicos en sus relaciones con las Administraciones Públicas.

d) Todas las respuestas son correctas.

12. La Ley 39/2015, de 1 de octubre, del Procedimiento Administrativo Común de las Administraciones Públicas, reconoce a quienes tengan capacidad de obrar ante las Administraciones Públicas el derecho a comunicarse con las Administraciones Públicas a través de:

a) Un Punto de Acceso Rápido Telemático.

b) Un Punto Electrónico Central.

c) Un Punto Único Electrónico de contacto.

d) Un Punto de Acceso General electrónico de la Administración.

13. A menos que la naturaleza del documento exija otra forma más adecuada de expresión y constancia, las Administraciones Públicas deberán emitir los documentos administrativos:

a) Preferiblemente de forma verbal.

b) Por escrito, a través de medios electrónicos.

c) Verbal o en su defecto por escrito.

d) De cualquier forma que deje constancia de su recepción.

14. Indica cuál de los siguientes documentos electrónicos emitidos por las Administraciones Públicas no requieren de firma electrónica, aunque sí precisan identificar su origen:

a) Los documentos que formen parte de un expediente administrativo.

b) Los documentos que se publiquen con carácter sancionador.

c) Los documentos que se publiquen con carácter meramente informativo.

d) Todos los documentos electrónicos emitidos por una Administración Pública requieren de firma electrónica.

15. ¿Cuándo podrán los interesados solicitar la expedición de copias auténticas de los documentos públicos administrativos que hayan sido válidamente emitidos por las Administraciones Públicas?

a) Únicamente en la fase de audiencia.

b) Solo en la fase de prueba.

c) Siempre antes de la resolución del expediente administrativo.

d) En cualquier momento.

16. La solicitud de copias auténticas de los documentos públicos administrativos que hayan sido válidamente emitidos por las Administraciones Públicas se dirigirá al órgano que emitió el documento original, debiendo expedirse, salvo las excepciones derivadas de la aplicación de la Ley 19/2013, de 9 de diciembre, en el plazo de:

a) Un mes a contar desde la recepción de la solicitud en el registro electrónico de la Administración u Organismo competente.

b) Veinte días a contar desde la recepción de la solicitud en el registro electrónico de la Administración u Organismo competente.

c) Quince días a contar desde la recepción de la solicitud en el registro electrónico de la Administración u Organismo competente.

d) Diez días a contar desde la recepción de la solicitud en el registro electrónico de la Administración u Organismo competente.

17. Los documentos que los interesados dirijan a los órganos de las Administraciones Públicas podrán presentarse:

a) En las oficinas de Correos, en la forma que reglamentariamente se establezca.
b) En las representaciones diplomáticas u oficinas consulares de España en el extranjero.
c) En las oficinas de asistencia en materia de registros.
d) Todas las respuestas son correctas.

18. Señala la respuesta incorrecta respecto a la comparecencia de las personas:

a) La comparecencia de las personas ante las oficinas públicas, ya sea presencialmente o por medios electrónicos, solo será obligatoria cuando así esté previsto mediante Reglamento.
b) En los casos en que proceda la comparecencia, la correspondiente citación hará constar expresamente el lugar, fecha, hora, los medios disponibles y objeto de la comparecencia, así como los efectos de no atenderla.
c) Las Administraciones Públicas entregarán al interesado certificación acreditativa de la comparecencia cuando así lo solicite.
d) Todas las respuestas son incorrectas.

19. Señala la respuesta incorrecta:

a) Estarán obligados a relacionarse a través de medios electrónicos con las Administraciones Públicas para la realización de cualquier trámite de un procedimiento administrativo los notarios y registradores de la propiedad y mercantiles.
b) En los procedimientos tramitados por las Administraciones de las Comunidades Autónomas y de las Entidades Locales, el uso de la lengua se ajustará a lo previsto en la legislación nacional.
c) Cada Administración dispondrá de un Registro Electrónico General, en el que se hará el correspondiente asiento de todo documento que sea presentado o que se reciba en cualquier órgano administrativo, organismo público o entidad vinculado o dependiente a estos.
d) Las personas físicas podrán elegir en todo momento si se comunican con las Administraciones Públicas para el ejercicio de sus derechos y obligaciones a través de medios electrónicos o no, salvo que estén obligadas a relacionarse a través de medios electrónicos con las Administraciones Públicas.

20. Si un interesado de una Comunidad Autónoma con lengua oficial específica se dirige a un órgano de la Administración General del Estado sito en su Comunidad, ha de hacerlo en:

a) Castellano necesariamente.
b) Su lengua oficial exclusivamente.

c) Cualquiera de las dos anteriores, a su opción.

d) La que se le indique por la citada Administración.

21. Los interesados en un procedimiento que conozcan datos que permitan identificar a otros interesados que no hayan comparecido en él:

a) Tienen el deber de proporcionárselos a la Administración actuante.

b) Pueden proporcionárselos a la Administración actuante, cuando lo estimen conveniente.

c) No tienen por qué aportarlos al procedimiento.

d) Solo tienen obligación de aportarlos cuando les proporcione un beneficio.

22. El plazo máximo en el que debe notificarse la resolución expresa será el fijado por la norma reguladora del correspondiente procedimiento. Este plazo, salvo que una norma con rango de ley establezca uno mayor o así venga previsto en el Derecho de la Unión Europea, no podrá exceder de:

a) Veinte días.

b) Un mes.

c) Tres meses.

d) Seis meses.

23. El transcurso del plazo máximo legal para resolver un procedimiento y notificar la resolución se podrá suspender:

a) Cuando deba obtenerse un pronunciamiento previo y preceptivo de un órgano de la Unión Europea, por el tiempo que medie entre la petición, que habrá de comunicarse a los interesados, y la notificación del pronunciamiento a la Administración instructora, que también deberá serles comunicada.

b) Cuando deban realizarse pruebas técnicas o análisis contradictorios o dirimentes propuestos por los interesados, durante el tiempo necesario para la incorporación de los resultados al expediente.

c) Cuando exista un procedimiento no finalizado en el ámbito de la Unión Europea que condicione directamente el contenido de la resolución de que se trate, desde que se tenga constancia de su existencia, lo que deberá ser comunicado a los interesados, hasta que se resuelva, lo que también habrá de ser notificado.

d) Todas las respuestas son correctas.

24. ¿Qué recurso cabe contra el acuerdo que resuelva sobre la ampliación de plazos?

a) Recurso de alzada.

b) Recurso extraordinario de revisión.

c) Recurso de reposición, en el plazo de un mes.

d) Ningún recurso.

Solución al test n.º 9

1. b) Depende de los casos.

2. d) Diez días, o de un plazo superior cuando las circunstancias del caso así lo requieran.

3. b) Cinco años a contar desde la fecha de inscripción.

4. b) Cuando en una solicitud, escrito o comunicación figuren varios interesados, las actuaciones a que den lugar se efectuarán con el representante o el interesado que expresamente hayan señalado, y, en su defecto, con cualquiera de los demás.

5. b) Capacidad de obrar.

6. b) Adquirir derechos.

7. c) Se comunicará a dichas personas la tramitación del procedimiento cuando este no haya tenido publicidad.

8. a) Identificar a las autoridades y al personal al servicio de las Administraciones Públicas bajo cuya responsabilidad se tramiten los procedimientos.

9. d) A los interesados no incluidos en los apartados 2 y 3 del artículo 14 de la Ley 39/2015, de 1 de octubre, que así lo soliciten, especialmente en lo referente a la identificación y firma electrónica, presentación de solicitudes a través del registro electrónico general y obtención de copias auténticas.

10. d) Será necesario que el interesado que carezca de los medios electrónicos necesarios se identifique ante el funcionario y preste su consentimiento expreso para esta actuación, de lo que deberá quedar constancia para los casos de discrepancia o litigio.

11. d) Todas las respuestas son correctas.

12. d) Un Punto de Acceso General electrónico de la Administración.

13. b) Por escrito, a través de medios electrónicos.

14. c) Los documentos que se publiquen con carácter meramente informativo.

15. d) En cualquier momento.

16. c) Quince días a contar desde la recepción de la solicitud en el registro electrónico de la Administración u Organismo competente.

17. d) Todas las respuestas son correctas.

18. a) La comparecencia de las personas ante las oficinas públicas, ya sea presencialmente o por medios electrónicos, solo será obligatoria cuando así esté previsto mediante Reglamento.

19. b) En los procedimientos tramitados por las Administraciones de las Comunidades Autónomas y de las Entidades Locales, el uso de la lengua se ajustará a lo previsto en la legislación nacional.

20. c) Cualquiera de las dos anteriores, a su opción.

21. a) Tienen el deber de proporcionárselos a la Administración actuante.

22. d) Seis meses.

23. d) Todas las respuestas son correctas.

24. d) Ningún recurso.

La revisión de oficio. Los recursos administrativos: concepto y clases. Recurso contencioso administrativo

1. Una de las causas de inadmisión del recurso administrativo es:

a) Tratarse de un acto no susceptible de recurso.
b) Haber transcurrido el plazo para la interposición del recurso.
c) Ser incompetente el órgano administrativo, cuando el competente perteneciera a otra Administración Pública.
d) Todas las respuestas son correctas.

2. ¿Qué recurso cabe contra los actos que pongan fin a la vía administrativa?

a) Recurso de alzada.
b) Recurso de revisión.
c) Recurso de reposición con carácter potestativo.
d) Ninguno.

3. ¿Qué recurso cabe contra los actos que no agotan la vía administrativa?

a) Recurso de alzada.
b) Recurso de revisión.
c) Recurso de reposición con carácter potestativo.
d) Ninguno.

4. ¿Qué recurso cabe en vía administrativa contra las disposiciones administrativas de carácter general?

a) Recurso de alzada.
b) Recurso de revisión.
c) Recurso de reposición con carácter potestativo.
d) Ninguno.

5. Ponen fin a la vía administrativa:

a) Las resoluciones de los órganos administrativos que carezcan de superior jerárquico, salvo que una Ley establezca lo contrario.
b) La resolución administrativa de los procedimientos de responsabilidad patrimonial, cualquiera que fuese el tipo de relación, pública o privada, de que derive.

c) Las resoluciones de los recursos de alzada.

d) Todas las respuestas son correctas.

6. Señala la respuesta incorrecta respecto a la interposición del recurso en vía administrativa:

a) La interposición del recurso deberá expresar el órgano, centro o unidad administrativa al que se dirige y su correspondiente código de identificación.

b) El error o la ausencia de la calificación del recurso por parte del recurrente no será obstáculo para su tramitación, siempre que se deduzca su verdadero carácter.

c) Los vicios y defectos que hagan anulable un acto podrán ser alegados incluso por quienes los hubieren causado.

d) La interposición del recurso deberá expresar el acto que se recurre y la razón de su impugnación.

7. En el ámbito estatal ponen fin a la vía administrativa los actos y resoluciones, en relación con las competencias que tengan atribuidas en materia de personal, los órganos directivos con nivel de:

a) Subsecretario o superior únicamente.

b) Director general o superior.

c) Subdirector General o superior

d) Cualquier órgano directivo con independencia de su nivel.

8. Cuando hayan de tenerse en cuenta nuevos hechos o documentos no recogidos en el expediente originario, se pondrán de manifiesto a los interesados para que formulen las alegaciones y presenten los documentos y justificantes que estimen procedentes, en un plazo:

a) De siete días hábiles.

b) No inferior a siete días ni superior a quince.

c) No inferior a diez días ni superior a quince.

d) No inferior a diez días ni superior a un mes.

9. ¿Cuál es el plazo para la interposición del recurso de alzada si el acto fuera expreso?

a) Un mes.

b) Tres meses.

c) Seis meses.

d) Cuatro años.

10. ¿Cuál es el plazo máximo para dictar y notificar la resolución del recurso potestativo de reposición?

a) Un mes.

b) Tres meses.

c) Seis meses.

d) Cuatro años.

11. Contra la resolución de un recurso de alzada no cabrá ningún otro recurso administrativo:

a) Salvo el recurso extraordinario de revisión.
b) Salvo el recurso de reposición.
c) Salvo el recurso extraordinario de casación.
d) Todas las respuestas son correctas.

12. ¿Cuál es el plazo máximo para dictar y notificar la resolución de un recurso de alzada?

a) Un mes.
b) Tres meses.
c) Seis meses.
d) Cuatro años.

13. ¿En qué plazo, a contar desde el siguiente al de la notificación de la resolución impugnada, se interpondrá el recurso de súplica?

a) En el plazo de un mes.
b) En el plazo de quince días.
c) En el plazo de siete días.
d) En el plazo de cinco días.

14. Señala la respuesta incorrecta respecto al objeto del recurso de alzada:

a) El recurso solo podrá interponerse ante el órgano que dictó el acto que se impugna.
b) Si el recurso se hubiera interpuesto ante el órgano que dictó el acto impugnado, este deberá remitirlo al competente en el plazo de diez días, con su informe y con una copia completa y ordenada del expediente.
c) Las resoluciones y actos cuando no pongan fin a la vía administrativa, podrán ser recurridos en alzada ante el órgano superior jerárquico del que los dictó.
d) Los Tribunales y órganos de selección del personal al servicio de las Administraciones Públicas y cualesquiera otros que, en el seno de estas, actúen con autonomía funcional, se considerarán dependientes del órgano al que estén adscritos o, en su defecto, del que haya nombrado al presidente de los mismos.

15. ¿Qué recurso cabe contra los actos firmes en vía administrativa?

a) Recurso de alzada.
b) Recurso extraordinario de revisión.
c) Recurso de reposición con carácter potestativo.
d) Ninguno.

16. Están legitimados ante el orden jurisdiccional contencioso-administrativo:

a) El Ministerio Fiscal para intervenir en los procesos que determine la Ley.

b) La Administración del Estado, cuando ostente un derecho o interés legítimo, para impugnar los actos y disposiciones de la Administración de las Comunidades Autónomas y de los Organismos públicos vinculados a éstas, así como los de las Entidades locales, de conformidad con lo dispuesto en la legislación de régimen local, y los de cualquier otra entidad pública no sometida a su fiscalización.

c) Cualquier ciudadano, en ejercicio de la acción popular, en los casos expresamente previstos por las Leyes.

d) Todas las respuestas son correctas.

Solución al test n.º 10

1. d) Todas las respuestas son correctas.

2. c) Recurso de reposición con carácter potestativo.

3. a) Recurso de alzada.

4. d) Ninguno.

5. d) Todas las respuestas son correctas.

6. c) Los vicios y defectos que hagan anulable un acto podrán ser alegados incluso por quienes los hubieren causado.

7. b) Director general o superior.

8. c) No inferior a diez días ni superior a quince.

9. a) Un mes.

10. a) Un mes.

11. a) Salvo el recurso extraordinario de revisión.

12. b) Tres meses.

13. d) En el plazo de cinco días.

14. a) El recurso solo podrá interponerse ante el órgano que dictó el acto que se impugna.

15. b) Recurso extraordinario de revisión.

16. d) Todas las respuestas son correctas.

TEST N.º 11

El Régimen Local en la Constitución. Desarrollo normativo

1. La Administración Local está integrada por:

a) Por órganos.
b) Por Entes, no por órganos.
c) Por sujetos de Derecho con personalidad jurídica propia.
d) Son correctas las respuestas b) y c).

2. Uno de los hitos normativos más importantes en la evolución del Régimen Local es:

a) La Constitución Española de 1931.
b) El Decreto de Javier de Burgos, de 30 de noviembre de 1833.
c) La Declaración Universal de los Derechos Humanos.
d) El Estatuto de Bayona de 1808.

3. Se definen como entidades locales integradas por los municipios de grandes aglomeraciones urbanas entre cuyos núcleos de población existan vinculaciones económicas y sociales que hagan necesaria la planificación conjunta y la coordinación de determinados servicios y obras:

a) Las Áreas Metropolitanas.
b) Las Comarcas.
c) Las Mancomunidades.
d) Las entidades de ámbito territorial inferior al Municipio.

4. Son entidades locales territoriales:

a) El municipio y las mancomunidades.
b) Las provincias y las comarcas.
c) El municipio, las provincias y las áreas metropolitanas.
d) La Isla en los archipiélagos balear y canario y los municipios.

5. La no presentación de cuentas por las entidades de ámbito territorial inferior al Municipio ante los organismos correspondientes del Estado y de la Comunidad Autónoma:

a) Conllevará que el personal que estuviera al servicio de la entidad quedará incorporado en la Administración del Estado.

b) Conllevará que el personal que estuviera al servicio de la entidad quedará incorporado en la Administración de la Comunidad Autónoma.

c) Será motivo para la sustitución de sus órganos de gobierno.

d) Será causa de disolución.

6. El artículo 137 de la Constitución Española dispone:

a) El Estado se organiza territorialmente en Municipios, en Provincias y en las Comunidades Autónomas que se constituyan.

b) El Estado se organiza territorialmente en Municipios, en Provincias e Islas.

c) El Estado se organiza territorialmente en Municipios, en Provincias y en Comarcas.

d) El Estado se organiza territorialmente en Municipios, en Provincias y en Concejos.

7. De acuerdo con el artículo 141 de la Constitución Española:

a) El gobierno y la administración autónoma de las provincias estarán encomendados a las Diputaciones u otras Corporaciones de carácter representativo.

b) El gobierno y la administración autónoma de las provincias estarán encomendados al Pleno de la Diputación Provincial.

c) El gobierno y la administración autónoma de las provincias estarán encomendados a la Junta de Gobierno de la Diputación Provincial.

d) El gobierno y la administración autónoma de las Provincias estarán encomendados a las Corporaciones de carácter representativo.

8. Uno de los principios fundamentales en relación con el Régimen Local que recoge la Constitución Española es:

a) La autonomía de las Corporaciones Locales en la gestión de sus intereses.

b) El carácter democrático y representativo de sus órganos de gobierno.

c) La suficiencia de las Haciendas Locales.

d) Todas las respuestas anteriores son correctas.

9. ¿Es posible crear agrupaciones de Municipios diferentes de la Provincia?

a) No.

b) En algunos casos.

c) Solo si lo decide el Presidente del Gobierno.

d) Sí.

10. De conformidad con el artículo 140 de la Constitución Española, los concejales serán elegidos por sufragio:

a) Universal por parte de los ciudadanos del municipio.
b) Universal, igual, libre, e indirecto.
c) Universal, igual, libre, directo y secreto.
d) Universal, igual, libre, directo y secreto, en la forma establecida en la ley.

11. Según el artículo 103.1 de la Constitución Española, la Administración Pública sirve con objetividad los intereses generales y actúa de acuerdo con los principios de:

a) Eficacia, jerarquía, descentralización, desconcentración y suficiencia financiera.
b) Descentralización, desconcentración, altruismo y eficacia.
c) Eficacia, jerarquía, descentralización, desconcentración y coordinación.
d) Eficacia, jerarquía, descentralización, desconcentración y gratuidad.

12. El Texto Refundido de la Ley Reguladora de las Haciendas Locales fue aprobado por:

a) Real Decreto Legislativo 2/2014, de 5 de marzo.
b) Real Decreto Legislativo 2/1994, de 5 de marzo.
c) Real Decreto Legislativo 2/2004, de 5 de marzo.
d) Real Decreto Legislativo 2/2004, de 5 de abril.

13. Las elecciones locales se encuentran reguladas en:

a) El Reglamento de Servicios de las Corporaciones Locales, de 17 de junio de 1955.
b) El Texto Refundido de la Ley Reguladora de las Haciendas Locales.
c) La Ley Orgánica 5/1985, de 19 de junio, del Régimen Electoral General.
d) La Ley Orgánica Electoral de 2 de abril de 1986.

14. Entre los principios que rigen las relaciones entre las Administraciones Públicas nos encontramos con el principio de:

a) Responsabilidad de cada Administración Pública en el cumplimiento de sus obligaciones y compromisos.
b) Lealtad institucional.
c) Jerarquía.
d) Las respuestas a) y b) son correctas.

15. Las Administraciones Públicas deberán:

a) Prestar, en el ámbito propio, la asistencia que las otras Administraciones pudieran solicitar para el eficaz ejercicio de sus competencias salvo excepciones.
b) Respetar el ejercicio legítimo por las otras Administraciones de sus competencias en los supuestos legales.
c) Cumplir con algunas de las obligaciones derivadas del deber de colaboración y las restantes que se establezcan normativamente.
d) Ninguna de las respuestas es correcta.

16. Serán responsables del deber de remitir a las Administraciones del Estado y de las Comunidades Autónomas, copia o, en su caso, extracto comprensivo de los actos y acuerdos de las Entidades Locales:

a) El Pleno del Ayuntamiento.
b) Los Presidentes y, de forma inmediata, los Secretarios de las Corporaciones.
c) El Pleno de la Diputación Provincial.
d) La Junta de Gobierno.

17. Según la LRJSP, las obligaciones que se derivan del deber de colaboración se harán efectivas a través de las siguientes técnicas:

a) Mediante trasferencias de bienes.
b) El suministro de información.
c) Cualquiera prevista en una ley.
d) Las respuestas b) y c) son correctas.

18. La cooperación entre la Administración Local y las Administraciones del Estado y de las Comunidades Autónomas, tanto en servicios locales como en asuntos de interés común, se desarrollará:

a) Con carácter obligatorio.
b) Bajo las formas y en los términos previstos en las leyes.
c) De forma permanente.
d) De forma instrumental.

19. La constitución de un consorcio solo podrá tener lugar:

a) Si concurren intereses particulares.
b) Cuando la cooperación no pueda formalizarse a través de un convenio.
c) Cuando así se estime por las Administraciones que van a constituir el consorcio.
d) Si concurren intereses económicos.

20. La colaboración de la Administración del Estado será objeto de especial consideración cuando se trate de Municipios que se encuentren en alguna de las circunstancias objetivas siguientes:

a) Los de reconocido valor económico.
b) Los de marcado interés turístico.
c) Los que presenten un índice extraordinario en el aspecto agrícola.
d) Las respuestas a) y c) son correctas.

21. Las Entidades Locales solo podrán ejercer competencias distintas de las propias y de las atribuidas por delegación cuando:

a) No se ponga en riesgo la sostenibilidad financiera del conjunto de la Hacienda municipal.
b) Se incurra en un supuesto de ejecución simultánea del mismo servicio público con otra Administración Pública.

c) Existan duplicidades.
d) Se asegure la obtención de ingresos.

22. Según el artículo 27 de la Ley de Bases de Régimen Local, la delegación de competencias del Estado y las Comunidades Autónomas a los municipios no podrá ser inferior a:

a) 5 años.
b) 4 años.
c) 10 años.
d) 7 años.

23. La Administración del Estado y las de las Comunidades Autónomas podrán delegar en los municipios, entre otras, las siguientes competencias:

a) Realización de actividades complementarias en los centros docentes.
b) Protección del medio natural.
c) Vigilancia y control de la contaminación ambiental.
d) Todas las respuestas son correctas.

24. ¿Puede la Administración del Estado o de la Comunidad Autónoma adoptar las medidas necesarias para el cumplimiento de una obligación a costa y en sustitución de la Entidad Local?

a) En todo caso.
b) Cuando una Entidad Local incumpliera las obligaciones impuestas directamente por la ley, aunque tal incumplimiento no afectara al ejercicio de competencias de la Administración del Estado o de la Comunidad Autónoma.
c) Cuando una Entidad Local incumpliera las obligaciones impuestas directamente por la ley, de forma que tal incumplimiento afectara al ejercicio de competencias de la Administración del Estado o de la Comunidad Autónoma.
d) En ningún caso.

25. ¿Qué órgano podrá proceder, mediante Real Decreto, a la disolución de los órganos de las Corporaciones Locales?

a) El Senado.
b) El Congreso.
c) El Consejo de Ministros.
d) El Tribunal Supremo.

26. Acordada la disolución de los órganos de una Corporación Local será de aplicación:

a) La normativa reguladora de la Administración del Estado.
b) La normativa reguladora de la provisional administración ordinaria de la corporación.

c) La normativa reguladora de la provisional administración extraordinaria de la corporación.
d) La normativa reguladora de la Comunidad Autónoma.

27. La autonomía local se reconoce a los municipios y provincia en:

a) Los artículos 103 y 104 de la Constitución Española.
b) Los artículos 137, 140 y 141 de la Constitución Española.
c) El artículo 1 de la Constitución Española.
d) El artículo 149 de la Constitución Española.

28. El Tribunal Constitucional ha declarado que la autonomía local ha de ser entendida como:

a) Un derecho que poseen las Corporaciones Locales para defenderse del Estado y las Comunidades Autónomas.
b) Un derecho de la Comunidad Local a participar, a través de órganos propios, en el gobierno y administración de cuantos asuntos le atañen.
c) La posibilidad que tienen las entidades locales de evitar la aplicación de las leyes que sean contrarias a sus intereses.
d) La facultad de las entidades locales para intervenir en los asuntos estatales.

29. Si una Entidad local adoptara actos o acuerdos que atenten gravemente al interés general de España:

a) El Delegado del Gobierno podrá suspenderlos de inmediato.
b) El Delegado del Gobierno previo requerimiento para su anulación al Presidente de la Corporación podrá suspenderlos.
c) El Congreso de Diputados previo requerimiento podrá suspenderlos.
d) Se acordará su disolución.

30. Podrán impugnar los actos y acuerdos de las Entidades Locales que incurran en infracción del ordenamiento jurídico:

a) Todos los miembros de las Corporaciones Locales.
b) 1/3 de los miembros de las Corporaciones Locales.
c) Los miembros de las Corporaciones que hubieran votado en contra de tales actos y acuerdos.
d) Los miembros de las Corporaciones que se hayan abstenido o hubieran votado en contra de tales actos y acuerdos.

31. Las relaciones recíprocas de la Administración Local y las restantes Administraciones han de ajustarse a los deberes de:

a) Información mutua.
b) Invasión de los respectivos ámbitos competenciales.

c) Coordinación.
d) Las respuestas a) y c) son correctas.

32. Según la Ley de Régimen Local, la coordinación de las actividades de las Corporaciones Locales no puede incidir en su:

a) Entidad propia.
b) Autonomía.
c) Ámbito competencial.
d) Ninguna de las anteriores.

33. De la remisión de los acuerdos de una Corporación Local a la Administración General del Estado es inmediatamente responsable el:

a) Órgano colegiado de gobierno.
b) Registro de Salida de Documentos.
c) Secretario de la Corporación.
d) Presidente.

34. El órgano de la Administración General del Estado al que, generalmente, se remite la copia o extracto de los acuerdos adoptados es el:

a) Ministro del Interior.
b) Delegado del Ministerio de Hacienda y Función Pública.
c) Subdelegado del Gobierno en la provincia o, en su caso, Delegado del Gobierno de la Nación en la Comunidad Autónoma uniprovincial.
d) Cualquiera de ellos.

35. Además de a dicho órgano, debe remitirse la copia o extracto al:

a) Órgano correspondiente de la Comunidad Autónoma.
b) Boletín Oficial de la Provincia.
c) Tribunal Superior de Justicia de la Comunidad Autónoma.
d) Presidente de la Diputación Provincial.

36. La cooperación entre Administraciones de carácter voluntario se articula a través de:

a) Convenios.
b) Consorcios.
c) Los dos anteriores.
d) La facultad de coordinación.

37. La elaboración de proyectos para una Entidad Local por la Administración del Estado es:

a) Cooperación económica.
b) Cooperación técnica.

c) Obligatoria para ambas.
d) Algo anormal.

38. Los órganos de colaboración entre las distintas Administraciones Públicas tienen el carácter de:

a) Obligatorios.
b) Decisorios.
c) Deliberantes.
d) Nacionales.

39. Está prevista una especial colaboración de la Administración General del Estado respecto de los Municipios de:

a) Marcado interés rústico.
b) Reconocido valor histórico-artístico.
c) Pequeña expansión industrial o urbana.
d) Las respuestas a) y b) son correctas.

40. Con la coordinación de la actividad de la Administración Local se persigue:

a) Fiscalizar dicha actividad, sin invadir su ámbito competencial.
b) Asegurar la coherencia de la actuación de las Administraciones Públicas.
c) Someter a la Administración Local a los intereses de la Nación.
d) Encauzar la Autonomía Local.

41. Las facultades de coordinación se atribuyen a/al/a las:

a) Gobierno de la Nación.
b) Consejo de Gobierno de las Comunidades Autónomas.
c) Los dos anteriores.
d) Diputaciones Provinciales en exclusiva.

42. La atribución de facultades de coordinación debe efectuarse necesariamente a través de:

a) Ley de las Cortes Generales o de los Parlamentos Autonómicos.
b) Decreto del Consejo de Ministros o de los Consejos de Gobierno de las Comunidades Autónomas.
c) Orden Ministerial o de la Consejería correspondiente.
d) Acuerdo del Pleno de la Diputación Provincial.

43. La facultad de coordinación se ejercerá especialmente respecto de los/las:

a) Municipios de marcado interés turístico.
b) Entidades Locales que hayan sufrido las consecuencias de fenómenos catastróficos.

c) Municipios de toda índole.
d) Diputaciones Provinciales.

44. El instrumento esencial para desarrollar esta coordinación son los/las:

a) Subvenciones.
b) Asesoramientos técnicos y jurídicos.
c) Planes sectoriales.
d) Controles de oportunidad y legalidad establecidos en favor de las Administraciones coordinadoras.

45. Los planes sectoriales para la fijación de objetivos y la determinación de las prioridades de la acción pública en una materia en concreto se aprueban por el/las/los:

a) Parlamento de la Comunidad en que radique la Entidad Local.
b) Cortes Generales.
c) Consejo de Gobierno o Consejo de Ministros.
d) Plenos de las Entidades afectadas.

46. Las Entidades Locales podrán ejercer competencias distintas de las propias y de las atribuidas por delegación:

a) Cuando no se ponga en riesgo la sostenibilidad financiera del conjunto de la Hacienda municipal.
b) Cuando no se incurra en un supuesto de ejecución simultánea del mismo servicio público con otra Administración Pública.
c) Previo informe vinculante de la Administración competente por razón de materia y de la Administración que tenga atribuida la tutela financiera sobre la sostenibilidad financiera de las nuevas competencias.
d) Todo lo anterior es cierto y debe darse simultáneamente.

47. Una delegación de competencia por parte del Estado en un Municipio debe efectuarse por el siguiente mínimo de tiempo:

a) Tres años.
b) Un año.
c) Cinco años.
d) Diez años.

48. La delegación de competencias del Estado o de una Comunidad Autónoma en un Municipio que no vaya acompañada en todo caso de la correspondiente financiación, prevista en la correspondiente dotación presupuestaria adecuada y suficiente en los presupuestos de la Administración delegante para cada ejercicio económico:

a) Es nula.
b) Solo se permitirá si la acepta el Municipio en el que se delegue.

c) Ha de ir precedida de dictamen favorable previo del Consejo de Estado u órgano consultivo equivalente de la Comunidad Autónoma.

d) Comportará la correspondiente modificación presupuestaria en el ejercicio siguiente a aquel en el que se efectúa.

49. Puede encomendarse la gestión ordinaria de servicios propios a las Diputaciones Provinciales por parte del/de los/de las:

a) Estado.
b) Municipios de la Provincia.
c) Comunidades Autónomas.
d) Todas las respuestas son correctas.

50. En el ejercicio de dicha gestión ordinaria, las Diputaciones Provinciales actuarán siguiendo las instrucciones generales y particulares de:

a) Su órgano colegiado superior.
b) La Ley de las Cortes Generales por la que se confiera la gestión.
c) La Comunidad Autónoma que encomiende la gestión.
d) Los Municipios afectados.

51. El Estado puede delegar en las Diputaciones Provinciales, respecto de los servicios que le son propios:

a) La titularidad de los mismos.
b) La posibilidad de regular la forma de su gestión.
c) La mera ejecución de las competencias que ostente sobre dichos servicios.
d) Todo lo anterior.

52. Para el desempeño conjunto de competencias concurrentes o compartidas entre el Estado o las Comunidades Autónomas y los Entes Locales, se prevé la constitución de:

a) Consorcios.
b) Órganos deliberantes.
c) Empresas públicas mixtas.
d) Entes desconcentrados.

53. Los requerimientos a las Entidades Locales para que cumplan sus obligaciones, previstos en el artículo 60 de la Ley Reguladora de las Bases del Régimen Local, no deben ser, en cuanto al plazo concedido:

a) Inferiores a un mes.
b) Superiores a un mes.
c) De menos de dos meses.
d) Obligatorios para la Entidad requerida.

54. Los citados requerimientos a las Entidades Locales para que cumplan sus funciones están previstos en caso de:

a) Insuficiencia de medios de la Entidad para realizar sus funciones.
b) Ejercicio de las competencias que tenga delegadas exclusivamente.
c) Incumplimiento de las obligaciones legalmente impuestas.
d) Que se produzca cualquiera de las anteriores circunstancias.

55. Si no se llegare a cumplir el requerimiento por las Entidades Locales para que cumplan sus funciones, se:

a) Arbitrarán las medidas necesarias para cumplir la obligación de la Entidad a costa de la Administración que hubiere requerido.
b) Procederá a la disolución de la Entidad requerida.
c) Sustituirá a la Entidad requerida en el ejercicio de esta obligación.
d) Sancionará a esta Entidad incumplidora.

56. La disolución de los órganos de una Entidad Local es competencia exclusiva del:

a) Senado.
b) Consejo de Ministros.
c) Consejo de Gobierno de cada Comunidad, dando cuenta al anterior.
d) Parlamento autonómico respectivo.

57. La iniciativa para proceder a la disolución de órganos de una Entidad Local ha de provenir del/de las:

a) Asambleas Legislativas Autonómicas.
b) Cortes Generales.
c) Consejo de Ministros.
d) El anterior o el Consejo de Gobierno de la Comunidad Autónoma de que se trate.

58. El acuerdo favorable del Senado, en el supuesto de disolución de una Entidad Local por el Gobierno de la Nación es:

a) Facultativa.
b) Preceptiva.
c) No preceptiva.
d) El Gobierno no tiene obligación de obtener dicho acuerdo del Senado.

59. Cuando, a iniciativa del Consejo de Ministros, se disuelven los órganos de una Entidad Local, el Consejo de Gobierno de la Comunidad Autónoma debe:

a) Tomar conocimiento.
b) Informarlo favorablemente.

c) Informarlo simplemente.
d) Estar de acuerdo.

60. La disolución de los órganos de las Entidades Locales está prevista para los supuestos de:

a) Insuficiencia de medios para gestionar los servicios propios de las Entidades Locales.
b) Incumplimiento de los requerimientos que le efectúen el Estado o las Comunidades Autónomas sobre los servicios que han de gestionar obligatoriamente.
c) Gestión gravemente dañosa a los intereses generales que suponga el incumplimiento de obligaciones constitucionales.
d) Defectuosa gestión de competencias delegadas.

61. La generalidad en las competencias respecto a la población respectiva se reconoce a los/las:

a) Municipios.
b) Provincias.
c) Islas.
d) Todos los anteriores.

62. La autonomía garantizada por la Constitución respecto de los Entes en que se organiza territorialmente el Estado lo es para:

a) Todo tipo de actuaciones.
b) La gestión de sus intereses.
c) Legislar.
d) Cuestiones políticas.

63. Como consecuencia de la autonomía, respecto de los asuntos que les conciernen, las Entidades Locales:

a) Han de intervenir obligatoriamente.
b) Quedan supeditadas a las directrices que en cada momento les señalen las Administraciones General del Estado y de las Comunidades Autónomas.
c) Exaccionarán los recursos necesarios dotándoselas de una autonomía financiera, al margen de los Presupuestos de las restantes Administraciones.
d) Solo tienen facultades de ejecución.

64. Según la Carta Europea de Autonomía Local, en los procesos de planificación y de decisión de cuestiones que les afecten directamente, las Entidades Locales:

a) Han de tener la última palabra.
b) Quedan sometidas absolutamente a lo que decidan las Administraciones superiores.
c) Debe tener una reserva de todas las competencias.
d) Deben ser consultadas.

65. Según la Carta Europea de Autonomía Local, cuando se encomienden competencias a estas Entidades Locales, debe efectuarse:

a) En lo relativo solo a su ejecución.
b) Sin necesidad de transferencia de medios económicos para ejercerlas.
c) Plena, completa e incondicionalmente, como regla general.
d) Previo referéndum de los ciudadanos afectados por las mismas.

66. Según la Carta Europea de Autonomía Local, el ejercicio de las competencias públicas, como regla general, debe encomendarse a las:

a) Administraciones que cuenten con mayores medios para su eficaz realización.
b) Administraciones Públicas centralizadas.
c) Autoridades más cercanas a los ciudadanos.
d) Entidades que integren en su seno el fenómeno de la participación ciudadana.

67. Según la Carta Europea de Autonomía Local, las competencias de las Entidades Locales:

a) Se fijan por la Constitución.
b) Se fijan por la ley.
c) Se atribuyen de conformidad con la ley.
d) Todo lo anterior es cierto.

68. A tenor del concepto de la garantía institucional de la Autonomía Local:

a) Debe preservarse la existencia de determinadas instituciones locales, que quedan sustraídas a la voluntad del legislador.
b) El Estado y las Comunidades Autónomas no tienen potestades legislativas sobre el Régimen Local.
c) La Constitución ha de efectuar un minucioso desarrollo de las Entidades Locales.
d) Las Entidades Locales están exentas de fiscalización por los órganos jurisdiccionales.

69. La garantía institucional de la Autonomía Local deriva de:

a) La propia Constitución.
b) Las leyes de las Comunidades Autónomas y el Estado sobre Régimen Local.
c) Las decisiones del Consejo de Ministros y de los Consejos de Gobierno de las Comunidades Autónomas.
d) Las sentencias de los Tribunales.

70. La autonomía de las Entidades Locales, a diferencia de la reconocida a las Comunidades Autónomas, es:

a) De carácter político.
b) De mera ejecución de competencias.

c) Esencialmente administrativa.
d) Las respuestas b) y c) son correctas.

71. La permanente fiscalización, aprobación o control de los actos de las Entidades Locales por los órganos de la Administración General del Estado y de la Comunidad Autónoma respectiva:

a) Es una consecuencia natural de la autonomía reconocida a dichas Entidades.
b) Supondría un flagrante atentado contra esta autonomía.
c) Solo se permite respecto de las competencias que tienen atribuidas como propias.
d) Nada de lo anterior es correcto.

72. El ámbito competencial de las Entidades Locales corresponde determinarlo al/a las:

a) Poder Ejecutivo del Estado y de las Comunidades Autónomas.
b) Propias Entidades Locales.
c) Cortes Generales y los Parlamentos Autonómicos.
d) Tribunal Constitucional, al interpretar la Constitución.

73. La autonomía de las Provincias es:

a) De carácter político.
b) De menor alcance e intensidad que la municipal.
c) Igual a la de estos.
d) Inexistente.

74. A diferencia de los Municipios, las Provincias no tienen señalado:

a) Servicios mínimos.
b) Autonomía en la gestión de sus intereses.
c) Competencias.
d) Nada de lo anterior.

75. Está legitimado para suspender por sí mismo los acuerdos de una Entidad Local:

a) El Subdelegado del Gobierno en la provincia.
b) Cualquier órgano periférico de una Comunidad Autónoma.
c) Un Presidente de la misma.
d) Ninguno de los anteriores.

76. Como trámite inexcusable y previo a la suspensión de un acuerdo de una Entidad Local, debe efectuarse:

a) Consulta o informe de la Comunidad Autónoma respectiva.
b) Requerimiento al Presidente de la Entidad.

c) Impugnación ante la Jurisdicción Contencioso-Administrativa.

d) Evacuación de dictamen del Consejo de Estado.

77. Cuando el Consejo de Gobierno de una Comunidad Autónoma proceda a la suspensión de un acuerdo de una Entidad Local:

a) Deberá someterlo a la ratificación del Consejo de Ministros.

b) Ha de impugnar el acuerdo inmediatamente ante la Jurisdicción Contencioso-Administrativa.

c) Debe recabar previamente la autorización del Senado.

d) Cometería una ilegalidad absoluta al carecer de esta facultad.

78. Como consecuencia de la suspensión a que se viene haciendo referencia, el acuerdo suspendido:

a) Queda ineficaz transitoriamente.

b) Se somete, en su ejecución, al control del órgano que lo suspendió.

c) Queda anulado.

d) Ha de someterse a la ratificación de este órgano.

79. Un requisito ineludible para que pueda llevarse a cabo esta suspensión es que:

a) Atente presuntamente el acuerdo, con carácter grave, al interés general de España.

b) Comporte una invasión de competencias del Estado o de las Comunidades Autónomas.

c) Sea constitutivo de delito el acuerdo suspendido.

d) Las respuestas a) y b) son correctas.

80. La impugnación de los actos de un Ayuntamiento previamente suspendidos por el Delegado del Gobierno de la Nación debe hacerse en:

a) Ningún caso.

b) Los diez días naturales siguientes a la suspensión.

c) Los diez días hábiles siguientes a la misma.

d) Los dos meses siguientes, a través de recurso contencioso-administrativo.

81. ¿Cuál es la Entidad básica de la organización territorial del Estado y cauce inmediato de participación ciudadana en los asuntos públicos, que institucionaliza y gestiona con autonomía los intereses propios de la respectiva colectividad?

a) La Isla.

b) La Provincia.

c) El Municipio.

d) La Comarca.

82. La Creación de las Áreas Metropolitanas se efectuará por ley de:

a) Las Cortes Generales.

b) El Senado.

c) La Asamblea Legislativa de la Comunidad Autónoma.

d) No será necesaria ley, sino Acuerdo aprobado por la mayoría absoluta de los concejales que conforman cada Municipio.

83. ¿Cuáles son las Entidades Locales integradas por los Municipios de grandes aglomeraciones urbanas entre cuyos núcleos de población existen vinculaciones económicas y sociales que hacen necesaria la planificación conjunta y la coordinación de determinados servicios y obras?

a) Las Áreas Metropolitanas.

b) Las Comarcas.

c) Las Mancomunidades de Municipios.

d) Las Provincias.

84. La Provincia es una Entidad Local con personalidad jurídica propia, determinada por la agrupación de Municipios y división territorial para el cumplimiento de las actividades del Estado. Cualquier alteración de los límites provinciales habrá de ser aprobada:

a) Por las Cortes Generales mediante ley orgánica.

b) Por las Cortes Generales mediante ley ordinaria.

c) Por ley de la Asamblea Legislativa de la Comunidad Autónoma respectiva.

d) Por acuerdo unánime de la Diputación Provincial.

85. Dispone el artículo 137 CE, que «el Estado se organiza territorialmente...»:

a) En Comunidades Autónomas.

b) En Provincias y en las Comunidades Autónomas que se constituyan.

c) En Municipios, en Provincias y en las Comunidades Autónomas que se constituyan.

d) En Áreas Metropolitanas, en Comarcas, en Mancomunidades de Municipios, en Provincias y en las Comunidades Autónomas que se constituyan.

86. La Administración Local está integrada por:

a) Órganos.

b) Organismos

c) Entes.

d) Entidades Institucionales.

87. ¿En qué año se aprobó el vigente Reglamento de Organización, Funcionamiento y Régimen Jurídico de las Entidades Locales?

a) 1991.

b) 1982.

c) 1998.

d) 1986.

88. Señala cuál de los siguientes hitos no forma parte de la evolución de nuestro régimen local:

a) La Constitución de Cádiz de 1812.
b) Los Estatutos Municipal y Provincial de Calvo Sotelo, de 1924 y 1925.
c) Ley Municipal y Provincial de 1870.
d) El Decreto de Javier de León, de 30 de noviembre de 1833.

89. A petición de las Entidades Locales interesadas, quién o quienes podrán delegar en aquellas la realización de funciones, obras o servicios:

a) El Gobierno o el Consejo de Gobierno de las Comunidades Autónomas.
b) El Consejo de Ministros.
c) El Presidente del Gobierno.
d) El Presidente de la Comunidad Autónoma a la que pertenezca la Entidad Local.

90. En materia de contratación, es aplicable al Régimen Local:

a) Real Decreto Legislativo 3/2011, de 14 de noviembre, por el que se aprueba el texto refundido de la Ley de Contratos del Sector Público.
b) La Ley 8/2018, de 4 de abril, de Contratos del Sector Público.
c) La Ley 9/2017, de 8 de noviembre, de Contratos del Sector Público.
d) Real Decreto Legislativo 5/2009, de 25 de marzo, por el que se aprueba el texto refundido de la Ley de Contratos del Sector Público.

Solución al test n.º 11

1. d) Son correctas las respuestas b) y c).

2. b) El Decreto de Javier de Burgos, de 30 de noviembre de 1833.

3. a) Las Áreas Metropolitanas.

4. d) La Isla en los archipiélagos balear y canario y los municipios.

5. d) Será causa de disolución.

6. a) El Estado se organiza territorialmente en Municipios, en Provincias y en las Comunidades Autónomas que se constituyan.

7. a) El gobierno y la administración autónoma de las provincias estarán encomendados a las Diputaciones u otras Corporaciones de carácter representativo.

8. d) Todas las respuestas anteriores son correctas.

9. d) Sí.

10. d) Universal, igual, libre, directo y secreto, en la forma establecida en la ley.

11. c) Eficacia, jerarquía, descentralización, desconcentración y coordinación.

12. c) Real Decreto Legislativo 2/2004, de 5 de marzo.

13. c) La Ley Orgánica 5/1985, de 19 de junio, del Régimen Electoral General.

14. d) Las respuestas a) y b) son correctas.

15. d) Ninguna de las respuestas es correcta.

16. b) Los Presidentes y, de forma inmediata, los Secretarios de las Corporaciones.

17. d) Las respuestas b) y c) son correctas.

18. b) Bajo las formas y en los términos previstos en las leyes.

19. b) Cuando la cooperación no pueda formalizarse a través de un convenio.

20. b) Los de marcado interés turístico.

21. a) No se ponga en riesgo la sostenibilidad financiera del conjunto de la Hacienda municipal.

22. a) 5 años.

23. d) Todas las respuestas son correctas.

24. c) Cuando una Entidad Local incumpliera las obligaciones impuestas directamente por la ley, de forma que tal incumplimiento afectara al ejercicio de competencias de la Administración del Estado o de la Comunidad Autónoma.

25. c) El Consejo de Ministros.

26. b) La normativa reguladora de la provisional administración ordinaria de la corporación.

27. b) Los artículos 137, 140 y 141 de la Constitución Española.

28. b) Un derecho de la Comunidad Local a participar, a través de órganos propios, en el gobierno y administración de cuantos asuntos le atañen.

29. b) El Delegado del Gobierno previo requerimiento para su anulación al Presidente de la Corporación podrá suspenderlos.

30. c) Los miembros de las Corporaciones que hubieran votado en contra de tales actos y acuerdos.

31. d) Las respuestas a) y c) son correctas.

32. b) Autonomía.

33. c) Secretario de la Corporación.

34. c) Subdelegado del Gobierno en la provincia o, en su caso, Delegado del Gobierno de la Nación en la Comunidad Autónoma uniprovincial.

35. a) Órgano correspondiente de la Comunidad Autónoma.

36. c) Los dos anteriores.

37. b) Cooperación técnica.

38. c) Deliberantes.

39. b) Reconocido valor histórico-artístico.

40. b) Asegurar la coherencia de la actuación de las Administraciones Públicas.

41. c) Los dos anteriores.

42. a) Ley de las Cortes Generales o de los Parlamentos Autonómicos.

43. d) Diputaciones Provinciales.

44. c) Planes sectoriales.

45. c) Consejo de Gobierno o Consejo de Ministros.

46. d) Todo lo anterior es cierto y debe darse simultáneamente.

47. c) Cinco años.

48. a) Es nula.

49. c) Comunidades Autónomas.

50. c) La Comunidad Autónoma que encomiende la gestión.

51. c) La mera ejecución de las competencias que ostente sobre dichos servicios.

52. a) Consorcios.

53. a) Inferiores a un mes.

54. c) Incumplimiento de las obligaciones legalmente impuestas.

55. c) Sustituirá a la Entidad requerida en el ejercicio de esta obligación.

56. b) Consejo de Ministros.

57. d) El anterior o el Consejo de Gobierno de la Comunidad Autónoma de que se trate.

58. b) Preceptiva.

59. a) Tomar conocimiento.

60. c) Gestión gravemente dañosa a los intereses generales que suponga el incumplimiento de obligaciones constitucionales.

61. a) Municipios.

62. b) La gestión de sus intereses.

63. a) Han de intervenir obligatoriamente.

64. d) Deben ser consultadas.

65. c) Plena, completa e incondicionalmente, como regla general.

66. c) Autoridades más cercanas a los ciudadanos.

67. d) Todo lo anterior es cierto.

68. a) Debe preservarse la existencia de determinadas instituciones locales, que quedan sustraídas a la voluntad del legislador.

69. a) La propia Constitución.

70. c) Esencialmente administrativa.

71. b) Supondría un flagrante atentado contra esta autonomía.

72. c) Cortes Generales y los Parlamentos Autonómicos.

73. b) De menor alcance e intensidad que la municipal.

74. a) Servicios mínimos.

75. d) Ninguno de los anteriores.

76. b) Requerimiento al Presidente de la Entidad.

77. d) Cometería una ilegalidad absoluta al carecer de esta facultad.

78. a) Queda ineficaz transitoriamente.

79. a) Atente presuntamente el acuerdo, con carácter grave, al interés general de España.

80. c) Los diez días hábiles siguientes a la misma.

81. c) El Municipio.

82. c) La Asamblea Legislativa de la Comunidad Autónoma.

83. a) Las Áreas Metropolitanas.

84. a) Por las Cortes Generales mediante ley orgánica.

85. c) En Municipios, en Provincias y en las Comunidades Autónomas que se constituyan.

86. c) Entes.

87. d) 1986.

88. d) El Decreto de Javier de León, de 30 de noviembre de 1833.

89. a) El Gobierno o el Consejo de Gobierno de las Comunidades Autónomas.

90. c) La Ley 9/2017, de 8 de noviembre, de Contratos del Sector Público.

**El municipio: concepto y elementos. El término municipal.
La población y el empadronamiento**

1. Los elementos del Municipio son:

a) El territorio, la población y la financiación.
b) El territorio, las instituciones y la organización.
c) La organización, la autonomía y el territorio.
d) La población, la organización y el territorio.

2. Según el Reglamento de Población y Demarcación Territorial de las Entidades Locales el término municipal es:

a) El territorio en que el Ayuntamiento ejerce su jurisdicción.
b) El territorio en que el Ayuntamiento ejerce sus competencias.
c) El territorio en que el Ayuntamiento ejerce su política.
d) Las respuestas b) y c) son correctas.

3. De acuerdo con lo dispuesto en la Ley de Bases de Régimen Local:

a) La creación de nuevos municipios solo podrá realizarse sobre la base de núcleos de población territorialmente diferenciados, de al menos 25.000 habitantes.
b) La creación de nuevos municipios solo podrá realizarse sobre la base de núcleos de población territorialmente diferenciados, de al menos 4.000 habitantes.
c) La creación de nuevos municipios solo podrá realizarse sobre la base de núcleos de población territorialmente diferenciados, de al menos 3.000 habitantes.
d) La creación de nuevos municipios solo podrá realizarse sobre la base de núcleos de población territorialmente diferenciados, de al menos 250.000 habitantes.

4. ¿La alteración de términos municipales podrá suponer la modificación de los límites provinciales?

a) Solo en casos excepcionales.
b) En ningún caso.
c) Cuando concurran los requisitos establecidos en la ley.
d) Sí.

5. En los casos de fusión de municipios:

a) El nuevo municipio se subrogará en todos los derechos y obligaciones de los anteriores municipios.

b) El nuevo municipio resultante de la fusión no podrá segregarse hasta transcurridos cien años.

c) El órgano del gobierno del nuevo municipio resultante estará constituido transitoriamente por la suma de los concejales de los municipios fusionados.

d) Las respuestas a) y c) son correctas.

6. Son derechos y deberes de los vecinos:

a) Contribuir mediante la aportación de sus bienes inmuebles a la realización de las competencias municipales.

b) Exigir la prestación y, en su caso, el establecimiento del correspondiente servicio público, en el supuesto de constituir una competencia municipal propia aunque no sea de carácter obligatorio.

c) Acceder a los aprovechamientos comunales.

d) Ejercer la iniciativa individual en los términos previstos en el art. 70 bis de la Ley de Bases de Régimen Local.

7. La inscripción de los extranjeros en el Padrón municipal:

a) Constituirá prueba de su residencia legal en España.

b) Iniciará el expediente de adquisición de la nacionalidad española.

c) No les atribuirá ningún derecho que no les confiera la legislación vigente.

d) Permitirá obtener un permiso de trabajo.

8. El padrón municipal es:

a) La base de datos donde constan los nombres de los vecinos.

b) El registro administrativo donde solo constan los domicilios de los vecinos.

c) El registro administrativo donde constan los vecinos de un municipio.

d) El registro administrativo donde solo constan los domicilios de los extranjeros del municipio.

9. La inscripción en el Padrón municipal contendrá como obligatorios los siguientes datos:

a) Las matrículas de los vehículos de los vecinos.

b) El número de identificación de los aparatos tecnológicos existentes en cada casa.

c) Los ascendientes que habitan en cada casa.

d) Ninguna de las respuestas es correcta.

10. Quien viva en varios Municipios:

a) Deberá inscribirse únicamente en el Padrón municipal del municipio en el que habite durante más tiempo al año.
b) Deberá inscribirse únicamente en el Padrón municipal del municipio en el que tenga su lugar de trabajo.
c) Deberá inscribirse únicamente en el Padrón municipal del municipio en el que haya nacido.
d) Deberá inscribirse en el Padrón municipal de todos los municipios.

11. ¿Existe Padrón de españoles residentes en el extranjero?

a) Sí.
b) No.
c) Sí, y su formación se realizará por la Administración General del Estado.
d) Solo para aquellos que se encuentren en la Unión Europea.

12. Funcionan en régimen de Concejo Abierto:

a) Los municipios de menos de 200 habitantes.
b) Los municipios de menos de 300 habitantes.
c) Los municipios de menos de 500 habitantes.
d) Los municipios que tradicional y voluntariamente cuenten con ese singular régimen de gobierno y administración.

13. La personalidad jurídica de los Municipios, según la Constitución Española, es:

a) Propia.
b) Plena.
c) Reconocida por el Ente que los crea.
d) Dependiente de su autonomía.

14. La pertenencia de un Municipio a dos Provincias:

a) Se admite excepcionalmente.
b) Ha de estar prevista en norma con rango de ley.
c) Está prohibida en nuestro ordenamiento jurídico.
d) Las respuestas a) y b) son ciertas.

15. La división del término municipal en distritos, barrios, etc., es competencia del/de la:

a) Instituto Geográfico Nacional.
b) Diputación Provincial.

c) Ayuntamiento respectivo.
d) Comunidad Autónoma.

16. Para ser vecino de un Municipio:

a) Hay que estar empadronado como tal en él.
b) Basta con la residencia habitual en el mismo.
c) No es necesario ser mayor de edad.
d) Debe saberse leer y escribir.

17. En el Padrón no debe constar respecto de un vecino su:

a) Sexo.
b) Domicilio habitual.
c) Lugar de nacimiento.
d) Debe figurar todo lo anterior.

18. El Consejo de Empadronamiento está adscrito al/a la:

a) Presidencia del Gobierno de la Nación.
b) Ministerio del Interior.
c) Ministerio de Economía, Comercio y Empresa.
d) Ministerio de la Presidencia, Justicia y Relaciones con las Cortes.

19. La confección del Padrón de españoles residentes en el extranjero es competencia del/de la:

a) Ayuntamiento de su último domicilio en España.
b) Comunidad Autónoma donde hubieren nacido.
c) Administración General del Estado.
d) Embajada o Consulado español en el país en que residan.

20. Las directrices e instrucciones técnicas para la formación, mantenimiento y rectificación del Padrón corresponde emanarlas al/a la:

a) Propio Ayuntamiento Pleno.
b) Administración General del Estado.
c) Comunidad Autónoma.
d) Alcalde.

Soluciones al test nº. 12

1. d) La población, la organización y el territorio.

2. b) El territorio en que el Ayuntamiento ejerce sus competencias.

3. b) La creación de nuevos municipios solo podrá realizarse sobre la base de núcleos de población territorialmente diferenciados, de al menos 4.000 habitantes.

4. b) En ningún caso.

5. d) Las respuestas a) y c) son correctas.

6. c) Acceder a los aprovechamientos comunales.

7. c) No les atribuirá ningún derecho que no les confiera la legislación vigente.

8. c) El registro administrativo donde constan los vecinos de un municipio.

9. d) Ninguna de las respuestas es correcta.

10. a) Deberá inscribirse únicamente en el Padrón municipal del municipio en el que habite durante más tiempo al año.

11. c) Sí, y su formación se realizará por la Administración General del Estado.

12. d) Los municipios que tradicional y voluntariamente cuenten con ese singular régimen de gobierno y administración.

13. b) Plena.

14. c) Está prohibida en nuestro ordenamiento jurídico.

15. c) Ayuntamiento respectivo.

16. a) Hay que estar empadronado como tal en él.

17. d) Debe figurar todo lo anterior.

18. c) Ministerio de Economía, Comercio y Empresa

19. c) Administración General del Estado.

20. b) Administración General del Estado.

Organización municipal: competencias

1. La organización municipal responde a las siguientes reglas:

a) El Alcalde, los Tenientes de Alcalde y el Pleno existen en todos los Ayuntamientos.
b) El Alcalde, la Junta de Gobierno y el Pleno existen en todos los Ayuntamientos.
c) El Alcalde y el Pleno existen en todos los Ayuntamientos.
d) El Alcalde y la Junta de Gobierno existen en todos los Ayuntamientos.

2. La Comisión Especial de Cuentas:

a) Existe en todos los municipios.
b) Existe en los municipios en que así se acuerde.
c) Existe en los municipios de más de 1000 habitantes.
d) Ninguna de las respuestas es correcta.

3. De acuerdo con la Ley Orgánica de Régimen Electoral será proclamado alcalde electo:

a) El Concejal que haya obtenido la mayoría simple de los votos de los concejales.
b) El Concejal que encabece la lista que haya obtenido mayor número de votos populares.
c) El Concejal que haya obtenido la mayoría absoluta de los votos de los concejales.
d) El Concejal que haya ganado el sorteo.

4. Los alcaldes tendrán tratamiento de:

a) Ilustrísima en los municipios de Madrid y Barcelona.
b) Excelencia en los municipios que sean capitales de provincia.
c) Señoría en los municipios que no sean capitales de provincia ni las ciudades de Madrid y Barcelona.
d) Ilustrísima en todos los municipios.

5. La cuestión de confianza a la que podrá ser sometido el Alcalde se puede vincular a:

a) La aprobación o modificación de los Presupuestos anuales.
b) La aprobación o modificación del Reglamento Orgánico.

c) La aprobación o modificación de las Ordenanzas Fiscales.
d) Todas las respuestas son verdaderas.

6. No es una atribución del Alcalde:

a) Aprobar la oferta de empleo público.
b) La aprobación del reglamento orgánico y de las ordenanzas.
c) Dictar Bandos.
d) Ejercer la jefatura de la Policía Municipal.

7. Es una atribución del Pleno del Ayuntamiento:

a) La alteración de la calificación jurídica de los bienes de dominio público.
b) La aprobación inicial de las leyes.
c) Desempeñar la jefatura superior de todo el personal.
d) Ordenar la publicación, ejecución y hacer cumplir los acuerdos del Ayuntamiento.

8. La Junta de Gobierno Local se integra por el Alcalde y un número de Concejales:

a) No superior al tercio del número legal de los mismos.
b) No superior a la mitad del número legal de los mismos.
c) No superior a dos tercios del número legal de los mismos.
d) Ninguna de las respuestas es correcta.

9. El régimen peculiar para los Municipios de gran población será aplicable:

a) A los municipios que sean capitales autonómicas.
b) A los municipios cuya población supere los 50.000 habitantes.
c) A los municipios cuya población supere los 150.000 habitantes.
d) Las respuestas a) y b) son correctas.

10. En los municipios de gran población corresponde a la Junta de Gobierno:

a) La aprobación y modificación de las ordenanzas y reglamentos municipales.
b) La aprobación del proyecto de presupuesto.
c) Los acuerdos relativos a la participación en organizaciones supramunicipales.
d) Dictar bandos, decretos e instrucciones.

11. En los municipios de gran población tendrán la consideración de órganos directivos:

a) El Alcalde.
b) El titular de la asesoría jurídica.
c) Los miembros de la Junta de Gobierno Local.
d) Las respuestas a) y c) son correctas.

12. En los municipios de gran población para la defensa de los derechos de los vecinos ante la Administración municipal el Pleno creará:

a) Un órgano de gestión económico-financiera.
b) Una Comisión especial de Sugerencias y Reclamaciones.
c) Un órgano para la resolución de las reclamaciones económico-administrativas.
d) Un órgano de gestión tributaria.

13. En los municipios de gran población el dictamen sobre los proyectos de ordenanzas fiscales corresponderá a:

a) Un órgano de gestión económico-financiera.
b) Una Comisión especial de Sugerencias y Reclamaciones.
c) Un órgano para la resolución de las reclamaciones económico-administrativas.
d) Un órgano de gestión tributaria.

14. El Municipio no ejercerá como competencia propia:

a) Tráfico, estacionamiento de vehículos y movilidad.
b) Abastecimiento de agua potable a domicilio.
c) Administración de Justicia.
d) Cementerios y actividades funerarias.

15. El servicio de transporte colectivo urbano de viajeros deberá prestarse en todo caso:

a) En los Municipios con población superior a 5.000 habitantes.
b) En todos los Municipios.
c) En los Municipios con población superior a 50.000 habitantes.
d) En los Municipios con población superior a 20.000 habitantes.

16. El servicio de prevención y extinción de incendios deberá prestarse en todo caso:

a) En los Municipios con población superior a 50.000 habitantes.
b) En los Municipios con población superior a 5.000 habitantes.
c) En los Municipios con población superior a 20.000 habitantes.
d) En todos los Municipios.

17. El servicio de recogida de residuos deberá prestarse en todo caso:

a) En los Municipios con población superior a 20.000 habitantes.
b) En los Municipios con población superior a 5.000 habitantes.
c) En todos los Municipios.
d) En los Municipios con población superior a 50.000 habitantes.

18. Según nuestra Constitución, los Concejales no son elegidos por sufragio:

a) Universal.
b) Igual.

c) Paritario.
d) Libre.

19. La organización municipal complementaria que establezca una Comunidad Autónoma con carácter general, respecto a los Municipios de la misma:

a) Se aplica preferentemente a la establecida con tal carácter por el Estado.
b) Se aplica preferentemente a la establecida por el Reglamento Orgánico de cada Municipio.
c) Se aplica después de la del Estado y la del Reglamento Orgánico.
d) Las respuestas a) y b) son ciertas.

20. La elección de un Alcalde, tras unas elecciones locales, se efectúa:

a) Directamente en las elecciones locales.
b) En sesión extraordinaria al efecto.
c) En la sesión constitutiva de la Corporación.
d) Por los vecinos exclusivamente.

21. La destitución del Presidente de una Corporación Local se efectúa a través de la:

a) Renuncia.
b) Cuestión de confianza.
c) Moción de censura.
d) Las respuestas b) y c) son ciertas.

22. ¿Se puede presentar más de una moción de censura contra el mismo Presidente de una Entidad Local?

a) Sí, cuando prospere una de ellas.
b) Solo en distintos períodos de sesiones.
c) Depende del Reglamento Orgánico de la Entidad.
d) Nada de lo expuesto es cierto.

23. En una moción de censura contra un Presidente de una Entidad Local, puede ser candidato:

a) Los cabezas de lista.
b) Los portavoces de los Grupos Políticos.
c) Cualquier Concejal cuya aceptación expresa conste en el escrito de proposición de la moción.
d) Ninguno de los anteriores.

24. En el caso de que la cuestión de confianza planteada por un Alcalde no obtuviera el número necesario de votos favorables para la aprobación del acuerdo:

a) Quedan cesados todos sus miembros.
b) El Alcalde cesará automáticamente, quedando en funciones hasta la toma de posesión de quien hubiere de sucederle en el cargo.

c) Se nombra como tal al primer Teniente de Alcalde.

d) Se hace una nueva sesión constitutiva, tras la celebración de elecciones.

25. La convocatoria de consultas populares debe autorizarla el/la:

a) Gobierno de la Nación.

b) Presidente de la Corporación.

c) Comunidad Autónoma.

d) Ninguno de ellos.

26. La denominada competencia residual, en virtud de la cual se le atribuyen aquellas competencias que no estén expresamente asignadas a otro órgano, la tiene en un Ayuntamiento el/la/las:

a) Pleno.

b) Comisiones Informativas.

c) Presidente.

d) Junta de Gobierno Local.

27. Las cuestiones que se susciten entre Municipios sobre deslinde de sus términos municipales serán resueltas por:

a) La correspondiente Comunidad Autónoma.

b) El Gobierno de España.

c) Las Diputaciones Provinciales.

d) El Consejo de Estado.

28. El voto de calidad del Presidente de una Corporación Local:

a) Inclina la votación al sector en el que él haya votado, en caso de empate producido en la reunión de un órgano colegiado.

b) Da fe del resultado de la votación.

c) Significa que es muy importante quien emite el voto.

d) Provoca la irrecurribilidad del acuerdo adoptado.

29. La aprobación del proyecto de presupuesto en un Municipio de gran población es competencia del/de la:

a) Presidente.

b) Junta de Gobierno Local.

c) Pleno.

d) Comunidad Autónoma.

30. La delegación de competencias de un Alcalde:

a) Se efectúa por acuerdo de Pleno.

b) Se reviste formalmente en forma de Decreto de dicho Pleno.

c) Se puede dar en todo tipo de materias.

d) Nada de lo anterior es correcto.

31. Los nombramientos de funcionarios en los Ayuntamientos de Municipios de régimen común corresponden al/a la:

a) Pleno.
b) Junta de Gobierno Local.
c) Presidente.
d) Delegado de Personal.

32. La aprobación de las formas de gestión de los servicios públicos en los Ayuntamientos de Municipios de régimen común corresponde genuinamente al/a la:

a) Pleno.
b) Presidente.
c) Junta de Gobierno Local.
d) Comunidad Autónoma respectiva.

33. En un Municipio de 7.000 habitantes, ¿cuántos Concejales habrá de elegirse para su Ayuntamiento?

a) Siete.
b) Diez.
c) Trece.
d) Quince.

34. La representación del Ayuntamiento compete al/a la/a los:

a) Alcalde.
b) Pleno.
c) Junta de Gobierno Local.
d) Tenientes de Alcalde en su ámbito competencial respectivo.

35. La Relación de Puestos de un Ayuntamiento de un Municipio de gran población la aprueba el/la:

a) Junta de Personal.
b) Pleno.
c) Alcalde.
d) Junta de Gobierno Local.

36. Conceder gratificaciones al personal en Ayuntamientos de Municipios de régimen común es competencia del/de la:

a) Pleno.
b) Presidente.
c) Junta de Gobierno Local.
d) Junta de Personal.

37. El ejercicio normal de acciones judiciales compete en un Municipio de gran población al/a la/a los:

a) Presidente.
b) Pleno.
c) Junta de Gobierno Local.
d) Anteriores, en las materias de sus respectivas competencias.

38. Señala cuál de los siguientes puede ser una forma de organización descon-centrada del Municipio, para la administración de núcleos de población separados, sin personalidad jurídica:

a) Parroquia.
b) Pedanía.
c) Aldea.
d) Todos los anteriores pueden serlo.

39. La Junta de Gobierno Local de un Ayuntamiento de Municipio de régimen común tiene, además del Presidente, los siguientes miembros como máximo:

a) Diez.
b) Depende del número de habitantes.
c) Dos tercios del de la Corporación.
d) Un tercio de estos.

40. Los Concejales-Delegados se nombran por el/la:

a) Presidente.
b) Pleno.
c) Grupo Político.
d) Junta de Gobierno Local.

Soluciones al test nº. 13

1. a) El Alcalde, los Tenientes de Alcalde y el Pleno existen en todos los Ayuntamientos.

2. a) Existe en todos los municipios.

3. c) El Concejal que haya obtenido la mayoría absoluta de los votos de los concejales.

4. c) Señoría en los municipios que no sean capitales de provincia ni las ciudades de Madrid y Barcelona.

5. d) Todas las respuestas son verdaderas.

6. b) La aprobación del reglamento orgánico y de las ordenanzas.

7. a) La alteración de la calificación jurídica de los bienes de dominio público.

8. a) No superior al tercio del número legal de los mismos.

9. a) A los municipios que sean capitales autonómicas.

10. b) La aprobación del proyecto de presupuesto.

11. b) El titular de la asesoría jurídica.

12. b) Una Comisión especial de Sugerencias y Reclamaciones.

13. c) Un órgano para la resolución de las reclamaciones económico-administrativas.

14. c) Administración de Justicia.

15. c) En los Municipios con población superior a 50.000 habitantes.

16. c) En los Municipios con población superior a 20.000 habitantes.

17. c) En todos los Municipios.

18. c) Paritario.

19. b) Se aplica preferentemente a la establecida por el Reglamento Orgánico de cada Municipio.

20. c) En la sesión constitutiva de la Corporación.

21. d) Las respuestas b) y c) son ciertas.

22. d) Nada de lo expuesto es cierto.

23. c) Cualquier Concejal cuya aceptación expresa conste en el escrito de proposición de la moción.

24. b) El Alcalde cesará automáticamente, quedando en funciones hasta la toma de posesión de quien hubiere de sucederle en el cargo.

25. a) Gobierno de la Nación.

26. c) Presidente.

27. a) La correspondiente Comunidad Autónoma.

28. a) Inclina la votación al sector en el que él haya votado, en caso de empate producido en la reunión de un órgano colegiado.

29. b) Junta de Gobierno Local.

30. d) Nada de lo anterior es correcto.

31. c) Presidente.

32. a) Pleno.

33. c) Trece.

34. a) Alcalde.

35. d) Junta de Gobierno Local.

36. b) Presidente.

37. d) Anteriores, en las materias de sus respectivas competencias.

38. d) Todos los anteriores pueden serlo.

39. d) Un tercio de estos.

40. a) Presidente.

Ordenanzas y reglamentos de las entidades locales. Clases. Procedimientos de elaboración y aprobación. Los bandos

1. ¿Cómo se denominan los bandos dictados en desarrollo de las atribuciones del Alcalde para mejor regir y gobernar la vida de la comunidad?

a) Bandos Ordinarios.
b) Bandos de Gobierno.
c) Bandos de Policía y Buen Gobierno.
d) Bandos de Seguridad y Buen Gobierno.

2. ¿A quién le corresponde, en los Municipios de gran población, la aprobación de los proyectos de ordenanzas y reglamentos, incluidos los orgánicos, con excepción de las normas reguladoras del Pleno y de sus comisiones?

a) Al Alcalde.
b) Al Pleno.
c) A la Junta de Gobierno Local.
d) Al Secretario de la Corporación.

3. Los actos de deterioro grave y relevante de equipamientos, infraestructuras, instalaciones o elementos de un servicio público, constituyen una infracción a las ordenanzas locales de carácter:

a) Muy grave.
b) Grave.
c) Menos grave.
d) Leve.

4. Las infracciones leves de las Ordenanzas Locales podrán acarrear una multa de hasta:

a) 1.500 euros.
b) 1.000 euros.
c) 750 euros.
d) 600 euros.

5. ¿Cuándo prescribirán las sanciones impuestas por faltas muy graves a las Ordenanzas Locales, si estas no fijaran plazo de prescripción?

a) A los cinco años.
b) A los tres años.
c) A los dos años.
d) Al año.

6. El art. 30 de la Ley 40/2015, de 1 de octubre, de Régimen Jurídico del Sector Público, dispone que las infracciones y sanciones prescriban según lo dispuesto en las leyes que las establezcan. Si estas no fijan plazos de prescripción, las infracciones muy graves prescribirán:

a) A los cinco años.
b) A los tres años.
c) A los dos años.
d) Al año.

7. ¿Cómo se denominan los bandos que se limitan a recordar el cumplimiento de disposiciones vigentes de carácter legal, publicándose en fechas fijadas de antemano por la ley y en todos los Municipios?

a) Bandos generales.
b) Bandos simples.
c) Bandos ordinarios.
d) Bandos periódicos.

8. Por el Pleno de la Corporación se aprobarán inicialmente las Ordenanzas y Reglamentos, como regla general por:

a) Mayoría de los miembros del Pleno de la Corporación.
b) Mayoría absoluta y con el voto favorable del Presidente de la Corporación.
c) Basta con el voto favorable del Presidente de la Corporación.
d) La Junta de Gobierno, por delegación del Pleno.

9. Una vez aprobadas inicialmente las Ordenanzas y Reglamentos, se expondrán al público durante un plazo mínimo de:

a) Cuarenta y cinco días hábiles.
b) Treinta días hábiles.
c) Veinte días naturales.
d) Quince días naturales.

10. Aprobadas definitivamente las Ordenanzas y Reglamentos, se procederá a su publicación en:

a) El Boletín Oficial de la Provincia.
b) El Boletín Oficial de la Comunidad Autónoma.

c) El Boletín Oficial del Estado.
d) En Boletín Oficial de la Comunidad Autónoma y en el BOE.

11. Para la modificación del Reglamento Orgánico de una Corporación, será necesario el voto favorable de/del:

a) Presidente de la Corporación.
b) La mayoría simple del número legal de miembros de la Corporación.
c) La mayoría absoluta del número legal de miembros de la Corporación.
d) No existe una mayoría establecida.

12. Las infracciones a las ordenanzas locales a que se refiere el artículo anterior se clasificarán en:

a) Muy graves, graves y leves.
b) Muy graves, graves y menos graves.
c) Graves y leves.
d) Muy graves, menos graves, graves y leves.

13. El impedimento o la grave y relevante obstrucción al normal funcionamiento de un servicio público, constituye una infracción:

a) Muy grave.
b) Menos grave.
c) Grave.
d) Leve.

14. Salvo previsión legal distinta, las multas por infracción muy grave a las Ordenanzas locales, se sanciona con una sanción económica de:

a) Hasta 6.000 euros.
b) Hasta 5.000 euros.
c) Hasta 3.000 euros.
d) Hasta 1.500 euros.

15. Salvo previsión legal distinta, las multas por infracción leve a las Ordenanzas locales, se sanciona con una sanción económica de:

a) Hasta 1.000 euros.
b) Hasta 750 euros.
c) Hasta 500 euros.
d) Hasta 300 euros.

Soluciones al test nº. 14

1. c) Bandos de Policía y Buen Gobierno.

2. c) A la Junta de Gobierno Local.

3. a) Muy grave.

4. c) 750 euros.

5. b) A los tres años.

6. b) A los tres años.

7. d) Bandos periódicos.

8. a) Mayoría de los miembros del Pleno de la Corporación.

9. b) Treinta días hábiles.

10. a) El Boletín Oficial de la Provincia.

11. c) La mayoría absoluta del número legal de miembros de la Corporación.

12. a) Muy graves, graves y leves.

13. a) Muy grave.

14. c) Hasta 3.000 euros.

15. b) Hasta 750 euros.

La función pública local y su organización

1. ¿A qué dos principios ha de atender la designación del personal directivo profesional de las Administraciones Públicas?

a) Publicidad y concurrencia.
b) Legalidad e igualdad.
c) Capacidad y mérito.
d) Idoneidad y transparencia.

2. ¿De cuánto tiempo disfrutarán los empleados públicos por traslado de domicilio sin cambio de residencia?

a) De dos días.
b) De un día.
c) De dos horas.
d) De un máximo de seis horas.

3. Señala la respuesta incorrecta respecto de los derechos de los funcionarios públicos:

a) Por razones de guarda legal, cuando el funcionario tenga el cuidado directo de algún menor de doce años, de persona mayor que requiera especial dedicación, o de una persona con discapacidad que no desempeñe actividad retribuida, tendrá derecho a la reducción de su jornada de trabajo, sin disminución de sus retribuciones.
b) Por lactancia de un hijo menor de doce meses, la funcionaria tendrá derecho a una hora de ausencia del trabajo que podrá dividir en dos fracciones.
c) Por nacimiento de hijos prematuros o que por cualquier otra causa deban permanecer hospitalizados a continuación del parto, la funcionaria o el funcionario tendrá derecho a ausentarse del trabajo durante un máximo de dos horas diarias percibiendo las retribuciones íntegras.
d) La funcionaria podrá solicitar la sustitución del tiempo de lactancia por un permiso retribuido que acumule en jornadas completas el tiempo correspondiente.

4. Indica una de las notas características de los funcionarios de carrera:

a) Desempeño de servicios de carácter permanente.
b) Nombramiento legal, hecho por Autoridad competente.

c) Los puestos de trabajo que desempeñan han de figurar en la Plantilla orgánica y en el Registro de Personal.

d) Todas las respuestas son correctas.

5. ¿Cómo se denomina al personal que, en virtud de nombramiento y con carácter no permanente, solo realiza funciones expresamente calificadas como de confianza o asesoramiento especial, siendo retribuido con cargo a los créditos presupuestarios consignados para este fin?

a) Personal Laboral.

b) Personal Eventual.

c) Funcionarios interinos.

d) Funcionarios de carrera.

6. Señala la respuesta incorrecta respecto al personal eventual:

a) Su nombramiento y cese serán libres.

b) La condición de personal eventual podrá constituir mérito para el acceso a la Función Pública.

c) Su cese tendrá lugar, en todo caso, cuando se produzca el de la autoridad a la que se preste la función de confianza o asesoramiento.

d) Le será aplicable, en lo que sea adecuado a la naturaleza de su condición, el régimen general de los funcionarios de carrera.

7. Los titulares de la Secretaría-Intervención ejercerán sus funciones en las Secretarías de clase tercera, es decir, de Ayuntamientos de Municipios:

a) Con población inferior a 5.001 habitantes y cuyo Presupuesto no exceda de 3.010.060 euros.

b) Con población inferior a 3.001 habitantes y cuyo Presupuesto no exceda de 2.999.000 euros.

c) Con población inferior a 2.501 habitantes y cuyo Presupuesto no exceda de 1.500.060 euros.

d) Con población inferior a 1.000 habitantes y cuyo Presupuesto no exceda de 1.010.060 euros.

8. ¿A qué Subescala pertenecen los funcionarios que realicen tareas administrativas, normalmente de trámite y colaboración?

a) A la Subescala Técnica de Administración General.

b) A la Subescala de Gestión de Administración General.

c) A la Subescala Administrativa de Administración General.

d) A la Subescala Auxiliar de Administración General.

9. ¿A qué Subescala pertenecen los funcionarios que realicen tareas de mecanografía y taquigrafía?

a) A la Subescala Técnica de Administración General.
b) A la Subescala de Gestión de Administración General.
c) A la Subescala Administrativa de Administración General.
d) A la Subescala Auxiliar de Administración General.

10. A tenor del art. 169.2 TR/86, ¿qué titulación se precisa para ingresar en la Subescala Administrativa?

a) Licenciado en Derecho, en Ciencias Políticas, Económicas o Empresariales, Intendente Mercantil o Actuario.
b) Bachiller, Formación Profesional de Segundo Grado, o equivalente.
c) Graduado Escolar, Formación Profesional de Primer Grado o equivalente.
d) Certificado de Escolaridad.

11. Salvo que el Ministerio de Política Territorial autorice su creación en los de censo inferior, la Policía Local solo existirá en los Municipios con población superior a:

a) 1.500 habitantes.
b) 3.000 habitantes.
c) 4.000 habitantes.
d) 5.000 habitantes.

12. Los empleos de Inspector y Subinspector de Policía Local solo podrán crearse en los Municipios de más de:

a) 25.000 habitantes.
b) 50.000 habitantes.
c) 75.000 habitantes.
d) 100.000 habitantes.

13. Los funcionarios que ejerciten el derecho de huelga, por el tiempo en que hayan permanecido en la misma, devengarán y percibirán:

a) Solo las retribuciones básicas prorrateadas.
b) Las retribuciones básicas y los trienios.
c) Todas las retribuciones que le corresponderían si no hubieran ejercido ese derecho.
d) No devengarán ni percibirán retribución alguna.

14. Los miembros de los Cuerpos de Policía Local, en el ejercicio de sus funciones, tendrán a todos los efectos legales el carácter de:

a) Agentes de la Autoridad.
b) Autoridad.

c) Delegados de la Autoridad.
d) Auxiliares de la Autoridad.

15. Señala la respuesta incorrecta respecto al régimen jurídico del personal laboral:

a) La Jurisdicción competente en esta materia es la Contencioso-Administrativa.
b) Dentro de este personal, por razón de la fijeza de su vinculación a la Entidad de que se trate, se distingue entre los contratados indefinidamente y los contratados temporalmente.
c) La selección de este personal se hará por concurso, concurso-oposición u oposición libre.
d) La contratación de este personal corresponde al Alcalde o al Presidente de la Diputación Provincial, a quien compete, también, la asignación del mismo a los distintos puestos de trabajo de carácter laboral previstos en las Relaciones de Puestos de Trabajo aprobadas por la Corporación, de acuerdo con la legislación laboral.

16. Los Ayuntamientos de Municipios con población superior a 50.000 y no superior a 75.000 habitantes podrán incluir en sus plantillas puestos de trabajo de personal eventual por un número que no podrá exceder de:

a) Uno.
b) Dos.
c) Siete.
d) La mitad de concejales de la Corporación local.

17. ¿Con qué frecuencia publicarán las Corporaciones locales en su sede electrónica y en el Boletín Oficial de la Provincia o, en su caso, de la Comunidad Autónoma uniprovincial el número de los puestos de trabajo reservados a personal eventual?

a) Cada cinco años.
b) Cada dos años.
c) Anualmente.
d) Semestralmente.

18. La titulación exigible para ser funcionario del grupo B según el Real Decreto Legislativo 5/2015, de 30 de octubre, por el que se aprueba el texto refundido de la Ley del Estatuto Básico del Empleado Público, es:

a) Título de Bachiller o Técnico..
b) Título de Graduado en Educación Secundaria Obligatoria
c) Título de Técnico Superior.
d) Título de ESO.

19. Junto a los principios de igualdad, mérito y capacidad, en la selección de los funcionarios, se debe seguir el de:

a) Imparcialidad.
b) Publicidad.
c) Profesionalidad.
d) Concurrencia.

20. La titulación exigible para ser funcionario del grupo C1, según el Real Decreto Legislativo 5/2015, de 30 de octubre, por el que se aprueba el texto refundido de la Ley del Estatuto Básico del Empleado Público, es:

a) Título de Bachiller o Técnico.
b) Título de Graduado en Educación Secundaria Obligatoria
c) Título de Técnico Superior.
d) Título de ESO.

21. El juramento o promesa a realizar por los funcionarios se efectúa:

a) Tras la toma de posesión.
b) Antes de ella.
c) En el mismo momento de la toma de posesión.
d) Ante órganos jurisdiccionales.

22. En el juramento o promesa que deben hacer los funcionarios se señala que se ha de cumplir las obligaciones del cargo con lealtad al/a la/a los:

a) Constitución.
b) Corporación.
c) Superiores.
d) Rey.

23. Siguiendo las nuevas titulaciones, se exigirá título de Graduado en Educación Secundaria Obligatoria para pertenecer al Subgrupo:

a) A1.
b) B2.
c) C1.
d) C2.

24. ¿Cuál es la norma vigente por la que se regula el régimen jurídico de los funcionarios de Administración Local con habilitación de carácter nacional?

a) La Ley 5/2008, de 29 de octubre.
b) El Real Decreto 1174/1987, de 18 de septiembre.
c) El Real Decreto 128/2018, de 16 de marzo.
d) La Ley 34/2016, de 3 de abril.

25. ¿En qué clase se encuadrarían las Secretarías de Ayuntamientos de municipios cuyas poblaciones están comprendidas entre 5.001 y 20.000 habitantes?

a) Clase primera.
b) Clase segunda.
c) Clase tercera.
d) Clase cuarta.

26. Como regla general, en las Entidades Locales cuya Secretaría esté clasificada en clase tercera, las funciones propias de la Intervención:

a) No se llevarán a cabo dichas funciones, que las desempeñará el Interventor de la Diputación Provincial respectivo.
b) Existirán dos puestos de trabajo denominados Intervención Municipal.
c) Existirá un puesto de trabajo denominado Intervención.
d) Formarán parte del contenido del puesto de trabajo de Secretaría.

27. Las cantidades destinadas a financiar aportaciones a planes de pensiones o contratos de seguros tendrán a todos los efectos la consideración de:

a) Retribución básica.
b) Retribución complementaria.
c) Indemnizaciones.
d) Retribución diferida.

28. No puede ser Técnico de Administración General un Licenciado en:

a) Sociología.
b) Ciencias Políticas.
c) Derecho.
d) Ciencias Empresariales.

Solución al test nº. 15

1. c) Capacidad y mérito.

2. b) De un día.

3. a) Por razones de guarda legal, cuando el funcionario tenga el cuidado directo de algún menor de doce años, de persona mayor que requiera especial dedicación, o de una persona con discapacidad que no desempeñe actividad retribuida, tendrá derecho a la reducción de su jornada de trabajo, sin disminución de sus retribuciones.

4. d) Todas las respuestas son correctas.

5. b) Personal Eventual.

6. b) La condición de personal eventual podrá constituir mérito para el acceso a la Función Pública.

7. a) Con población inferior a 5.001 habitantes y cuyo Presupuesto no exceda de 3.010.060 euros.

8. c) A la Subescala Administrativa de Administración General.

9. d) A la Subescala Auxiliar de Administración General.

10. b) Bachiller, Formación Profesional de Segundo Grado, o equivalente.

11. d) 5.000 habitantes.

12. d) 100.000 habitantes.

13. d) No devengarán ni percibirán retribución alguna.

14. a) Agentes de la Autoridad.

15. a) La Jurisdicción competente en esta materia es la Contencioso-Administrativa.

16. d) La mitad de concejales de la Corporación local.

17. d) Semestralmente.

18. c) Título de Técnico Superior.

19. b) Publicidad.

20. a) Título de Bachiller o Técnico.

21. c) En el mismo momento de la toma de posesión.

22. d) Rey.

23. d) C2.

24. c) El Real Decreto 128/2018, de 16 de marzo.

25. b) Clase segunda.

26. d) Formarán parte del contenido del puesto de trabajo de Secretaría.

27. d) Retribución diferida.

28. a) Sociología.

TEST N.º 16

Derechos y deberes de los funcionarios públicos locales. Situaciones administrativas. Incompatibilidades y régimen disciplinario

1. Los funcionarios públicos tendrán derecho a disfrutar, durante cada año natural, de unas vacaciones retribuidas de:

a) Veinte días hábiles, o de los días que correspondan proporcionalmente si el tiempo de servicio durante el año fue menor.

b) Veintidós días hábiles, o de los días que correspondan proporcionalmente si el tiempo de servicio durante el año fue menor.

c) Veintiséis días hábiles, o de los días que correspondan proporcionalmente si el tiempo de servicio durante el año fue menor.

d) Treinta días hábiles, o de los días que correspondan proporcionalmente si el tiempo de servicio durante el año fue menor.

2. ¿Cuántos días hábiles de permiso se concederán en el caso de accidente o enfermedad graves, hospitalización o intervención quirúrgica sin hospitalización que precise de reposo domiciliario del cónyuge, pareja de hecho o parientes hasta el primer grado por consanguinidad o afinidad, así como de cualquier otra persona distinta de las anteriores que conviva con el funcionario o funcionaria en el mismo domicilio y que requiera el cuidado efectivo de aquella?

a) Tres días.

b) Cuatro días.

c) Cinco días.

d) Seis días.

3. ¿De cuántos días al año, con carácter general, podrá disponer el funcionario de permiso para asuntos personales sin justificación?

a) De hasta 6 días al año.

b) De hasta 7 días al año.

c) De hasta 8 días al año.

d) De hasta 9 días al año.

4. Como máximo y con carácter general, si se mantiene la necesidad de cuidado directo, continuo y permanente, el permiso por cuidado de hijo menor afectado por cáncer u otra enfermedad grave, se extenderá hasta que cumpla:

a) 12 años.
b) 18 años.
c) 16 años.
d) 23 años.

5. Por razón de matrimonio o constitución formalizada por documento público de pareja de hecho, los funcionarios tendrán derecho a una licencia de::

a) Diez días.
b) Un mes.
c) Quince días.
d) Veinte días.

6. Por nacimiento de hijos prematuros o que por cualquier otra causa deban permanecer hospitalizados a continuación del parto, la funcionaria o el funcionario tendrá derecho a ausentarse del trabajo durante:

a) Un máximo de una hora diaria percibiendo las retribuciones íntegras.
b) Un máximo de 2 horas diarias percibiendo las retribuciones íntegras.
c) Un máximo de 2,5 horas diarias percibiendo las retribuciones íntegras.
d) Un máximo de 3 horas diarias percibiendo las retribuciones íntegras.

7. A quienes se encuentren en situación de excedencia por interés particular:

a) Les será computable el tiempo que permanezcan en tal situación a efectos de ascensos.
b) Les será computable el tiempo que permanezcan en tal situación a efectos de trienios y derechos en el régimen de Seguridad Social que les sea de aplicación.
c) No devengarán retribuciones.
d) Todas las respuestas son correctas.

8. Señala la respuesta correcta respecto a la situación de servicios especiales:

a) A los funcionarios en situación de servicios especiales no se les computará el tiempo que permanezcan en esta situación a los efectos de ascensos, trienios o derechos pasivos.
b) Tendrán derecho a la reserva de plaza y destino.
c) Tendrán preferencia para el reingreso en el servicio activo.
d) Todas las respuestas son correctas.

9. El incumplimiento de la obligación de atender los servicios esenciales en caso de huelga es constitutivo de:

a) Falta muy grave.
b) Falta grave.

c) Falta leve.
d) Un derecho.

10. El abandono del servicio da lugar a:

a) Sanción pecuniaria.
b) Falta muy grave.
c) Falta grave.
d) Falta leve.

11. Por su parte, el acoso laboral se tipifica como:

a) Falta muy grave.
b) Falta grave.
c) Falta leve.
d) No está tipificada.

12. El descrédito para la imagen pública de la Administración Pública es una circunstancia que debe ser atendida para determinar las faltas:

a) Muy graves.
b) Graves.
c) Leves.
d) Las respuestas b) y c) son correctas.

13. La responsabilidad de los funcionarios que induzcan a otros a cometer una falta:

a) Es similar a la exigible a estos.
b) Se minora en un grado.
c) Se castiga con una sanción superior en grado.
d) Es inexistente.

14. La suspensión firme de funciones no puede ser superior a:

a) Tres meses.
b) Tres años.
c) Un año.
d) Seis años.

15. En el caso de separación del servicio de un funcionario interino:

a) Podrá ser rehabilitado en el futuro.
b) No es necesaria la motivación del acto.
c) Permanece en activo hasta que se cubra la vacante que venía desempeñando.
d) Se revoca su nombramiento.

16. La prescripción de las faltas graves se produce a los:

a) Seis meses.
b) Dos meses.
c) Seis años.
d) Dos años.

17. La separación del servicio en un Municipio de gran población se acuerda por el/la:

a) Sindicato mayoritario.
b) Presidente de la Corporación.
c) Pleno de la Corporación.
d) Junta de Gobierno Local.

18. En la corrección de una falta leve, un trámite inexcusable es:

a) La previa audiencia al inculpado.
b) Incoar diligencias preliminares.
c) Incoar expediente disciplinario ordinario.
d) Ninguno de los anteriores.

19. El funcionario que sea elegido miembro del Parlamento Europeo quedará en situación de:

a) Servicio activo.
b) Excedencia forzosa.
c) Servicios especiales.
d) Suspensión.

20. El funcionario que desempeñe responsabilidades de miembro de un órgano local para el conocimiento y la resolución de las reclamaciones económico-administrativas está en situación de:

a) Servicio activo.
b) Excedencia.
c) Suspensión.
d) Servicios especiales.

21. El mínimo de servicios prestados inmediatos a la petición que se requiere para solicitar una excedencia voluntaria por interés particular es de:

a) Un año.
b) Dos años.
c) Tres años.
d) Cinco años.

22. El funcionario suspendido provisionalmente cobra en esta situación:

a) Todas sus retribuciones.
b) Las retribuciones básicas y, en su caso, las prestaciones familiares por hijo a cargo.
c) Solo las retribuciones complementarias.
d) Ninguna de las respuestas anteriores es correcta.

23. En caso de excedencia por cuidado de hijos se tiene derecho a reserva del puesto de trabajo desempeñado, al menos, durante:

a) El tiempo que dure la excedencia.
b) Ningún momento.
c) Los dos primeros años.
d) Los tres primeros años.

24. Un funcionario que sea adscrito al servicio del Defensor del Pueblo quedará en su lugar de procedencia en la situación de:

a) Servicio activo.
b) Servicios especiales.
c) Servicio en Comunidad Autónoma.
d) Excedencia especial.

25. El funcionario que, por un procedimiento de provisión de puestos, obtenga destino en una Administración Pública distinta es declarado:

a) Excedente forzoso.
b) En situación de servicio en otras Administraciones Públicas.
c) Excedente voluntario.
d) En servicios especiales.

26. El reconocimiento de compatibilidad a un funcionario para ejercer un trabajo fuera de la Administración:

a) No es necesario.
b) Es previo a dicho trabajo.
c) Es posterior.
d) Solo se da para actividades privadas.

27. ¿Cuándo prescriben las sanciones impuestas por faltas leves?

a) A los dos años.
b) Al año.
c) A los seis meses.
d) Al mes.

28. Señala la respuesta incorrecta:

a) Los funcionarios que indujeren a otros a la comisión de actos o conductas constitutivos de falta disciplinaria, incurriendo en la misma responsabilidad que estos.

b) La imposición de sanciones por faltas leves se llevará a cabo por procedimiento sumario sin necesidad de audiencia al interesado.

c) El tiempo de permanencia en suspensión provisional será de abono para el cumplimiento de la suspensión firme.

d) El alcance de cada sanción se establecerá teniendo en cuenta el grado de intencionalidad, descuido o negligencia que se revele en la conducta, el daño al interés público, la reiteración o reincidencia, así como el grado de participación.

29. ¿Cuándo prescriben las infracciones leves?

a) Al mes.
b) A los seis meses.
c) Al año.
d) A los dos años.

30. ¿En qué situación administrativa se encuentran los funcionarios de carrera cuando son activados como reservistas voluntarios para prestar servicios en las Fuerzas Armadas?

a) Servicio activo.
b) Servicios especiales.
c) Excedencia.
d) Servicio en otras Administraciones Públicas.

Solución al test n.º 16

1. b) Veintidós días hábiles, o de los días que correspondan proporcionalmente si el tiempo de servicio durante el año fue menor.

2. c) Cinco días.

3. a) De hasta 6 días al año.

4. d) 23 años.

5. c) Quince días.

6. b) Un máximo de 2 horas diarias percibiendo las retribuciones íntegras.

7. c) No devengarán retribuciones.

8. b) Tendrán derecho a la reserva de plaza y destino.

9. a) Falta muy grave.

10. b) Falta muy grave.

11. a) Falta muy grave.

12. d) Las respuestas b) y c) son correctas.

13. a) Es similar a la exigible a estos.

14. d) Seis años.

15. d) Se revoca su nombramiento.

16. d) Dos años.

17. d) Junta de Gobierno Local.

18. a) La previa audiencia al inculpado.

19. c) Servicios especiales.

20. d) Servicios especiales.

21. d) Cinco años.

22. b) Las retribuciones básicas y, en su caso, las prestaciones familiares por hijo a cargo.

23. c) Los dos primeros años.

24. b) Servicios especiales.

25. b) En situación de servicio en otras Administraciones Públicas.

26. b) Es previo a dicho trabajo.

27. b) Al año.

28. b) La imposición de sanciones por faltas leves se llevará a cabo por procedimiento sumario sin necesidad de audiencia al interesado.

29. b) A los seis meses.

30. b) Servicios especiales.

Los bienes de las entidades locales

1. Según la Ley del Patrimonio de las Administraciones Públicas, el patrimonio de las Administraciones Públicas está constituido por:

a) El conjunto de bienes y derechos, cualquiera que sea su naturaleza y el título de su adquisición.
b) El dinero.
c) Los valores.
d) Los créditos y los demás recursos financieros de su hacienda.

2. Por razón del régimen jurídico al que están sujetos, los bienes y derechos que integran el patrimonio de las Administraciones Públicas pueden ser:

a) De dominio público o patrimoniales y de dominio privado.
b) De dominio público y de dominio privado o demaniales.
c) De dominio público y de dominio privado.
d) Demaniales y comunales.

3. Tienen la consideración de bienes comunales:

a) Aquellos cuyo aprovechamiento corresponda al común de los vecinos.
b) Aquellos cuyo aprovechamiento corresponda al común de los ciudadanos.
c) Aquellos cuyo aprovechamiento corresponda al común de los residentes.
d) Los destinados a un uso o servicio público.

4. Los bienes comunales solo podrán pertenecer:

a) Al municipio.
b) Al municipio y a las Entidades Locales Menores.
c) Al municipio y a la provincia.
d) Al patrimonio del Estado.

5. Según el artículo 132 de la Constitución Española, los bienes de dominio público:

a) Se inspiran en los principios de inalienabilidad, imprescriptibilidad e inembargabilidad.
b) Se encuentran inspirados en los principios de preferencia, dominio y generalidad.

c) Se ajustan a los principios de desafectación e inalienabilidad.

d) Se inspiran en los principios de no sujeción a tributo alguno e inembargabilidad.

6. De conformidad con el artículo 6 de la Ley del Patrimonio de las Administraciones Públicas no es un principio al que se ajusta la gestión y administración de los bienes y derechos demaniales:

a) Dedicación preferente al uso común frente a su uso privativo.

b) Simplicidad y máxima celeridad.

c) Identificación y control a través de inventarios o registros adecuados.

d) Cooperación y colaboración entre las Administraciones Públicas en el ejercicio de sus competencias sobre el dominio público.

7. Son bienes de uso público local:

a) Las aguas de fuentes y estanques.

b) Los puentes y demás obras públicas de aprovechamiento.

c) Las Casas Consistoriales.

d) Las respuestas a) y b) son correctas.

8. Son bienes de servicio público:

a) Los Palacios Provinciales.

b) Los destinados al cumplimiento de fines públicos de responsabilidad de las Entidades Locales.

c) Las plazas, calles, paseos.

d) Las respuestas a) y b) son correctas.

9. Las Administraciones Públicas no podrán adquirir bienes y derechos:

a) Por herencia, legado o donación.

b) Por prescripción.

c) Por usurpación.

d) Por atribución de la ley.

10. Cuando un Ayuntamiento adquiera un bien a título oneroso se exigirá:

a) Informe previo pericial y acuerdo de la Corporación si se trata de valores mobiliarios.

b) Informe previo del órgano estatal o autonómico competente si se trata de bienes de carácter histórico y artístico, y excedan del 1 por 100 de los recursos ordinarios del Presupuesto de la Corporación.

c) Autorización de la Comunidad Autónoma respectiva si se trata de bienes inmuebles.

d) Ninguna respuesta es correcta.

11. El uso común de los bienes de dominio público puede ser:

a) Uso normal si fuere conforme con el destino del dominio público.

b) Uso anormal si no fuere conforme con dicho destino.

c) Especial, que se da cuando concurren circunstancias singulares por la peligrosidad o intensidad del uso.

d) Uso privativo.

12. El uso privativo de un bien de dominio público implica:

a) La ocupación de la totalidad del dominio público de modo que limite o excluya la utilización de los demás interesados.

b) La ocupación perpetua de una parte del dominio público de modo que limite o excluya la utilización de los demás interesados.

c) La ocupación de una parte del dominio público de modo que limite o excluya la utilización de los demás interesados.

d) La ocupación de una parte del dominio público siempre que los demás puedan seguir utilizándolo.

13. ¿Se pueden enajenar los bienes de dominio público?

a) Sí.

b) Es necesario que, previamente, se desafecten del uso o servicio público mediante el oportuno expediente de alteración de su calificación jurídica.

c) Los bienes de dominio público son inalienables.

d) Las respuestas b) y c) son correctas.

14. La alteración de la calificación jurídica de los bienes de las Entidades Locales requiere expediente en el que se acrediten:

a) Su oportunidad.

b) Su legalidad.

c) Su oportunidad y legalidad.

d) La conveniencia de la alteración.

15. La alteración de la calificación jurídica de los bienes de las Entidades Locales se produce automáticamente en el siguiente supuesto:

a) Cuando la Entidad adquiera por usucapión, con arreglo al Derecho Administrativo, el dominio de una cosa.

b) Adscripción de bienes patrimoniales por más de treinta años a un uso o servicio público o comunal.

c) Aprobación definitiva de los Planes de Ordenación Urbana y de los Proyectos de obras y servicios.

d) Adscripción de bienes patrimoniales por más de cinco años a un uso o servicio público o comunal.

16. No es una potestad de las Entidades Locales en defensa de sus bienes:

a) Deslindar en vía administrativa los inmuebles de su titularidad.

b) Conservarlos con la debida diligencia.

c) Recuperar de oficio la posesión indebidamente perdida.
d) Investigar la situación de los bienes.

17. La formación de inventario de los bienes:

a) Es obligatoria.
b) Es facultativa.
c) Se puede obviar en ciertos casos.
d) Solo es obligatoria en ciertos casos.

18. Las Administraciones Públicas deben inscribir en los correspondientes registros los bienes y derechos de su patrimonio:

a) Que sean susceptibles de inscripción.
b) Siempre.
c) En ningún caso.
d) En determinados casos.

19. Las Administraciones Públicas podrán deslindar los bienes inmuebles de su patrimonio de otros pertenecientes a terceros:

a) En los casos de fuerza mayor.
b) Cuando los límites entre ellos sean imprecisos o existan indicios de usurpación.
c) Cuando existan indicios de robo o hurto.
d) Cuando existan indicios de delito.

20. Si se trata de bienes y derechos patrimoniales, la recuperación de la posesión en vía administrativa requiere que la iniciación del procedimiento haya sido notificada antes de que transcurra:

a) El plazo de un año, contado desde el día siguiente al de la usurpación.
b) El plazo de dos años, contado desde el día siguiente al de la usurpación.
c) El plazo de cinco años, contado desde el día siguiente al de la usurpación.
d) El plazo de tres años, contado desde el día siguiente al de la usurpación.

21. Las Administraciones Públicas tienen la facultad de investigar la situación de los bienes y derechos:

a) Que presumiblemente formen parte de su patrimonio.
b) En cualquier momento.
c) A fin de determinar la titularidad de los mismos cuando esta no les conste de modo cierto.
d) Las respuestas a) y c) son correctas.

22. ¿Podrán las Administraciones Públicas recuperar en vía administrativa la posesión de sus bienes?

a) No.
b) Cuando decaigan o desaparezcan el título, las condiciones o las circunstancias que legitimaban su ocupación por terceros.
c) Cuando decaigan o desaparezcan las condiciones que legitimaban la condición del bien.
d) Sí.

23. No se podrán aprovechar los bienes comunales mediante:

a) Adjudicación por lotes o suertes a los vecinos.
b) Aprovechamiento peculiar, según las leyes dictadas por el Estado.
c) En régimen de explotación común.
d) En régimen de cultivo colectivo.

24. Se perderán la condición de bienes comunales si:

a) No han sido objeto de disfrute de esta índole durante más de diez años, aunque en alguno de ellos se haya producido acto aislado de aprovechamiento.
b) No han sido objeto de disfrute de esta índole durante más de veinte años.
c) No han sido objeto de disfrute de esta índole durante más de treinta años.
d) No han sido objeto de disfrute de esta índole durante más de cuarenta años.

25. Son bienes patrimoniales o de propios los que, siendo de propiedad de la Entidad Local:

a) No estén destinados a un uso público.
b) No estén afectados a algún servicio público.
c) No estén destinados a un uso público ni afectados a algún servicio público y puedan constituir fuente de ingresos para el erario de la Entidad.
d) No estén destinados a un uso público ni afectados a algún servicio público.

26. Las enajenaciones de los bienes patrimoniales, según el Reglamento de Bienes de las Entidades Locales, han de realizarse, como regla general mediante:

a) Procedimiento negociado.
b) Procedimiento abierto.
c) Concurso.
d) Subasta.

27. La cesión gratuita de los bienes a otras Administraciones o Instituciones Públicas requerirá:

a) El acuerdo favorable de la mayoría simple del número legal de miembros de la Corporación.
b) El acuerdo favorable de la mayoría absoluta del número legal de miembros de la Corporación.

c) El acuerdo favorable de un tercio del número legal de miembros de la Corporación.
d) El acuerdo favorable de dos tercios del número legal de miembros de la Corporación.

28. Los bienes inmuebles patrimoniales no podrán cederse gratuitamente salvo:

a) A Entidades o Instituciones Públicas y para fines que redunden en beneficio de los habitantes del término municipal.
b) A las Instituciones Privadas de interés público sin ánimo de lucro.
c) A Entidades o Instituciones Públicas sin ánimo de lucro.
d) Las respuestas a) y b) son correctas.

29. Los valores mobiliarios:

a) Deberán ser custodiados por la Policía Local.
b) Se custodiarán por personas que tengan la condición de agentes de la autoridad.
c) Se custodiarán en la caja de caudales bajo la responsabilidad de los tres claveros.
d) Se custodiará por el Tesorero Municipal.

30. El arrendamiento o cualquier otra forma de cesión de uso de los bienes patrimoniales, en cuanto a su preparación y adjudicación, se regirá por:

a) El Derecho Privado.
b) Las normas jurídico-públicas que regulen la contratación de las Entidades Locales.
c) La Ley del Patrimonio de las Administraciones Públicas y sus disposiciones de desarrollo.
d) La legislación hipotecaria.

31. El Reglamento de Bienes de las Entidades Locales es de:

a) 2 de abril de 1985.
b) 11 de julio de 1986.
c) 28 de noviembre de 1986.
d) 13 de junio de 1986.

32. Según el Reglamento de Bienes de las Entidades Locales, los bienes de estas Entidades se clasifican en:

a) Patrimoniales y de propios.
b) Comunales, de dominio público y patrimoniales.
c) Comunales y de dominio privado.
d) De dominio público y patrimoniales.

33. Las Provincias como Entidades Locales no tienen bienes:

a) Privados.
b) Patrimoniales.

c) Comunales.
d) Demaniales.

34. Las aguas de las fuentes públicas son:

a) Comunales.
b) De servicio público.
c) De uso público.
d) Patrimoniales.

35. La inalienabilidad predicable de los bienes de dominio público significa que:

a) Solo pueden venderse con escritura pública.
b) No pueden ser utilizados por los particulares.
c) Por el transcurso del tiempo, unido a la posesión de los mismos, no se adquiere su propiedad.
d) No son susceptibles de venta alguna.

36. Los bienes de dominio público solo pagan el tributo:

a) De bienes inmuebles.
b) Que fije el Estado al efecto.
c) De carácter local que señale cada Comunidad Autónoma.
d) Ninguno.

37. El Presidente de una Diputación Provincial es competente para adquirir bienes a título oneroso siempre que su valor no supere los:

a) Diez millones de euros.
b) Seis millones de euros.
c) Tres millones de euros.
d) Cinco millones de euros.

38. En caso de que sea posible, la aceptación de una herencia ha de realizarse:

a) Solo cuando tenga cargas o gravámenes.
b) Cuando estas cargas sean superiores a los bienes.
c) Siempre a beneficio de inventario.
d) Para destinar los bienes a fines de beneficencia.

39. Se requiere autorización de la Comunidad Autónoma para la adquisición de:

a) Bienes de carácter histórico y artístico.
b) Inmuebles.
c) Semovientes.
d) Valores mobiliarios.

40. En cambio, se requiere el informe previo de la Comunidad Autónoma para adquirir onerosamente los siguientes bienes:

a) Inmuebles.
b) Valores mobiliarios.
c) Bienes de carácter histórico y artístico cuando exceda su valor del 1 % de los recursos ordinarios del Presupuesto.
d) Bienes de este carácter aunque no se exceda dicho límite, siempre que no se exceda el de la contratación directa de suministros.

41. El uso común general de los bienes de dominio público requiere:

a) Licencia.
b) Concesión.
c) Simple permiso.
d) Nada de lo anterior.

42. Por su parte, el uso privativo de un bien de dominio público requiere:

a) Previa autorización.
b) Simple permiso.
c) Concesión.
d) Licencia.

43. El uso común especial, requiere:

a) Licencia.
b) Simple precario.
c) Concesión.
d) Nada en especial.

44. Para usar privativamente bienes de servicio público se requiere:

a) Autorización.
b) Licencia.
c) Concesión.
d) Nada de lo anterior, pues no cabe este uso.

45. La realización del comercio ambulante en las vías públicas es un ejemplo de uso:

a) Común general.
b) Común especial.
c) Privativo.
d) Comunal.

46. Se considera anormal el siguiente uso del dominio público:

a) Instalar un quiosco.
b) Una industria callejera.
c) Estacionar un vehículo.
d) Una conducción subterránea de agua.

47. La enajenación de un bien de dominio público sin previa desafectación:

a) Corresponde al Pleno de la Entidad Local.
b) Es la regla general.
c) Puede hacerse por el Presidente de la Corporación directamente.
d) Es totalmente ilegal.

48. Para alterar la calificación jurídica de un bien municipal se requiere, salvo que sea automática:

a) Voto favorable de dos terceras partes de sus miembros legales.
b) Información pública durante un mes.
c) Voto favorable de la mayoría simple de miembros de la Entidad presentes en la sesión de que se trate.
d) Las respuestas b) y c) son correctas.

49. Se produce automáticamente esta alteración de la calificación jurídica de un bien:

a) Por adscripción de un bien demanial a un uso privado.
b) Por prescripción de un bien de dominio público por un particular.
c) Por usucapión en favor de la Entidad de un bien que estuviera destinado a un uso comunal.
d) En cualquiera de los tres casos anteriores.

50. Como trámite previo al ejercicio de acciones para la defensa de los bienes por una Entidad, se requiere:

a) Dictamen del Secretario de la Corporación.
b) Interposición de un interdicto de retener o recobrar.
c) Ejercicio del desahucio administrativo.
d) Información pública vecinal.

51. Cuando un particular requiere a una Entidad para que defienda un bien de la propiedad de esta, se le concede a la misma un plazo para hacerlo de:

a) Un año.
b) Un mes.
c) Treinta días hábiles.
d) Dos meses.

52. Si una Entidad no atiende el requerimiento de un particular para que defienda un bien de ella, el particular:

a) Debe ser indemnizado.
b) Puede ejercer la acción pública para dicha defensa.
c) Debe denunciar a la Entidad.
d) Adquiere la propiedad del bien de que se trate.

53. En relación con las demandas judiciales que afecten al dominio de las Entidades Locales, estas:

a) Han de consentir con las pretensiones del demandante.
b) Tienen absolutamente prohibido allanarse.
c) Actuarán sin necesidad de defensa letrada.
d) No pueden presentar oposición en sede judicial.

54. La comprobación del Inventario de Bienes de una Entidad Local es:

a) Anual.
b) Semestral.
c) En cada renovación de la Corporación.
d) Cada vez que cambie el Presidente de la Entidad.

55. La rectificación del Inventario de Bienes de una Entidad Local, debe hacerse:

a) Semestralmente.
b) Al renovarse la Corporación.
c) Anualmente.
d) Cuando lo diga el Secretario General de la Corporación.

56. Las avenidas y calles públicas, respecto al Inventario:

a) Deben excluirse.
b) Si son privadas se excluyen.
c) Se incluyen en todo caso.
d) Cuando estén inscritas en el Registro, se incluyen.

57. En el Inventario de Bienes no es necesario incluir:

a) Los bienes de uso público.
b) Los comunales.
c) Los patrimoniales.
d) Deben incluirse todos.

58. Para inscribir un bien mueble de una Entidad Local en el Registro de la Propiedad basta con:

a) Escritura pública.
b) Certificado del Secretario General en relación con el Inventario.

c) Certificado de acuerdo plenario.

d) Nada de lo anterior, al no ser susceptible de inscripción.

59. Para inscribir un bien patrimonial, susceptible de ello, en el Registro de la Propiedad:

a) Debe constar en escritura pública.

b) No se requiere esta, bastando con una certificación del Secretario General en relación con el Inventario.

c) No tiene por qué inscribirse este tipo de bienes.

d) Se hace de oficio por orden del Alcalde o Presidente.

60. A la facultad de delimitar la extensión de una propiedad de una Entidad Local ejercida por esta se le llama potestad de:

a) Deslinde.

b) Recuperación de oficio.

c) Investigación.

d) Desahucio administrativo.

61. Un particular que se entienda perjudicado en la extensión de un terreno de su propiedad por un deslinde administrativo debe salvaguardar sus derechos:

a) Interponiendo recurso contencioso-administrativo.

b) Acudiendo a la Jurisdicción ordinaria.

c) Reclamando ante el Alcalde.

d) No puede perjudicársele por un deslinde.

62. Cuando un particular no esté de acuerdo con los trámites seguidos en un deslinde de bienes por una Entidad Local debe:

a) Impugnarlo en vía contencioso-administrativa.

b) Impugnarlo ante la Jurisdicción ordinaria.

c) Interponer un interdicto de retener.

d) Interponer un interdicto de recobrar.

63. La Administración puede recuperar por sí misma los bienes patrimoniales usurpados:

a) Sin límite de tiempo.

b) Después de dos años de la usurpación.

c) Dentro de los cuatro años siguientes a esta.

d) Dentro del primer año tras la usurpación.

64. Si una Entidad no recupera de oficio en el plazo previsto en la pregunta anterior sus bienes patrimoniales usurpados:

a) No puede ejercer acción alguna respecto de los mismos.

b) Puede recuperarlos de esta forma en cualquier momento.

c) Debe acudir a la Jurisdicción Contencioso-Administrativa.

d) Debe acudir a la Jurisdicción civil.

65. Para determinar la titularidad de los bienes presumiblemente de titularidad de una Entidad Local se acude al/a la:

a) Ejercicio de las acciones necesarias para su defensa.

b) Recuperación de oficio.

c) Deslinde.

d) Potestad de investigación.

66. A la extinción en vía administrativa de un derecho constituido sobre un bien comunal, se le denomina:

a) Interdicto de retener o recobrar la posesión.

b) Desahucio administrativo.

c) Potestad de investigación.

d) Recuperación de oficio.

67. Además de los Municipios, pueden tener bienes comunales los/las:

a) Áreas Metropolitanas.

b) Entidades de ámbito territorial inferior al municipal.

c) Provincias.

d) Todos ellos.

68. La titularidad del aprovechamiento de los bienes comunales la ostentan:

a) Solo los Municipios.

b) Estos y las Entidades de ámbito territorial inferior al municipal.

c) Los Municipios y cualquier otra Entidad Local.

d) Los vecinos.

69. Como regla general, el aprovechamiento de estos bienes comunales debe hacerse:

a) En régimen colectivo.

b) Según la Ordenanza al efecto.

c) En proporción directa a la situación económica del vecino.

d) En proporción inversa a esta situación.

70. La adjudicación de lotes de bienes comunales a los vecinos para su explotación se hace:

a) En proporción directa al número de familiares.

b) En proporción directa a su situación económica.

c) En proporción inversa al número de familiares.
d) Solo en explotación colectiva.

71. El máximo porcentaje que puede detraer una Corporación del producto de una subasta para adjudicar el aprovechamiento de bien comunal es del:

a) 1 % de los recursos ordinarios.
b) 10 % de estos recursos.
c) 5 %.
d) 25 %.

72. Puede suprimírsele el carácter de comunal a un bien:

a) Cuando permanezca más de un año sin ser aprovechado.
b) En cualquier caso, previo acuerdo de la Corporación por mayoría absoluta legal de sus miembros.
c) Sin necesidad de expediente alguno al efecto.
d) Ninguna de las respuestas anteriores es correcta.

73. Las parcelas sobrantes tienen el carácter de bienes:

a) Patrimoniales.
b) Comunales.
c) De uso público.
d) De servicio público.

74. Un camión municipal de recogida de basuras que esté en desuso por sus continuos problemas mecánicos es:

a) Comunal.
b) De servicio público.
c) De uso público.
d) Patrimonial.

75. Un bien comunal puede pasar a patrimonial por no ser objeto de disfrute de esta índole, por:

a) Nueve años.
b) Tres años.
c) Cinco años.
d) Más de diez años.

76. La diferencia de valor en una permuta de bienes patrimoniales por otros de carácter inmobiliario no debe sobrepasar el siguiente tanto por ciento:

a) 60 %.
b) 50 %.

c) 40 %.
d) 20 %.

77. El sistema general de enajenación de un bien patrimonial es el/la:

a) Concesión.
b) Permuta.
c) Subasta.
d) Enajenación directa.

78. Señala la respuesta incorrecta. La gestión y administración de los bienes y derechos patrimoniales por las Administraciones Públicas se ajustarán a los siguientes principios:

a) Identificación y control a través de inventarios o registros adecuados.
b) Subjetividad en la adquisición, explotación y enajenación de estos bienes.
c) Publicidad en la enajenación de estos bienes.
d) Transparencia en la adquisición de estos bienes.

79. Para que deba pedirse la autorización de la Comunidad Autónoma en una enajenación de bienes inmuebles se requiere que:

a) Su valor exceda del 10 % de los recursos ordinarios.
b) Su valor exceda del 25 % de estos recursos.
c) Se trate de un bien artístico.
d) No se requiere esta autorización en caso alguno.

80. La cesión gratuita de bienes a otra Administración, en el caso de un Municipio de régimen común, requiere el siguiente quórum:

a) Mayoría simple.
b) Mayoría absoluta del número legal de miembros.
c) Dos tercios del número de hecho y, en todo caso, mayoría absoluta del número legal de miembros.
d) No es posible ceder bienes gratuitamente.

81. ¿Cuál de las siguientes no es una característica básica de los bienes de dominio público?

a) No están sujetos a tributo alguno.
b) Son inalienables.
c) Son indestructibles.
d) Son imprescriptibles.

82. Las Administraciones Públicas podrán adquirir bienes y derechos por cualquiera de los modos previstos en el ordenamiento jurídico y, en particular, por:

a) Herencia, legado o donación.
b) Atribución de la ley.

c) Prescripción.
d) Todas las respuestas son correctas.

83. Las Administraciones Públicas podrán recuperar por sí mismas la posesión indebidamente perdida sobre los bienes y derechos de su patrimonio, y, si estos tienen la condición de demaniales, la potestad de recuperación podrá ejercitarse:

a) Antes de que transcurra el plazo de un año, contado desde el día siguiente al de la usurpación.
b) Antes de que transcurra el plazo de un año, contado desde el mismo día de la usurpación.
c) Antes de que transcurra el plazo de cinco años, contados desde el día siguiente al de la usurpación.
d) En cualquier momento.

84. Con respecto a los bienes comunales, la doctrina (SÁINZ MORENO, entre otros) distingue entre:

a) Bienes comunales típicos y bienes comunales atípicos.
b) Bienes comunales públicos y bienes comunales semipúblicos.
c) Bienes comunales regulares y bienes comunales irregulares.
d) Bienes comunales simples y bienes comunales complejos.

85. La cesión por cualquier título del aprovechamiento de bienes comunales deberá ser acordada:

a) Por el Pleno de la Corporación, requiriéndose el voto favorable de la mayoría simple del número legal de miembros de la Corporación.
b) Por el Pleno de la Corporación, requiriéndose el voto favorable de la mayoría absoluta del número legal de miembros de la Corporación.
c) Por la Junta de Gobierno Local.
d) Por el Alcalde.

Solución al test n.º 17

1. a) El conjunto de bienes y derechos, cualquiera que sea su naturaleza y el título de su adquisición.

2. c) De dominio público y de dominio privado.

3. a) Aquellos cuyo aprovechamiento corresponda al común de los vecinos.

4. b) Al municipio y a las Entidades Locales Menores.

5. a) Se inspiran en los principios de inalienabilidad, imprescriptibilidad e inembargabilidad.

6. b) Simplicidad y máxima celeridad.

7. d) Las respuestas a) y b) son correctas.

8. d) Las respuestas a) y b) son correctas.

9. c) Por usurpación.

10. b) Informe previo del órgano estatal o autonómico competente si se trata de bienes de carácter histórico y artístico, y excedan del 1 por 100 de los recursos ordinarios del Presupuesto de la Corporación.

11. c) Especial, que se da cuando concurren circunstancias singulares por la peligrosidad o intensidad del uso.

12. c) La ocupación de una parte del dominio público de modo que limite o excluya la utilización de los demás interesados.

13. d) La respuesta b) y c) son correctas.

14. c) Su oportunidad y legalidad.

15. c) Aprobación definitiva de los Planes de Ordenación Urbana y de los Proyectos de obras y servicios.

16. b) Conservarlos con la debida diligencia.

17. a) Es obligatoria.

18. a) Que sean susceptibles de inscripción.

19. b) Cuando los límites entre ellos sean imprecisos o existan indicios de usurpación.

20. a) El plazo de un año, contado desde el día siguiente al de la usurpación.

21. d) Las respuestas a) y c) son correctas.

22. b) Cuando decaigan o desaparezcan el título, las condiciones o las circunstancias que legitimaban su ocupación por terceros.

23. b) Aprovechamiento peculiar, según las leyes dictadas por el Estado.

24. a) No han sido objeto de disfrute de esta índole durante más de diez años, aunque en alguno de ellos se haya producido acto aislado de aprovechamiento.

25. c) No estén destinados a un uso público ni afectados a algún servicio público y puedan constituir fuente de ingresos para el erario de la Entidad.

26. d) Subasta.

27. b) El acuerdo favorable de la mayoría absoluta del número legal de miembros de la Corporación.

28. d) Las respuestas a) y b) son correctas.

29. c) Se custodiarán en la caja de caudales bajo la responsabilidad de los tres claveros.

30. b) Las normas jurídico-públicas que regulen la contratación de las Entidades Locales.

31. d) 13 de junio de 1986.

32. d) De dominio público y patrimoniales.

33. c) Comunales.

34. c) De uso público.

35. d) No son susceptibles de venta alguna.

36. d) Ninguno.

37. c) Tres millones de euros.

38. c) Siempre a beneficio de inventario.

39. d) Valores mobiliarios.

40. c) Bienes de carácter histórico y artístico cuando exceda su valor del 1 % de los recursos ordinarios del Presupuesto.

41. d) Nada de lo anterior.

42. c) Concesión.

43. a) Licencia.

44. d) Nada de lo anterior, pues no cabe este uso.

45. b) Común especial).

46. d) Una conducción subterránea de agua.

47. d) Es totalmente ilegal.

48. b) Información pública durante un mes.

49. c) Por usucapión en favor de la Entidad de un bien que estuviera destinado a un uso comunal.

50. a) Dictamen del Secretario de la Corporación.

51. c) Treinta días hábiles.

52. b) Puede ejercer la acción pública para dicha defensa.

53. b) Tienen absolutamente prohibido allanarse.

54. c) En cada renovación de la Corporación.

55. c) Anualmente.

56. c) Se incluyen en todo caso.

57. d) Deben incluirse todos.

58. d) Nada de lo anterior, al no ser susceptible de inscripción.

59. b) No se requiere esta, bastando con una certificación del Secretario General en relación con el Inventario.

60. a) Deslinde.

61. b) Acudiendo a la Jurisdicción ordinaria.

62. a) Impugnarlo en vía contencioso-administrativa.

63. d) Dentro del primer año tras la usurpación.

64. d) Debe acudir a la Jurisdicción civil.

65. d) Potestad de investigación.

66. b) Desahucio administrativo.

67. b) Entidades de ámbito territorial inferior al municipal.

68. d) Los vecinos.

69. a) En régimen colectivo.

70. a) En proporción directa al número de familiares.

71. c) 5 %.

72. d) Ninguna de las respuestas anteriores es correcta.

73. a) Patrimoniales.

74. d) Patrimonial.

75. d) Más de diez años.

76. c) 40 % .

77. c) Subasta.

78. b) Subjetividad en la adquisición, explotación y enajenación de estos bienes.

79. b) Su valor exceda del 25 % de estos recursos.

80. b) Mayoría absoluta del número legal de miembros.

81. c) Son indestructibles.

82. d) Todas las respuestas son correctas.

83. d) En cualquier momento.

84. a) Bienes comunales típicos y bienes comunales atípicos.

85. b) Por el Pleno de la Corporación, requiriéndose el voto favorable de la mayoría absoluta del número legal de miembros de la Corporación.

Los contratos administrativos en la esfera local.
Clases de contratos administrativos

1. La contratación administrativa en el sector público viene regulada por:

a) La Ley 9/2017, de 8 de noviembre.
b) La Ley 6/2017, de 24 de octubre.
c) La Ley 3/2017, de 27 de junio.
d) La Ley 4/2017, de 25 de septiembre.

2. En relación a la ejecución de los contratos, es cierto que:

a) Cuando el contratista, por causas imputables al mismo, hubiere incumplido parcialmente la ejecución de las prestaciones definidas en el contrato, la Administración deberá resolver el contrato.

b) La constitución en mora del contratista precisará intimación previa por parte de la Administración.

c) Será obligación del contratista indemnizar todos los daños y perjuicios que se causen a terceros como consecuencia de las operaciones que requiera la ejecución del contrato.

d) Los contratistas que tengan derecho de cobro frente a la Administración, no podrán ceder el mismo.

3. Los contratos que tienen por objeto la adquisición, el arrendamiento financiero, o el arrendamiento, con o sin opción de compra, de productos o bienes muebles, son:

a) Contratos de servicios.
b) Contratos de suministro.
c) Contratos de obras.
d) Contratos de gestión de servicios públicos.

4. No se consideran contratos de suministros:

a) Aquellos en los que el empresario se obligue a entregar una pluralidad de bienes de forma sucesiva y por precio unitario sin que la cuantía total se defina con exactitud al tiempo de celebrar el contrato, por estar subordinadas las entregas a las necesidades del adquirente.

b) Los que tengan por objeto la adquisición y el arrendamiento de equipos y sistemas de telecomunicaciones o para el tratamiento de la información, sus dispositivos y programas, y la cesión del derecho de uso de estos últimos.

c) Los de adquisición de programas de ordenador desarrollados a medida.

d) Los de fabricación, por los que la cosa o cosas que hayan de ser entregadas por el empresario deban ser elaboradas con arreglo a características peculiares fijadas previamente por la entidad contratante, aun cuando esta se obligue a aportar, total o parcialmente, los materiales precisos.

5. Están sujetos a regulación armonizada los contratos de obras y los contratos de concesión de obras públicas cuyo valor estimado sea igual o superior a:

a) 5.538.000 euros.
b) 6.581.000 euros.
c) 8.615.000 euros.
d) 1.861.000 euros.

6. Están sujetos a regulación armonizada los contratos de suministro adjudicados por la Administración General del Estado, sus organismos autónomos, o las Entidades Gestoras y Servicios Comunes de la Seguridad Social, cuyo valor estimado sea igual o superior a:

a) 5.538.000 euros.
b) 143.000 euros.
c) 221.000 euros.
d) 80.000 euros.

7. De los siguientes, son contratos privados los contratos celebrados por una Administración Pública que tengan por objeto:

a) La suscripción a revistas, publicaciones periódicas y bases de datos.
b) La concesión de servicios públicos.
c) Los contratos de colaboración entre el sector público y el sector privado.
d) La adquisición de suministros.

8. Cuando se trate de contratos de obras, podrán adjudicarse directamente a cualquier empresario con capacidad de obrar contratos menores, es decir, de importe inferior a:

a) 40.000 €.
b) 6.000 €.
c) 100.000 €.
d) 15.000 €.

9. Los contratos menores definidos en el artículo 118 de la Ley de Contratos del Sector Público no podrán tener una duración superior a:

a) Un año.
b) Tres años.

c) Cinco años.
d) Diez años.

10. ¿Cuáles de los siguientes contratos que celebren los poderes adjudicadores se perfeccionan de conformidad con la legislación por la que se rijan?

a) Los contratos basados en un acuerdo marco.
b) Los contratos menores.
c) Los contratos específicos en el marco de un sistema dinámico de adquisición.
d) Los contratos subvencionados sujetos a regulación armonizada.

11. A tenor del art. 42 de la Ley de Contratos del Sector Público, la declaración de nulidad de los actos preparatorios del contrato o de la adjudicación, cuando sea firme, llevará en todo caso consigo la del mismo contrato, que entrará en fase de:

a) Suspensión.
b) Ejecución.
c) Cancelación.
d) Liquidación.

12. Señala la opción incorrecta. Solo podrán contratar con el sector público las personas naturales o jurídicas:

a) Que tengan plena capacidad de obrar.
b) Que no estén incursas en una prohibición de contratar.
c) Que tengan la nacionalidad española.
d) Que acrediten su solvencia económica, financiera y técnica o profesional o se encuentren debidamente clasificadas.

13. Será requisito indispensable que el empresario se encuentre debidamente clasificado como contratista de obras de los poderes adjudicadores, para los contratos de obras cuyo valor estimado sea igual o superior a:

a) 300.000 euros.
b) 500.000 euros.
c) 800.000 euros.
d) 1.000.000 euros.

14. Podrá exceptuarse la necesidad de clasificación para determinados tipos de contratos de obras y de servicios en los que este requisito sea exigible, mediante:

a) Resolución motivada del superior jerárquico del órgano contratante.
b) Orden del Ministro titular en materia de Hacienda.
c) Orden del Ministro titular del ministerio al que pertenece el órgano contratante.
d) Real Decreto del Consejo de Ministros.

15. No será exigible la clasificación en los contratos de servicios a partir de un valor estimado inferior a:

a) 100.000 euros.
b) 60. 000 euros.
c) 200.000 euros.
d) Para los contratos de servicios no será exigible la clasificación del empresario.

16. La clasificación de las empresas tendrá una vigencia de:

a) Dos años.
b) Tres años.
c) Cinco años.
d) Indefinida, en tanto se mantengan por el empresario las condiciones y circunstancias en que se basó su concesión.

17. Para la conservación de la clasificación de una empresa para contratar con la Administración Pública, deberá justificarse el mantenimiento de la solvencia técnica y profesional:

a) Anualmente.
b) Cada tres años.
c) Cada cinco años.
d) Cada diez años.

18. Para la conservación de la clasificación de una empresa para contratar con la Administración Pública, deberá justificarse el mantenimiento de la solvencia económica y financiera:

a) Anualmente.
b) Cada tres años.
c) Cada cinco años.
d) Cada diez años.

19. Previa justificación en el expediente, podrá llevarse a cabo la revisión periódica y predeterminada de precios en aquellos contratos en los que el período de recuperación de la inversión sea igual o superior a:

a) 3 años.
b) 4 años.
c) 5 años.
d) 1 año.

20. En los acuerdos marco y en los sistemas dinámicos de adquisición, el importe de la garantía provisional, de exigirse, estará limitada al:

a) 3 por 100 del valor estimado del contrato.
b) 5 por 100 del valor estimado del contrato.

c) 7 por 100 del valor estimado del contrato.

d) 10 por 100 del valor estimado del contrato.

21. Los pliegos de cláusulas administrativas particulares deberán aprobarse:

a) En todo caso, previamente a la autorización del gasto, conjuntamente a la licitación del contrato.

b) Una vez adjudicado el contrato.

c) Conjuntamente con la autorización del gasto y la licitación del contrato.

d) Previamente a la autorización del gasto o conjuntamente con ella, y siempre antes de la licitación del contrato, o de no existir esta, antes de su adjudicación.

22. El artículo 127 de la Ley de Contratos del Sector Público, define como "cualquier documento, certificado o acreditación que confirme que las obras, productos, servicios, procesos o procedimientos de que se trate cumplen determinados requisitos" a:

a) La prescripción técnica.

b) La etiqueta.

c) La clasificación.

d) El expediente de contratación.

23. No se adjudicarán mediante subasta electrónica:

a) Los contratos tramitados por procedimientos abiertos.

b) Los contratos tramitados por procedimientos restringidos.

c) Aquellos contratos en que la adjudicación se base únicamente en los precios.

d) Los contratos cuyo objeto tenga relación con la calidad alimentaria.

24. Señala la opción incorrecta. Podrá establecerse la preferencia en la adjudicación de contratos, en igualdad de condiciones con las que sean económicamente más ventajosas, por:

a) Empresas que tengan en su plantilla un número de trabajadores con discapacidad superior a un porcentaje concreto.

b) Empresas de inserción.

c) Entidades reconocidas como Organizaciones de Comercio Justo.

d) Empresas de implantación nacional.

25. Los expedientes de resolución contractual deberán ser instruidos y resueltos en el plazo máximo de:

a) 3 meses.

b) 4 meses.

c) 6 meses.

d) 8 meses.

26. En los casos de tramitación urgente de los expedientes correspondientes a los contratos cuya celebración responda a una necesidad inaplazable o cuya adjudicación sea preciso acelerar por razones de interés público, una vez formalizados, el plazo de inicio de la ejecución del contrato no podrá ser superior a:

a) 15 días hábiles.
b) 20 días naturales.
c) 1 mes.
d) 2 meses.

27. Cuando la Administración tenga que actuar de manera inmediata a causa de acontecimientos catastróficos, de situaciones que supongan grave peligro o de necesidades que afecten a la defensa nacional:

a) El órgano de contratación, sin obligación de tramitar expediente administrativo, podrá ordenar la ejecución de lo necesario para remediar el acontecimiento producido o satisfacer la necesidad sobrevenida, o contratar libremente su objeto, en todo o en parte, sin sujetarse a los requisitos formales establecidos en la Ley de Contratos del Sector Público, incluso el de la existencia de crédito suficiente.

b) El órgano de contratación, podrá ordenar la ejecución de lo necesario para remediar el acontecimiento producido o satisfacer la necesidad sobrevenida, o contratar libremente su objeto, en todo o en parte, una vez tramite el correspondiente expediente administrativo.

c) El órgano de contratación, sin obligación de tramitar expediente administrativo, ordenará la ejecución de lo necesario para remediar el acontecimiento producido o satisfacer la necesidad sobrevenida, o contratar libremente su objeto, en todo o en parte, con sujeción a los requisitos formales establecidos en la Ley de Contratos del Sector Público.

d) El órgano de contratación, sin obligación de tramitar expediente administrativo, podrá ordenar la ejecución de lo necesario para remediar el acontecimiento producido o satisfacer la necesidad sobrevenida, o contratar libremente su objeto, en todo o en parte, sin sujetarse a los requisitos formales establecidos en la Ley de Contratos del Sector Público, salvo el de la existencia de crédito suficiente.

28. En el caso de contratos tramitados a causa de emergencia, celebrados por la Administración General del Estado, sus Organismos autónomos, entidades gestoras y servicios comunes de la Seguridad Social o demás entidades públicas estatales, se dará cuenta de los acuerdos al Consejo de Ministros en el plazo máximo de:

a) 15 días.
b) 20 días.
c) 30 días.
d) 60 días.

29. Salvo que los pliegos o el contrato establezcan un plazo mayor, el contratista deberá respetar el carácter confidencial de aquella información a la que tenga acceso con ocasión de la ejecución del contrato a la que se le hubiese dado el referido carácter en los pliegos o en el contrato, o que por su propia naturaleza deba ser tratada como tal, durante un plazo desde el conocimiento de esa información de:

a) 3 años.
b) 5 años.
c) 7 años.
d) 10 años.

30. A efectos de la adjudicación del contrato, NO podrá celebrarse una subasta electrónica, en casos:

a) De procedimientos abiertos.
b) De procedimientos restringidos.
c) De procedimientos negociados.
d) En que las prestaciones que constituyen su objeto tengan carácter intelectual.

31. Cuando solo se utilice un criterio de adjudicación, este ha de relacionarse necesariamente con:

a) La calidad.
b) Las características vinculadas con la satisfacción de exigencias sociales que respondan a necesidades, definidas en las especificaciones del contrato, propias de las categorías de población especialmente desfavorecidas a las que pertenezcan los usuarios o beneficiarios de las prestaciones a contratar.
c) El plazo de ejecución o entrega de la prestación.
d) Los costes.

32. La valoración de más de un criterio de adjudicación procederá, en particular, en la adjudicación de los siguientes contratos:

a) En cualquier contrato de suministros.
b) Aquellos cuyos proyectos o presupuestos hayan podido ser establecidos previamente.
c) Aquellos que requieran el empleo de tecnología especialmente avanzada o cuya ejecución sea particularmente compleja.
d) Contratos de servicios en que las prestaciones estén perfectamente definidas técnicamente y no sea posible variar los plazos de entrega ni introducir modificaciones de ninguna clase en el contrato.

33. En procedimientos abiertos de adjudicación de contratos de obras sujetos a regulación armonizada, el plazo de presentación de proposiciones a contar desde la fecha del envío del anuncio de licitación del contrato a la Oficina de Publicaciones de la Unión Europea, no será inferior a:

a) 52 días.
b) 35 días.

c) 48 días.
d) 30 días.

34. En los procedimientos abiertos de contratos de obras no sujetos a regulación armonizada, el plazo de presentación de proposiciones contado desde la publicación del anuncio de licitación del contrato, no será inferior a:

a) 15 días.
b) 26 días.
c) 36 días.
d) 52 días.

35. En los contratos que tengan por objeto prestaciones de carácter intelectual, los criterios relacionados con la calidad deberán representar, al menos:

a) El 40 % de la puntuación asignable en la valoración de las ofertas.
b) El 50 % de la puntuación asignable en la valoración de las ofertas.
c) El 51 % de la puntuación asignable en la valoración de las ofertas.
d) El 60 % de la puntuación asignable en la valoración de las ofertas.

36. En el procedimiento abierto, la apertura de las proposiciones por parte del órgano competente para su valoración deberá efectuarse en el plazo máximo, contado desde la fecha de finalización del plazo para presentar las ofertas, de:

a) 10 días.
b) 15 días.
c) 20 días.
d) 1 mes.

37. El artículo 151 de la Ley de Contratos del Sector Público obliga a motivar la resolución de adjudicación y a notificarla a los candidatos y licitadores, debiendo ser publicada en el perfil de contratante en el plazo de:

a) 5 días.
b) 10 días.
c) 15 días.
d) 20 días.

38. Salvo que se hubiese establecido otro plazo en el pliego de cláusulas administrativas particulares, cuando para la adjudicación del contrato en el procedimiento abierto deban tenerse en cuenta una pluralidad de criterios, el plazo máximo para efectuar la adjudicación, a contar desde la apertura de las proposiciones, será de:

a) 15 días.
b) 20 días.
c) 1 mes.
d) 2 meses.

39. El órgano de contratación señalará el número mínimo de empresarios a los que invitará a participar en un procedimiento restringido, que no podrá ser inferior a:

a) Tres.
b) Cinco.
c) Siete.
d) Diez.

40. En los procedimientos restringidos, el órgano de contratación:

a) Podrá negociar los términos del contrato con los solicitantes o candidatos.
b) Deberá fijar el número máximo de candidatos a los que se invitará a presentar oferta.
c) Podrá establecer los criterios objetivos de solvencia una vez anunciada la licitación.
d) Seleccionará aquellos empresarios que, a su solicitud y en atención a su solvencia, podrán presentar proposiciones.

41. En cuál de los siguientes casos se considerará que la oferta presentada en una licitación es inaceptable:

a) Cuando se haya recibido fuera de plazo.
b) Cuando muestre indicios de colusión o corrupción.
c) Cuando haya sido considerada anormalmente baja por el órgano de contratación.
d) Cuando haya sido presentada por licitador que no posea la cualificación requerida.

42. En el procedimiento de diálogo competitivo, el órgano de contratación señalará el número mínimo de empresarios a los que invitará a participar en el procedimiento; en caso de que se decida limitar el número de empresas a las que se invita a dialogar, el órgano de contratación en todo caso deberá asegurarse de que el número mínimo de candidatos capacitados para ejecutar el objeto del contrato será de:

a) 3.
b) 4.
c) 5.
d) 6.

43. En relación a la formalización del contrato, ¿pueden las entidades del sector público contratar verbalmente?

a) No, en ningún caso.
b) Solo cuando se trate de contratos menores.
c) Solo cuando el contrato tenga carácter de emergencia.
d) Solo en caso de contratos de suministros no sujetos a regulación armonizada.

44. Los contratos de las Administraciones Públicas podrán modificarse durante su vigencia, cuando en los pliegos de cláusulas administrativas particulares se hubiere advertido expresamente de esta posibilidad, hasta un máximo de:

a) El 20 % del precio inicial.
b) El 25 % del precio inicial.
c) El 30 % del precio inicial.
d) El 35 % del precio inicial.

45. Cuando el contratista, por causas imputables al mismo, hubiere incurrido en demora respecto al cumplimiento del plazo total, la administración podrá optar indistintamente por la resolución del contrato o por la imposición de las penalidades diarias en la proporción de:

a) 0,10 euros por cada 1.000 euros del precio del contrato.
b) 0,20 euros por cada 1.000 euros del precio del contrato.
c) 0,50 euros por cada 1.000 euros del precio del contrato.
d) 0,60 euros por cada 1.000 euros del precio del contrato.

Solución al test n.º 18

1. a) La Ley 9/2017, de 8 de noviembre.

2. c) Será obligación del contratista indemnizar todos los daños y perjuicios que se causen a terceros como consecuencia de las operaciones que requiera la ejecución del contrato.

3. b) Contratos de suministro.

4. c) Los de adquisición de programas de ordenador desarrollados a medida.

5. a) 5.538.000 euros.

6. b) 143.000 euros.

7. a) La suscripción a revistas, publicaciones periódicas y bases de datos.

8. a) 40.000€.

9. a) Un año.

10. d) Los contratos subvencionados sujetos a regulación armonizada.

11. d) Liquidación.

12. c) Que tengan la nacionalidad española.

13. b) 500.000 euros.

14. d) Real Decreto del Consejo de Ministros.

15. d) Para los contratos de servicios no será exigible la clasificación del empresario.

16. d) Indefinida, en tanto se mantengan por el empresario las condiciones y circunstancias en que se basó su concesión.

17. b) Cada tres años.

18. a) Anualmente.

19. c) 5 años.

20. a) 3 por 100 del valor estimado del contrato.

21. d) Previamente a la autorización del gasto o conjuntamente con ella, y siempre antes de la licitación del contrato, o de no existir esta, antes de su adjudicación.

22. b) La etiqueta.

23. d) Los contratos cuyo objeto tenga relación con la calidad alimentaria.

24. d) Empresas de implantación nacional.

25. d) 8 meses.

26. c) 1 mes.

27. a) El órgano de contratación, sin obligación de tramitar expediente administrativo, podrá ordenar la ejecución de lo necesario para remediar el acontecimiento producido o satisfacer la necesidad sobrevenida, o contratar libremente su objeto, en todo o en parte, sin sujetarse a los requisitos formales establecidos en la Ley de Contratos del Sector Público, incluso el de la existencia de crédito suficiente.

28. c) 30 días.

29. b) 5 años.

30. d) En que las prestaciones que constituyen su objeto tengan carácter intelectual.

31. d) Los costes.

32. c) Aquellos que requieran el empleo de tecnología especialmente avanzada o cuya ejecución sea particularmente compleja.

33. b) 35 días.

34. b) 26 días.

35. c) El 51% de la puntuación asignable en la valoración de las ofertas.

36. c) 20 días.

37. c) 15 días.

38. d) 2 meses.

39. b) Cinco.

40. d) Seleccionará aquellos empresarios que, a su solicitud y en atención a su solvencia, podrán presentar proposiciones.

41. d) Cuando haya sido presentada por licitador que no posea la cualificación requerida.

42. a) 3.

43. c) Solo cuando el contrato tenga carácter de emergencia.

44. a) El 20 % del precio inicial.

45. d) 0,60 euros por cada 1.000 euros del precio del contrato.

TEST N.º 19

El procedimiento administrativo local. El registro de entrada y salida de documentos. Requisitos en la presentación de documentos. Notificaciones y comunicaciones

1. El procedimiento administrativo local presenta:

a) Muy pocas peculiaridades con respecto al procedimiento administrativo común.
b) Muchas peculiaridades con respecto al procedimiento administrativo común.
c) Ninguna peculiaridad con respecto al procedimiento administrativo común.
d) Es un procedimiento distinto y autónomo respecto al procedimiento administrativo común.

2. En materia de procedimiento administrativo el Reglamento de Organización, Funcionamiento y Régimen Jurídico de las Entidades Locales (ROFRJEL) se remite continuamente a:

a) Ley 39/2015, de 1 de noviembre, del Procedimiento Administrativo Común de las Administraciones Públicas.
b) La Ley de Procedimiento Administrativo Común.
c) Ley 30/1992, de 26 de noviembre, de Régimen Jurídico de las Administraciones Públicas y del Procedimiento Administrativo Común.
d) Ley 40/2015, de 1 de octubre, de régimen jurídico del sector público.

3. La iniciación del procedimiento administrativo local puede producirse:

a) De tres formas.
b) De oficio, cuando se promueve para resolver pretensiones deducidas por los particulares.
c) A instancia de parte.
d) De cuatro formas.

4. Son actos de instrucción:

a) Las alegaciones.
b) La resolución.
c) La prueba.
d) Las respuestas a) y c) son correctas.

5. De acuerdo con el ROFRJEL, en los expedientes informará:

a) El Letrado Jefe de la Asesoría Jurídica.
b) El Secretario municipal.
c) El Jefe de la Dependencia a la que corresponda tramitarlos.
d) El Jefe del Negociado.

6. Los informes para resolver los expedientes:

a) Se redactarán en forma de propuesta de resolución.
b) Contendrán la resolución.
c) Contendrán los pronunciamientos que haya de contener la parte dispositiva.
d) Las respuestas a) y c) son correctas.

7. En los municipios de gran población corresponderá al secretario general del Pleno el asesoramiento legal al Pleno y a las comisiones con carácter preceptivo:

a) Cuando lo solicite un tercio de los miembros de la Corporación.
b) Siempre que se trate de asuntos sobre materias para las que se exija una mayoría simple.
c) Cuando así lo ordene el Teniente de Alcalde.
d) Cuando lo soliciten un cuarto de los miembros de la Corporación.

8. La audiencia del interesado:

a) Es un trámite obligatorio.
b) Es un trámite voluntario.
c) No se puede considerar trámite.
d) No se sujeta a plazo.

9. No es una forma de terminación del procedimiento:

a) El archivo.
b) La declaración de caducidad.
c) El desistimiento.
d) La resolución.

10. El Registro General permanecerá abierto al público:

a) Todos los días naturales.
b) Todos los días hábiles.
c) Todos los días incluidos los fines de semana.
d) Los días alternos.

11. En el Registro de Salida se anotarán:

a) Los oficios y notificaciones, certificaciones, expedientes o resoluciones.
b) Los apuntes contables.
c) Las órdenes y comunicaciones.
d) Las respuestas a) y c) son correctas.

12. Si el documento presentado a Registro no reuniera los datos exigidos por la legislación reguladora del procedimiento administrativo común:

a) Se concederá un plazo de tres días para su subsanación.
b) Se invitará al interesado a que retire el documento.
c) Se apercibirá al interesado.
d) Se concederá un plazo de diez días para su subsanación.

13. Son principios que rigen en el procedimiento local los de:

a) Economía y coordinación.
b) Celeridad y eficacia.
c) Cronología y economía.
d) Todos los anteriores.

14. La no resolución de un expediente por presuntas lagunas legales:

a) Está prohibida.
b) Se permite.
c) Supone la remisión del mismo a la Asesoría Jurídica.
d) Es la regla general.

15. Cuando la Administración tenga conocimiento de que hay terceros interesados en un procedimiento que no han intervenido en el mismo:

a) Se abrirá un período de información pública.
b) Los requerirá para que en diez días aleguen lo que estimen oportuno.
c) Se les notificará el acuerdo que recaiga.
d) Se sigue el procedimiento sin ser necesario oírles.

16. En un informe se inserta en primer lugar la/los/las:

a) Propuesta de resolución.
b) Hechos, en forma concisa.
c) Pronunciamientos de la parte dispositiva.
d) Disposiciones legales aplicables.

17. La antelación con que debe recabarse el informe del Secretario General por el Presidente de la Corporación es de:

a) Una semana.
b) Dos días hábiles.
c) Ocho días hábiles.
d) No se establece tiempo alguno.

18. Para que el Secretario General del Pleno de la Corporación deba emitir informe sobre una cuestión determinada basta con que se lo pida el/un:

a) Concejal o Delegado Provincial.
b) Portavoz de un Grupo Político.
c) Grupo político.
d) Tercio de los miembros de la Corporación.

19. La información pública en la esfera local es:

a) Facultativa.
b) Preceptiva.
c) Vinculante.
d) Nada de lo anterior.

20. Cuando se concluye un expediente se remite al/a la:

a) Secretaría General.
b) Presidencia.
c) Jefatura de Departamento o Servicio.
d) Órgano que haya de decidir.

21. Los expedientes se deben remitir a la Secretaría General para la adopción de resolución por un órgano colegiado:

a) Dos días antes de esta.
b) Tres días antes.
c) Con veinticuatro horas de antelación.
d) Una semana antes de ella.

22. La terminación convencional, en el ámbito local:

a) No se admite en caso alguno.
b) Se rige por el régimen general.
c) Solo es posible en materia de expropiación forzosa.
d) Es la forma normal de terminar un procedimiento.

23. El Registro General de una Entidad debe abrirse:

a) Todos los días.
b) Solo los hábiles.
c) Durante toda la jornada laboral.
d) Durante esta jornada, permaneciendo el resto del tiempo un retén.

24. Los Libros del Registro General de un Ayuntamiento pueden salir de la Corporación:

a) Cuando lo decrete el Alcalde y por resolución judicial.
b) Con autorización del Secretario General.
c) Para su custodia.
d) En ningún caso.

25. Respecto de estos Libros se pueden expedir:

a) Certificaciones.
b) Notificaciones.
c) Asientos.
d) Oficios.

Solución al test nº. 19

1. a) Muy pocas peculiaridades con respecto al procedimiento administrativo común.

2. b) La Ley de Procedimiento Administrativo Común.

3. c) A instancia de parte.

4. d) Las respuestas a) y c) son correctas.

5. c) El Jefe de la Dependencia a la que corresponda tramitarlos.

6. d) Las respuestas a) y c) son correctas.

7. a) Cuando lo solicite un tercio de los miembros de la Corporación.

8. a) Es un trámite obligatorio.

9. a) El archivo.

10. b) Todos los días hábiles.

11. d) Las respuestas a) y c) son correctas.

12. d) Se concederá un plazo de diez días para su subsanación.

13. a) Economía y coordinación.

14. a) Está prohibida.

15. b) Los requerirá para que en diez días aleguen lo que estimen oportuno.

16. b) Hechos, en forma concisa.

17. d) No se establece tiempo alguno.

18. d) Tercio de los miembros de la Corporación.

19. a) Facultativa.

20. a) Secretaría General.

21. b) Tres días antes.

22. b) Se rige por el régimen general.

23. b) Solo los hábiles.

24. d) En ningún caso.

25. a) Certificaciones.

Funcionamiento de los órganos colegiados locales.
Convocatoria y orden del día. Actas y notificaciones de acuerdos

1. Atendiendo a su finalidad fundamental, puede definirse la sesión como:

a) Un acto más del procedimiento.
b) Una reunión de los miembros de la Corporación.
c) Un procedimiento que tiene por objeto la formación y declaración de voluntad del órgano colegiado.
d) Una conferencia expositiva.

2. Las sesiones pueden ser:

a) Ordinarias y extraordinarias.
b) Ordinarias y permanentes.
c) Permanentes y especiales.
d) Ordinarias, extraordinarias y extraordinarias urgentes.

3. La periodicidad de las sesiones extraordinarias es:

a) Como mínimo cada mes en los Ayuntamientos de municipios de más de 20.000 habitante.
b) Cada dos meses en los Ayuntamientos de los municipios de una población entre 5.001 habitantes y 20.000 habitantes.
c) Las sesiones extraordinarias no están sujetas a periodicidad.
d) Cada tres meses en los municipios de hasta 5.000 habitantes.

4. Si el Presidente no convocase el Pleno extraordinario solicitado por la cuarta parte, al menos, del número legal de miembros de la Corporación dentro del plazo de quince días hábiles desde que fuera solicitado:

a) Quedará automáticamente convocado para el décimo día hábil siguiente al de la finalización de dicho plazo, a las once horas.
b) Quedará automáticamente convocado para el undécimo día hábil siguiente al de la finalización de dicho plazo, a las doce horas.

c) Quedará automáticamente convocado para el décimo día hábil siguiente al de la finalización de dicho plazo, a las doce horas.

d) Ninguna respuesta es correcta.

5. La convocatoria de las sesiones dará lugar a la apertura del correspondiente expediente, en el que no deberá constar:

a) La constancia de las tasas que procedan.

b) La relación de expedientes conclusos.

c) La fijación del Orden del Día.

d) Minuta del Acta.

6. En el Orden del Día de las sesiones ordinarias se incluirá el punto de ruegos y preguntas:

a) De todos los asistentes.

b) Siempre.

c) De las asociaciones de vecinos.

d) En determinados casos.

7. ¿Es posible habilitarse otro edificio o local para la celebración de las sesiones?

a) En los casos de fuerza mayor.

b) En ningún caso.

c) Se celebrarán en la Casa Consistorial y si no es posible se suspenderá la sesión.

d) En todo caso, se celebrarán en Palacio Provincial o sede de la Corporación de que se trate.

8. Quien se considere aludido por una intervención podrá solicitar del Alcalde o Presidente:

a) La concesión de un turno por alusiones por tiempo de tres minutos.

b) Retirarse de la sesión.

c) Que se conceda un turno por alusiones, que será breve y conciso.

d) La concesión de un turno por alusiones por tiempo de cinco minutos.

9. ¿En qué consiste la moción?

a) Es la propuesta sometida a Pleno tras el estudio del expediente por la Comisión Informativa.

b) Es la propuesta que se somete a Pleno relativa a un asunto incluido en el Orden del Día sin haber pasado por la Comisión Informativa.

c) Es la propuesta que se somete directamente a conocimiento del Pleno, sobre un asunto no comprendido en el Orden del Día y que no tiene cabida en el punto de ruegos y preguntas.

d) Es la propuesta de modificación de un dictamen formulada por un miembro de la Comisión Informativa.

10. La votación podrá ser:

a) Por nombre y apellidos o por partido político.
b) Nominal, secreta y en voz alta.
c) Secreta y no secreta.
d) Nominal, secreta y ordinaria.

11. La votación secreta:

a) Podrá utilizarse para la aprobación de las Ordenanzas.
b) Solo podrá utilizarse para elección o destitución de personas.
c) Solo podrá utilizarse para la aprobación del Presupuesto.
d) Solo podrá utilizarse para el despido del personal laboral.

12. En los municipios de gran población no se exigirá el voto favorable de la mayoría absoluta del número legal de miembros del Pleno para:

a) La concertación de las operaciones de crédito.
b) Los acuerdos relativos a la participación en organizaciones supramunicipales.
c) La aprobación y modificación de los reglamentos de naturaleza orgánica.
d) Los acuerdos relativos a la delimitación y alteración del término municipal.

13. En los municipios de régimen de gran población se exigirá el voto favorable de la mayoría absoluta del número legal de miembros del Pleno para:

a) La determinación de los recursos propios de carácter tributario.
b) La alteración del nombre y de la capitalidad del municipio.
c) Las dos anteriores son correctas.
d) la aprobación y modificación de los presupuestos.

14. La enajenación de bienes, cuando su cuantía exceda del 20 % de los recursos ordinarios de su presupuesto requerirá:

a) Mayoría simple.
b) Mayoría de dos tercios.
c) Mayoría absoluta.
d) Mayoría de un tercio.

15. Cuando las resoluciones administrativas se dicten por delegación:

a) Se deberá dictar una resolución posterior por la Autoridad delegante.
b) Se acompañará de copia del acuerdo de delegación.
c) Podrá ser revocada en cualquier momento.
d) Se hará constar expresamente esta circunstancia y se considerarán dictadas por la Autoridad que la haya conferido.

16. No se hará constar en el Acta levantada por el Secretario:

a) Día, mes y año.
b) Edad de los miembros asistentes.
c) Asuntos examinados.
d) Hora en que el Presidente levante la sesión.

17. Las certificaciones de todos los actos, resoluciones y acuerdos de los órganos de gobierno de la Entidad:

a) Se expedirán siempre por el Secretario.
b) Se expedirán siempre por el Concejal-Secretario.
c) Se expedirán siempre por el Presidente.
d) Se expedirán siempre por el Secretario, salvo precepto expreso que disponga otra cosa.

18. El responsable de que se remita a los representantes de la Administración General del Estado y de la Comunidad Autónoma un extracto de los actos y acuerdos de una Corporación es, de forma mediata, el:

a) Presidente.
b) El Interventor.
c) Notificador.
d) Jefe de cada Dependencia.

19. Las certificaciones de los asientos de los Libros del Registro General las autoriza:

a) El Presidente.
b) El Secretario.
c) No son posibles.
d) El Encargado del Registro.

20. La determinación de la periodicidad de las sesiones plenarias ordinarias se acuerda por el:

a) Propio Pleno en la sesión constitutiva.
b) Alcalde o Presidente.
c) Pleno, con un mínimo de una al mes.
d) Pleno en sesión extraordinaria.

21. Puede pedir la celebración de sesión extraordinaria y debe, por ello, convocarse:

a) Un tercio del número de hecho de miembros de la Corporación.
b) Un tercio del número legal de miembros de la misma.
c) Una cuarta parte de este último número.
d) La décima parte de los mismos.

22. La celebración de una sesión extraordinaria solicitada legalmente, en principio, no debe demorarse, desde que se solicitó, por más de:

a) Cuatro días hábiles.
b) Dos meses.
c) Quince días hábiles.
d) Cuando lo estime oportuno el Alcalde, sin límite de tiempo.

23. Las sesiones extraordinarias se convocarán como mínimo:

a) Dos días naturales antes.
b) Veinticuatro horas antes.
c) Dos días hábiles antes.
d) No se requiere plazo alguno.

24. Las sesiones extraordinarias urgentes deben convocarse con una antelación mínima de:

a) Cuatro días.
b) Dos días naturales.
c) Dos días hábiles.
d) Nada de lo anterior es cierto.

25. Debe motivarse la convocatoria de:

a) Todas las sesiones.
b) Las ordinarias.
c) Las extraordinarias.
d) Ninguna de ellas.

26. Las sesiones que deben comenzar con un pronunciamiento sobre su urgencia son:

a) Todas.
b) Las extraordinarias.
c) Las ordinarias.
d) Las extraordinarias urgentes.

27. El orden del día de las sesiones:

a) Se adjunta a la convocatoria.
b) Se incluye en esta.
c) Se entrega antes de comenzar la sesión, una vez constituida.
d) Ninguna de las respuestas anteriores es correcta.

28. Pueden solicitar que un asunto se estudie en una sesión de Pleno sin haber sido dictaminado por la Comisión Informativa respectiva:

a) Solo el Alcalde.
b) Las Comisiones Informativas.

c) Los Portavoces de los Grupos Políticos.
d) Cualquier Concejal.

29. Se requiere ratificación de la inclusión de un asunto en el Orden del Día:

a) En caso de que se lleve por urgencias.
b) Si no se ha dictaminado previamente por la Comisión pertinente.
c) En los dos casos anteriores.
d) En cualquier caso.

30. Los ruegos y preguntas se incluyen en las sesiones:

a) De todo tipo.
b) Ordinarias.
c) Extraordinarias.
d) Urgentes.

31. La declaración de urgencia de un asunto no incluido en el orden del día requiere:

a) Decreto del Presidente.
b) Que sea sesión extraordinaria.
c) Mayoría absoluta del número legal de miembros.
d) Informe del Secretario General.

32. Un acuerdo sobre un asunto urgente que no haya sido considerado tal es:

a) Irregular.
b) Válido.
c) Nulo.
d) Anulable.

33. Puede redactarse en catalán una convocatoria u orden del día:

a) En cualquier caso.
b) Cuando así lo acuerde la propia Corporación.
c) En cualquier sesión de una Corporación Local.
d) Cuando sea lengua oficial.

34. Para declarar secreto el debate de un asunto en un Pleno se requiere:

a) Decreto del Alcalde o Presidente.
b) Que así se fije en la convocatoria.
c) Que lo acuerde la mayoría de los miembros.
d) Que se acuerde por mayoría absoluta de estos.

35. Para celebrar una sesión fuera de la sede de la Corporación se requiere:

a) Resolución de la Presidencia.
b) Acuerdo del órgano de que se trate.
c) Caso fortuito.
d) Nada de lo anterior, pues puede hacerse en cualquier caso y momento.

36. Terminar una sesión el mismo día en que comienza es:

a) Obligatorio.
b) La regla general.
c) Lo anormal.
d) Preceptivo en las ordinarias.

37. Como regla general, el mínimo de quórum para constituir válidamente el Pleno es de:

a) Un tercio del número legal de miembros.
b) Asistencia del Presidente y el Secretario, exclusivamente.
c) Tres miembros.
d) Depende de la convocatoria en que se celebra.

38. Si no hay quórum en la constitución de una sesión del Pleno se:

a) Celebra media hora después.
b) Celebra con carácter deliberante.
c) Convoca a la misma hora dos días después.
d) Entiende automáticamente convocada, a la misma hora, dos días después.

39. Si una vez constituida la sesión, quedaran menos de tres miembros en la misma se:

a) Levanta la misma.
b) Adoptan acuerdos que no requieran mayoría cualificada.
c) Puede adoptar cualquier acuerdo.
d) Entiende convocada la sesión dos días después.

40. Deben comunicarse a la Alcaldía las ausencias del término municipal de un Concejal que excedan de:

a) Dos días.
b) Un día.
c) Ocho días.
d) No es necesario hacerlo.

41. El Alcalde de un Municipio con población de trescientos mil habitantes puede sancionar a los miembros que no asistan a las sesiones con:

a) Separación del cargo.
b) Reprobación oficial.

c) Multa.
d) Suspensión provisional.

42. Un miembro no puede hacer uso de la palabra en una sesión:

a) Extraordinaria del Pleno o de la Junta de Gobierno Local.
b) Salvo por su Portavoz.
c) Cuando se vote.
d) Puede hacerlo en cualquier momento.

43. Las interrupciones en las sesiones del Pleno:

a) Solo se dan para que pueda informar un particular sobre un asunto concreto.
b) Están prohibidas.
c) Las señala discrecionalmente el Presidente de la sesión.
d) Se realizan siempre antes de votar, para deliberar.

44. La propuesta de modificación de un dictamen formulada por un miembro de la Comisión Informativa se denomina:

a) Moción.
b) Enmienda.
c) Voto particular.
d) Proposición.

45. A cualquier cuestión planteada a los órganos de gobierno en el seno del Pleno se le llama:

a) Voto particular.
b) Pregunta.
c) Ruego.
d) Moción.

46. En las Asambleas Vecinales de una Entidad de ámbito territorial inferior al municipal, los acuerdos se adoptan por:

a) El Alcalde Pedáneo.
b) Mayoría simple.
c) Mayoría absoluta.
d) Unanimidad.

47. Las sesiones extraordinarias de la Junta de Gobierno Local se celebran como mínimo cada:

a) Mes.
b) Quince días.

c) Dos meses.
d) No tienen un mínimo preestablecido.

48. El día y hora de celebración de las sesiones ordinarias de la Junta de Gobierno Local los fija el/la:

a) Reglamento Orgánico.
b) Pleno.
c) Presidente.
d) Ley.

49. Entre la convocatoria y la celebración de la sesión ordinaria de esta Junta de Gobierno Local deben transcurrir:

a) No menos de veinticuatro horas.
b) Setenta y dos horas.
c) Dos días hábiles.
d) Dos días naturales.

50. Las sesiones de la Junta de Gobierno Local son:

a) Públicas.
b) No públicas siempre.
c) A puerta cerrada, salvo votación por mayoría absoluta.
d) Solo deliberantes.

51. Si no hay quórum en primera convocatoria se celebra la reunión de la Junta de Gobierno Local:

a) Una hora después.
b) A los dos días.
c) A la media hora.
d) El día siguiente.

52. Las conclusiones de la Junta de Gobierno Local en reuniones deliberantes se denominan:

a) Dictámenes.
b) Acuerdos.
c) Resoluciones.
d) Instrucciones.

53. Cuando asiste al Presidente, la Junta de Gobierno Local:

a) Adopta acuerdos.
b) Emana dictámenes.

c) Realiza votaciones formales.
d) Expide Decretos.

54. Para votar nominalmente debe acordarse por el/los:

a) Grupos Políticos.
b) Pleno.
c) Alcalde o Presidente.
d) Pleno en votación secreta.

55. La forma de votación prevista con carácter exclusivo para elección de personas es la:

a) Ordinaria.
b) Nominal.
c) A mano alzada.
d) Secreta.

56. La votación por papeletas es la:

a) Forma prohibida.
b) Nominal.
c) Secreta.
d) Ordinaria.

57. Puede delegarse el voto en:

a) Un Concejal del mismo Grupo Político.
b) El Portavoz del Grupo Político.
c) El Presidente.
d) Nadie.

58. Si persiste un empate en una segunda votación se:

a) Celebra una nueva sesión.
b) Lo dirime el Presidente o Alcalde.
c) Levanta la sesión.
d) Efectúa un sorteo.

59. Se requiere quórum de mayoría absoluta del número legal de miembros del Ayuntamiento de un Municipio de régimen común para aprobar:

a) Una delegación de competencias en la Junta de Gobierno Local.
b) La alteración de la calificación jurídica de los bienes comunales.
c) Una Ordenanza de Mercados.
d) Para todos ellos.

60. Si el Ayuntamiento de un Municipio de régimen común pretende vender un bien patrimonial que no supera el 10 % de los recursos ordinarios de Presupuesto, se requiere:

a) Mayoría simple.
b) Mayoría absoluta.
c) Dos tercios del número legal de miembros.
d) Dos tercios del número de hecho de estos.

61. La municipalización de una actividad en monopolio requiere quórum cualificado de:

a) Ningún tipo.
b) Mayoría absoluta del número legal de miembros.
c) Mayoría absoluta del número de hecho de estos.
d) Dos terceras partes del número de hecho y, en todo caso, mayoría absoluta del número legal de miembros.

62. En las Comisiones Informativas, ¿quién decide en caso de empate en las votaciones?

a) El Pleno.
b) El miembro más antiguo, con voto de calidad.
c) El miembro de mayor edad, con voto especial.
d) El Presidente con voto de calidad.

63. Los traslados de una resolución del Alcalde se efectúan por el:

a) Propio Alcalde.
b) Encargado del Registro.
c) Responsable de la Secretaría General.
d) Jefe de la Dependencia.

64. El plazo general de notificación de una providencia de trámite:

a) No existe, pues esta no se notifica.
b) Es de veinticuatro horas.
c) Es de diez días.
d) Depende del asunto de que se trate.

65. Las Ordenanzas Municipales:

a) Se notifican.
b) Se publican.
c) Según los casos, se notifican o publican.
d) Solo se comunican.

66. Se debe remitir copia o extracto de las resoluciones y acuerdos de los órganos de gobierno de las Entidades Locales al/a:

a) Boletín Oficial de la Provincia o de la Comunidad Autónoma uniprovincial.
b) Subdelegado del Gobierno en la provincia o Delegado del Gobierno de la Nación (si se trata de una Comunidad Autónoma uniprovincial) y a la Administración de la Comunidad Autónoma.
c) Jefe del Servicio de Información de cada Corporación.
d) Todos los anteriores.

67. El responsable de extender las actas de una sesión del Pleno es el:

a) Presidente de la Corporación.
b) Miembro de la misma que se designe en dicha sesión.
c) Secretario.
d) Cualquiera de los anteriores puede hacerlo.

68. En las actas ha de hacerse constar nominalmente el sentido del voto:

a) En todo caso.
b) Cuando lo ordene el Presidente.
c) Cuando lo pidan los interesados.
d) Solo en las votaciones secretas.

69. En el supuesto de que una sesión no llegue a celebrarse:

a) Se reflejará este pormenor en el acta de la misma.
b) Se sustituye el acta por una diligencia del Secretario haciéndolo notar.
c) No se efectúa ninguna actuación de la que derive la constancia de esta incidencia.
d) Firmarán el acta de la sesión no celebrada solo los asistentes.

70. Los borradores de las actas:

a) Se aprueban por el Secretario General.
b) Se aprueban al finalizar la sesión a que se refieran.
c) Los redacta el Presidente y se aprueban en la siguiente sesión.
d) Nada de lo anterior es cierto.

71. La apertura del libro de Actas se diligencia por:

a) El Secretario.
b) El Alcalde.
c) Los dos anteriores.
d) Un Juez o un Notario.

72. Si un Juez solicita la remisión del Libro de Actas:

a) Se efectuará la misma a través del Presidente de la Corporación.
b) Se realizará una fotocopia del Libro, antes de remitírselo, para que quede constancia en la Corporación.

c) El Secretario General deberá llevarlo personalmente y permitir que solo se examine el Libro en su presencia.

d) No se le enviará bajo ningún pretexto.

73. Las certificaciones de los acuerdos del Pleno se expiden por:

a) El Secretario General por sí solo.

b) Orden del Presidente, efectuándolas el Secretario.

c) Presidente o Alcalde.

d) Jefe de la Unidad correspondiente.

74. La expedición de una certificación sobre un acuerdo adoptado en una sesión plenaria cuya acta no ha sido aprobada aún:

a) Está prohibida.

b) Se podrá realizar, haciendo constar expresamente este pormenor.

c) Carece de validez.

d) Puede efectuarse sin limitación alguna, dado el carácter de fedatario público del Secretario General.

75. Con carácter general, la Junta de Gobierno Local, existe en todos los Municipios con población superior a:

a) 500 habitantes.

b) 1.000 habitantes.

c) 3.000 habitantes.

d) 5.000 habitantes.

76. La propuesta que se somete directamente a conocimiento del Pleno, sobre un asunto no comprendido en el Orden del Día y que no tiene cabida en el punto de ruegos y preguntas, se denomina:

a) Proposición.

b) Moción.

c) Enmienda.

d) Ruego.

77. ¿Cuál es el sistema normal de votación en las Corporaciones Locales?

a) El nominal.

b) El secreto.

c) El ordinario.

d) El público.

78. Las Comisiones Informativas, estarán obligados a convocar sesión extraordinaria cuando lo solicite al menos:

a) La cuarta parte de sus miembros.

b) La quinta parte de sus miembros.

c) El Presidente.
d) Un miembro.

79. El funcionamiento de las Juntas de Distrito se rige por las normas que acuerde:

a) La Junta de Gobierno Local.
b) El Alcalde.
c) El Pleno.
d) El Presidente de la Junta de Distrito.

80. Los acuerdos emanados de los Presidentes de las Entidades Locales, denominados Resoluciones, adoptan la forma de:

a) Dictámenes del Presidente.
b) Reales Decreto de la Presidencia.
c) Acuerdos de la Presidencia.
d) Decreto de la Presidencia.

Solución al test nº. 20

1. c) Un procedimiento que tiene por objeto la formación y declaración de voluntad del órgano colegiado.

2. d) Ordinarias, extraordinarias y extraordinarias urgentes.

3. c) Las sesiones extraordinarias no están sujetas a periodicidad.

4. c) Quedará automáticamente convocado para el décimo día hábil siguiente al de la finalización de dicho plazo, a las doce horas.

5. a) La constancia de las tasas que procedan.

6. b) Siempre.

7. a) En los casos de fuerza mayor.

8. c) Que se conceda un turno por alusiones, que será breve y conciso.

9. c) Es la propuesta que se somete directamente a conocimiento del Pleno, sobre un asunto no comprendido en el Orden del Día y que no tiene cabida en el punto de ruegos y preguntas.

10. d) Nominal, secreta y ordinaria.

11. b) Solo podrá utilizarse para elección o destitución de personas.

12. a) La concertación de las operaciones de crédito.

13. b) La alteración del nombre y de la capitalidad del municipio.

14. c) Mayoría absoluta.

15. d) Se hará constar expresamente esta circunstancia y se considerarán dictadas por la Autoridad que la haya conferido.

16. b) Edad de los miembros asistentes.

17. d) Se expedirán siempre por el Secretario, salvo precepto expreso que disponga otra cosa.

18. a) Presidente.

19. b) El Secretario.

20. d) Pleno en sesión extraordinaria.

21. c) Una cuarta parte de este último número.

22. c) Quince días hábiles.

23. c) Dos días hábiles antes.

24. d) Nada de lo anterior es cierto.

25. c) Las extraordinarias.

26. d) Las extraordinarias urgentes.

27. a) Se adjunta a la convocatoria.

28. c) Los Portavoces de los Grupos Políticos.

29. b) Si no se ha dictaminado previamente por la Comisión pertinente.

30. b) Ordinarias.

31. c) Mayoría absoluta del número legal de miembros.

32. c) Nulo.

33. d) Cuando sea lengua oficial.

34. d) Que se acuerde por mayoría absoluta de estos.

35. a) Resolución de la Presidencia.

36. b) La regla general.

37. a) Un tercio del número legal de miembros.

38. d) Entiende automáticamente convocada, a la misma hora, dos días después.

39. a) Levanta la misma.

40. c) Ocho días.

41. c) Multa.

42. c) Cuando se vote.

43. c) Las señala discrecionalmente el Presidente de la sesión.

44. c) Voto particular.

45. b) Pregunta.

46. b) Mayoría simple.

47. d) No tienen un mínimo preestablecido.

48. c) Presidente.

49. a) No menos de veinticuatro horas.

50. b) No públicas siempre.

51. a) Una hora después.

52. a) Dictámenes.

53. b) Emana dictámenes.

54. b) Pleno.

55. d) Secreta.

56. c) Secreta.

57. d) Nadie.

58. b) Lo dirime el Presidente o Alcalde.

59. b) La alteración de la calificación jurídica de los bienes comunales.

60. a) Mayoría simple.

61. b) Mayoría absoluta del número legal de miembros.

62. d) El Presidente con voto de calidad.

63. c) Responsable de la Secretaría General.

64. c) Es de diez días.

65. b) Se publican.

66. b) Subdelegado del Gobierno en la provincia o Delegado del Gobierno de la Nación (si se trata de una Comunidad Autónoma uniprovincial) y a la Administración de la Comunidad Autónoma.

67. c) Secretario.

68. c) Cuando lo pidan los interesados.

69. b) Se sustituye el acta por una diligencia del Secretario haciéndolo notar.

70. d) Nada de lo anterior es cierto.

71. a) El Secretario.

72. d) No se le enviará bajo ningún pretexto.

73. b) Orden del Presidente, efectuándolas el Secretario.

74. b) Se podrá realizar, haciendo constar expresamente este pormenor.

75. d) 5.000 habitantes.

76. b) Moción.

77. c) El ordinario.

78. a) La cuarta parte de sus miembros.

79. c) El Pleno.

80. d) Decreto de la Presidencia.

Haciendas locales, clasificación de los ingresos. Ordenanzas fiscales

1. De conformidad con el artículo 142 de la Constitución Española:

a) Las Haciendas Locales deberán disponer de los medios suficientes para el desempeño de las funciones que la ley atribuye a las Corporaciones respectivas.

b) Las Haciendas Locales deberán disponer de los medios necesarios para el desempeño de las funciones que la ley atribuye a las Corporaciones respectivas.

c) Las Haciendas Locales deberán disponer de los medios suficientes para el desempeño de las necesidades que la ley atribuye a las Corporaciones respectivas.

d) Las Haciendas Locales deberán disponer de los medios suficientes para el desempeño de las actividades que la ley atribuye a las Corporaciones respectivas.

2. Según la Ley de Bases de Régimen Local:

a) Las Haciendas Locales se nutren, además de tributos propios y de las participaciones reconocidas en los del Estado y en los de las Comunidades Autónomas, de aquellos otros recursos que prevé la ley.

b) Las Haciendas Locales se nutren, además de tributos propios, de las participaciones reconocidas en los del Estado y en los de las Comunidades Autónomas.

c) Las Haciendas Locales se nutren, además de tributos propios, de las participaciones reconocidas en los del Estado.

d) Las Haciendas Locales se nutren, además de tributos propios, de las participaciones reconocidas en los de las Comunidades Autónomas.

3. Solo podrán establecerse prestaciones personales o patrimoniales de carácter público:

a) Con arreglo a la ley.

b) Con arreglo a la norma.

c) Con arreglo a los reglamentos.

d) Con arreglo a los Reales Decretos.

4. ¿Tienen las Entidades Locales potestad tributaria?

a) Sí, de carácter secundario.
b) Sí, de carácter primario.
c) No.
d) Solo la tiene el Estado.

5. La potestad reglamentaria de las Entidades Locales en materia tributaria se ejercerá a través de:

a) Ordenanzas Generales de Gestión, Recaudación e Inspección.
b) Ordenanzas Fiscales reguladoras de sus propios tributos.
c) Las respuestas anteriores son correctas.
d) Ordenanzas Fiscales reguladoras de las tasas.

6. La Hacienda de las Entidades Locales estará constituida por los siguientes recursos:

a) Las subvenciones.
b) El producto de las operaciones de crédito.
c) El producto de las multas y sanciones.
d) Todas las respuestas son verdaderas.

7. ¿Qué ingresos tienen la consideración de derecho privado?

a) Las adquisiciones a título de herencia, legado o donación.
b) Los rendimientos o productos de cualquier naturaleza derivados del patrimonio.
c) Las adquisiciones mediante contratos.
d) Las respuestas a) y b) son correctas.

8. Tendrán la consideración de tasas las prestaciones patrimoniales que establezcan las Entidades locales por:

a) El coste de las obras.
b) La utilización privativa o el aprovechamiento especial del dominio público local.
c) Las actividades administrativas de toda clase.
d) Ninguna respuesta es correcta.

9. El importe de las contribuciones especiales no podrá exceder de:

a) 50 por 100 del coste de la obra que el Municipio soporte.
b) 90 por 100 del coste de la obra que el Municipio soporte.
c) 70 por 100 del coste de la obra que el Municipio soporte.
d) 80 por 100 del coste de la obra que el Municipio soporte.

10. Los Ayuntamientos podrán establecer y exigir el siguiente impuesto:

a) Impuesto sobre Bienes Inmuebles.
b) Impuesto sobre Vehículos de Tracción Mecánica.
c) Impuesto sobre el Incremento de Valor de los Terrenos de Naturaleza Urbana.
d) Impuesto sobre Actividades Económicas.

11. Las Entidades Locales podrán percibir subvenciones de toda índole con destino a sus obras y servicios:

a) Que no podrán ser aplicadas a atenciones distintas de aquellas para las que fueron otorgadas, salvo, en su caso, los sobrantes no reintegrables cuya utilización no estuviese prevista en la concesión.
b) Que no podrán ser aplicadas a atenciones distintas de aquellas para las que fueron otorgadas.
c) Que podrán ser aplicadas a atenciones distintas de aquellas para las que fueron otorgadas.
d) Que podrán ser aplicadas a atenciones distintas de aquellas para las que fueron otorgadas salvo, en su caso, los sobrantes no reintegrables.

12. Todas las operaciones financieras que suscriban las Corporaciones Locales están sujetas:

a) Al principio de anualidad.
b) Al principio de prudencia financiera.
c) Al principio de ejecución presupuestaria.
d) Al principio de especificación.

13. ¿Pueden las entidades locales acudir al crédito privado a largo plazo?

a) Sí, pudiendo instrumentarse a través de contratación de préstamos o créditos.
b) Sí, pudiendo instrumentarse a través de emisión de deuda privada.
c) Sí, pudiendo instrumentarse a través de conversión y sustitución total o parcial de operaciones futuras.
d) Todas las respuestas son verdaderas.

14. La prestación personal y de transporte podrá ser exigible:

a) Por los Ayuntamientos con población de derecho no superior a 3.000 habitantes.
b) Por los Ayuntamientos con población de derecho no superior a 4.000 habitantes.
c) Por las Entidades de ámbito inferior al municipio.
d) Por los Ayuntamientos con población de derecho no superior a 5.000 habitantes.

15. La competencia para conocer y resolver un recurso de reposición en materia tributaria será del:

a) Órgano de la Entidad Local superior al que haya dictado el acto administrativo impugnado.
b) Órgano de la Entidad Local que haya dictado el acto administrativo impugnado.

c) Órgano de la Entidad Local que haya delegado el dictado del acto administrativo impugnado.

d) Del alcalde o presidente.

16. Podrán interponer el recurso de reposición en materia tributaria:

a) Los sujetos pasivos.
b) Los responsables de los tributos.
c) Las respuestas a) y b) son correctas.
d) Todos los ciudadanos.

17. Contra la resolución del recurso de reposición en materia tributaria:

a) Cabe recurso de alzada.
b) Pueden los interesados interponer directamente recurso contencioso-administrativo.
c) No puede interponerse de nuevo este recurso.
d) Las respuestas b) y c) son correctas.

18. En los municipios de gran población existirá un órgano especializado entre cuyas funciones se encuentran:

a) El conocimiento de la naturaleza de los actos tributarios.
b) La elaboración de las Ordenanzas Fiscales.
c) El dictamen sobre los proyectos de ordenanzas fiscales.
d) Ninguna respuesta es correcta.

19. La extinción total o parcial de las deudas que el Estado tenga con las Entidades Locales, o viceversa, podrá acordarse por vía de compensación, cuando se trate de:

a) Deudas vencidas.
b) Deudas vencidas, líquidas y exigibles.
c) Deudas vencidas y líquidas.
d) Deudas vencidas, líquidas y legales.

20. ¿Podrán reconocerse beneficios fiscales en los tributos locales?

a) Solo en los casos expresamente previstos en las normas con rango de ley.
b) En los casos derivados de la aplicación de los Tratados Internacionales.
c) Las respuestas a) y b) son correctas.
d) En los casos establecidos en los reglamentos estatales.

21. Cuando las ordenanzas fiscales así lo prevean, no se exigirá interés de demora en los acuerdos de aplazamiento de pago que hubieran sido solicitados en período voluntario:

a) Siempre que se refieran a deudas de vencimiento periódico.
b) Siempre que se refieran a deudas de notificación colectiva.

c) Siempre que el pago total de las deudas se produzca en el mismo ejercicio que el de su devengo.

d) Todas las respuestas son correctas.

22. Un criterio al que no ha de ajustarse la gestión económico-financiera en los municipios de gran población es:

a) Cumplimiento del objetivo de estabilidad presupuestaria.

b) Introducción de la exigencia del seguimiento de los costes de los servicios.

c) Unión de las funciones de contabilidad y de fiscalización de la gestión económico-financiera.

d) La concertación de operaciones de tesorería se realizarán de acuerdo con las bases de ejecución del presupuesto y el plan financiero aprobado.

23. En los municipios de gran población el titular del órgano que ostenta las funciones de presupuestación, contabilidad, tesorería y recaudación:

a) Deberá ser un funcionario de Administración local con habilitación de carácter nacional.

b) Deberá ser un funcionario de Administración local con habilitación de carácter nacional, salvo el del órgano que desarrolle las funciones de presupuestación.

c) Deberá ser un funcionario de carrera.

d) Es el Interventor municipal.

24. En los municipios de gran población corresponderá al órgano de gestión tributaria:

a) La gestión, liquidación, inspección, recaudación y revisión de los actos contables.

b) La recaudación en período voluntario de los ingresos de Derecho Público.

c) El análisis y diseño de la política particular de ingresos públicos.

d) El seguimiento y la ordenación de la ejecución del presupuesto de ingresos en lo relativo a ingresos tributarios.

25. En los municipios de gran población la función pública de control y fiscalización interna de la gestión económico-financiera y presupuestaria corresponderá:

a) Al Tesorero municipal.

b) Al Interventor municipal.

c) Al Secretario municipal.

d) Al Depositario de cuentas.

26. Las Entidades Locales deberán acordar la imposición y supresión de sus tributos propios:

a) Salvo en el supuesto del Impuesto sobre bienes inmuebles.

b) Salvo en el supuesto del Impuesto sobre el Incremento de Valor de los Terrenos de Naturaleza Urbana.

c) Salvo en el supuesto del Impuesto sobre Construcciones, Instalaciones y Obras.
d) Ninguna respuesta es correcta.

27. Una Ordenanza Fiscal reguladora del Impuesto sobre vehículos de tracción mecánica deberá contener necesariamente:

a) La determinación del hecho imponible.
b) La determinación del sujeto pasivo.
c) Los elementos necesarios para la determinación de las cuotas tributarias.
d) La determinación del tipo de gravamen.

28. Las aprobaciones y modificaciones de las Ordenanzas Fiscales se someterán a información pública y audiencia de los interesados por el plazo mínimo de:

a) 40 días.
b) 30 días.
c) 20 días.
d) 10 días.

29. En el caso de que no se hubieran presentado reclamaciones a la aprobación provisional de las Ordenanzas Fiscales:

a) Se entenderá definitivamente adoptado el acuerdo, hasta entonces provisional, sin necesidad de acuerdo plenario.
b) Se entenderá definitivamente adoptado el acuerdo, hasta entonces provisional, siendo necesario acuerdo plenario.
c) Se entenderá definitivamente adoptado el acuerdo, hasta entonces provisional, siendo necesario acuerdo de la Junta de Gobierno.
d) Se entenderá definitivamente adoptado el acuerdo, hasta entonces provisional, siendo necesario acuerdo por mayoría simple del Pleno.

30. Tendrán la consideración de interesados a los efectos de presentar reclamaciones a los acuerdos provisionales de aprobación de las Ordenanzas Fiscales:

a) Las cámaras oficiales.
b) Los colegios oficiales.
c) Los que tuvieran un interés directo o resulten afectados por tales acuerdos.
d) Todas las respuestas son correctas.

31. La principal fuente de financiación de las Haciendas Locales son los/las:

a) Créditos obtenidos de las instituciones financieras.
b) Ingresos de Derecho Privado.
c) Tributos propios.
d) Prestaciones personales de los vecinos.

32. Nuestra vigente Constitución, respecto de las Haciendas Locales, consagra el principio de:

a) Autodeterminación.
b) Suficiencia.
c) Autonomía.
d) Dependencia del Estado.

33. Para alcanzar dicho principio, en relación con los tributos del Estado y de las Comunidades Autónomas, las Haciendas Locales:

a) Se encargarán de gestionarlos y recaudarlos.
b) Percibirán las cantidades abonadas por los mismos.
c) Participarán de los resultados de dichos tributos.
d) Determinarán cuáles se implantan en el respectivo territorio de la Entidad Local de que se trate.

34. En cualquier caso, los recursos con que cuenten las Haciendas Locales:

a) Han de ser suficientes para el cumplimiento de los fines de las Entidades Locales.
b) Deben tener carácter tributario.
c) Solo deben gestionarse por las propias Haciendas Locales.
d) Todo lo anterior es correcto.

35. Los recursos con que cuenten las Haciendas Locales han de estar previstos, previa y originariamente, en un/una:

a) Ley ordinaria de las Cortes Generales.
b) Ley de los Parlamentos Autonómicos.
c) Ordenanza Fiscal de la propia Entidad.
d) Reglamento de carácter general.

36. Es una figura tributaria un/una:

a) Precio público.
b) Operación de crédito.
c) Tasa.
d) Subvención.

37. Es una figura tributaria un/una:

a) Precio público.
b) Subvención.
c) Multa.
d) Contribución especial.

38. La potestad tributaria de las Entidades Locales:

a) No tiene base legal alguna.
b) Es de carácter derivado o secundario.

c) En su territorio, tiene mayor valor que la propia del Estado.

d) La tienen reservada para la creación de sus propios tributos.

39. En cuanto a la posibilidad de dictar las Entidades Locales normas reglamentarias en esta materia:

a) Se manifiesta a través de Reglamentos Generales de Recaudación.

b) Se realiza mediante Bandos de los Alcaldes.

c) No se le reconoce legalmente.

d) Es requisito *sine qua non* para que puedan exigir sus tributos.

40. La figura a través de la cual se realiza dicha normación en esta materia por una Entidad Local es un/una:

a) Ley.

b) Ordenanza Fiscal.

c) Reglamento General.

d) Bando.

41. Respecto de los tributos previamente creados por una ley estatal como propios de las Entidades Locales, estas tienen:

a) Autonomía para establecerlos y exigirlos.

b) Que delegar en el Estado su gestión y recaudación.

c) Actuar al dictado de lo que señalen las Comunidades Autónomas respectivas.

d) Que ceder su aprovechamiento al propio Estado.

42. En relación con la gestión, recaudación e inspección de sus tributos propios, las Entidades Locales pueden:

a) Descentralizarlas en Entidades inferiores.

b) Concederlas a un particular o una empresa privada con personalidad jurídica.

c) Desconcentrarlas en otra Administración Pública.

d) Delegarlas en una Entidad Local de ámbito superior.

43. Asimismo, respecto de estas materias y en relación con el Estado, pueden:

a) Desconcentrarle las competencias.

b) Descentralizarle las mismas.

c) Establecer mecanismos de colaboración.

d) Delegarle estas competencias.

44. En defecto de su legislación específica, debe aplicarse en esta materia la ley:

a) General Presupuestaria.

b) De Presupuestos Generales del Estado de cada año.

c) Del Procedimiento Administrativo Común de las Administraciones Públicas.
d) General Tributaria.

45. Tienen carácter privado los ingresos procedentes del/de los:

a) Tributos en general.
b) Tributos del Estado.
c) Patrimonio.
d) Precios públicos.

46. Para la cobranza de sus tributos, las Entidades Locales:

a) No gozan de privilegios o prerrogativas.
b) Tienen los propios del Estado.
c) Han de utilizar los servicios propios del Estado.
d) Deben constituir Entidades de Crédito.

47. Los ingresos que procedan de los bienes de dominio público local tienen la consideración de:

a) Derecho Público.
b) Derecho Privado.
c) Tributos en cualquier caso.
d) Atípicos.

48. En cambio, los rendimientos derivados del patrimonio de las Entidades Locales se consideran ingresos de:

a) Derecho Público.
b) Derecho Privado.
c) Carácter tributario.
d) Carácter excepcional.

49. Una condición para considerar de carácter privado los ingresos derivados de un derecho real en favor de una Entidad es que:

a) Sean tributarios.
b) Dicho derecho real no se halle afecto a un uso o servicio público.
c) No posea este tipo de derecho la susceptibilidad de valoración económica.
d) Todo lo anterior es correcto.

50. La adquisición de un bien donado por un particular se considera, a estos efectos:

a) Ingreso de dominio público local.
b) Ingreso de Derecho Público.

c) Ingreso de Derecho Privado.
d) Contribución especial.

51. Lo que abona un particular por la prestación de un servicio público que le afecta o beneficia, siendo de recepción obligatoria, es un/una:

a) Impuesto.
b) Contribución especial.
c) Tasa.
d) Precio público.

52. Si dicho servicio público no fuera de recepción obligatoria, el particular abonaría un/una:

a) Impuesto.
b) Contribución especial.
c) Tasa.
d) Precio público.

53. En los Municipios de gran población, el titular del órgano de gestión presupuestaria puede ser:

a) Un miembro de la Corporación.
b) Un funcionario de Administración Local con Habilitación de carácter Nacional necesariamente.
c) Un funcionario de la propia Corporación.
d) Ninguno de los anteriores.

54. La Intervención General Municipal, en los Municipios de gran población, ejerce las funciones de:

a) Control y fiscalización interna de la gestión económico-financiera y presupuestaria.
b) Contabilidad.
c) Tesorería.
d) Todas las anteriores son ejercidas por la misma.

55. Cuando una Entidad Local realiza una obra pública, en virtud de la cual un ciudadano experimenta en sus bienes un incremento de valor, puede exigirle el pago de un/una:

a) Impuesto.
b) Contribución especial.
c) Tasa.
d) Precio público.

56. En dicho supuesto, la recaudación que se obtenga se destinará a:

a) Sufragar obras de beneficencia.
b) Pagar los gastos de la obra.

c) Incrementar los fondos de la Caja de la Corporación.
d) Cualquiera de las anteriores finalidades.

57. Es de carácter obligatorio su establecimiento y exigencia, para los Ayuntamientos, el Impuesto sobre:

a) El Incremento de Valor de los Terrenos de Naturaleza Urbana.
b) Circulación de Vehículos.
c) Construcciones, Instalaciones y Obras.
d) Vehículos de Tracción Mecánica.

58. Asimismo lo es el Impuesto sobre:

a) La Radicación.
b) Actividades Económicas.
c) Construcciones, Instalaciones y Obras.
d) El Incremento de Valor de los Terrenos de Naturaleza Urbana.

59. En cambio, es potestativo para el Ayuntamiento el establecimiento y exigencia del Impuesto sobre:

a) Actividades Económicas.
b) Vehículos de Tracción Mecánica.
c) Construcciones, Instalaciones y Obras.
d) Bienes Inmuebles.

60. Los vehículos gravados por el Impuesto sobre Vehículos de Tracción Mecánica, han de:

a) Pertenecer a una Administración Pública como regla general.
b) Ser aptos para circular por vías públicas.
c) Ser destinados a su circulación exclusiva por vías privadas.
d) Las respuestas b) y c) son ciertas.

61. La figura impositiva que ha sustituido al desaparecido Impuesto Municipal de Solares es el Impuesto sobre:

a) Construcciones, Instalaciones y Obras.
b) Actividades Económicas.
c) Incremento de Valor de los Terrenos de Naturaleza Urbana.
d) Bienes Inmuebles.

62. La figura impositiva que ha sustituido al Impuesto Municipal sobre la Radicación es el Impuesto sobre:

a) Bienes Inmuebles.
b) Actividades Económicas.

c) Construcciones, Instalaciones y Obras.
d) Ninguno de los anteriores.

63. Los beneficios fiscales en los tributos locales han de estar reconocidos originariamente:

a) Por el Pleno de la Corporación.
b) En norma con rango de ley.
c) En la correspondiente Ordenanza Fiscal.
d) En la Ley General Tributaria.

64. Tiene el carácter de tributo indirecto el Impuesto sobre:

a) Actividades Económicas.
b) Incremento de Valor de los Terrenos de Naturaleza Urbana.
c) Construcciones, Instalaciones y Obras.
d) Vehículos de Tracción Mecánica.

65. En el Impuesto sobre el Incremento de Valor de los Terrenos de Naturaleza Urbana:

a) Se paga dicho incremento por la mera posesión de dichos bienes, unida al transcurso de los años.
b) El citado incremento ha de ponerse de manifiesto, por ejemplo, al transmitirse la propiedad del bien de que se trate.
c) Se grava cualquier terreno, al margen de su clasificación y calificación urbanística.
d) El incremento de que se trata ha de revertir a la colectividad en su integridad.

66. Respecto de las Áreas Metropolitanas está previsto el establecimiento de recargos sobre el siguiente Impuesto:

a) Construcciones, Instalaciones y Obras.
b) Actividades Económicas.
c) Incremento de Valor de los Terrenos de Naturaleza Urbana.
d) Bienes Inmuebles.

67. En relación con algún tributo de una Entidad Local, hay una previsión legal de establecimiento por otra Entidad de este tipo de un/una:

a) Impuesto.
b) Participación.
c) Recargo.
d) Precio Público.

68. Las operaciones de crédito a que pueden acudir las Entidades Locales no pueden instrumentarse a través de:

a) Hipotecas sobre los bienes patrimoniales de la Entidad.
b) Emisión de Deuda Pública.

c) Sustitución total o parcial de una operación de crédito preexistente.
d) Las respuestas a) y c) son ciertas.

69. Este tipo de crédito ha de ser:

a) A medio y largo plazo.
b) A corto y largo plazo.
c) Destinado a obras de mantenimiento.
d) Concertado necesariamente con Entidades Públicas.

70. Por el aprovechamiento especial del dominio público las Entidades Locales han de exigir un/una:

a) Contribución especial.
b) Precio público.
c) Tasa.
d) Prestación personal.

71. De los siguientes ingresos, han de destinarse precisamente a los fines por los que se establecen:

a) Los impuestos.
b) Las subvenciones.
c) Las contribuciones especiales.
d) Las respuestas b) y c) son ciertas.

72. El recurso de reposición contra una Ordenanza Fiscal:

a) Ha de interponerse a partir de su publicación en el Boletín Oficial de la Provincia o, en su caso, de la Comunidad Autónoma uniprovincial.
b) Puede interponerse desde el momento mismo de la aprobación definitiva de dicha Ordenanza.
c) Ha de basarse en las alegaciones efectuadas en el período de información pública habido en la tramitación de dicha Ordenanza.
d) Es inadmisible.

73. El recurso de reposición, en relación con los actos sobre aplicación y efectividad de un tributo local, en un Municipio de régimen común, es:

a) Inadmisible.
b) Potestativo para el particular.
c) Obligatorio.
d) El único posible en vía administrativa.

74. El ejercicio de la potestad de revisión de los actos dictados en vía de gestión tributaria se reserva al/a la:

a) Jurisdicción Contencioso-Administrativa.
b) Pleno de la Corporación.

c) Presidente de la Corporación.

d) Tribunal Económico-Administrativo competente.

75. Para que pueda producirse una compensación de deudas de una Entidad Local:

a) Ha de tenerla con un particular necesariamente.

b) Debe estar pendiente de exigirse.

c) No ha de haberse liquidado, produciéndose esta liquidación al efectuar dicha compensación.

d) Nada de lo anterior es correcto.

76. En el caso de los Municipios de gran población, el proyecto de Ordenanza fiscal, antes de elevarlo al Pleno, se aprobará por:

a) El Alcalde.

b) El Presidente de dicha Entidad Local.

c) El Interventor.

d) La Junta de Gobierno Local.

77. Las Ordenanzas Fiscales de un Ayuntamiento se aprueban definitivamente, en su caso, por el/la:

a) Administración Tributaria del Estado.

b) Respectiva Comunidad Autónoma.

c) Diputación Provincial correspondiente.

d) Propio Ayuntamiento.

78. El órgano competente para adoptar el acuerdo de aprobación provisional de una Ordenanza Fiscal en un Ayuntamiento es el/la:

a) Pleno de la Entidad.

b) Presidente de la misma.

c) Junta de Gobierno Local.

d) Cualquiera de ellos.

79. El acuerdo de aprobación provisional de una Ordenanza Fiscal, además de en el Boletín Oficial de la Provincia, debe anunciarse abriendo el período de información pública, tratándose de un Ayuntamiento de menos de 5.000 habitantes, en:

a) El Boletín de la Comunidad Autónoma, si es pluriprovincial.

b) Un diario de mayor difusión del Estado.

c) Un diario de mayor difusión de la Provincia.

d) Nada de lo anterior es cierto.

80. La exposición al público para sugerencias y reclamaciones se efectúa:

a) Solo en los Ayuntamientos de más de 10.000 habitantes.

b) Tras la aprobación definitiva.

c) Antes de esta aprobación (si se han presentado reclamaciones o sugerencias) y después de la aprobación provisional.

d) Como trámite previo a cualquier tipo de aprobación.

Solución al test n.º 21

1. a) Las Haciendas Locales deberán disponer de los medios suficientes para el desempeño de las funciones que la ley atribuye a las Corporaciones respectivas.

2. a) Las Haciendas Locales se nutren, además de tributos propios y de las participaciones reconocidas en los del Estado y en los de las Comunidades Autónomas, de aquellos otros recursos que prevé la ley.

3. a) Con arreglo a la ley.

4. a) Sí, de carácter secundario.

5. c) Las respuestas anteriores son correctas.

6. d) Todas las respuestas son verdaderas.

7. d) Las respuestas a) y b) son correctas.

8. b) La utilización privativa o el aprovechamiento especial del dominio público local.

9. b) 90 por 100 del coste de la obra que el Municipio soporte.

10. c) Impuesto sobre el Incremento de Valor de los Terrenos de Naturaleza Urbana.

11. a) Que no podrán ser aplicadas a atenciones distintas de aquellas para las que fueron otorgadas, salvo, en su caso, los sobrantes no reintegrables cuya utilización no estuviese prevista en la concesión.

12. b) Al principio de prudencia financiera.

13. a) Sí, pudiendo instrumentarse a través de contratación de préstamos o créditos.

14. d) Por los Ayuntamientos con población de derecho no superior a 5.000 habitantes.

15. b) Órgano de la Entidad Local que haya dictado el acto administrativo impugnado.

16. c) Las respuestas a) y b) son correctas.

17. d) Las respuestas b) y c) son correctas.

18. c) El dictamen sobre los proyectos de ordenanzas fiscales.

19. b) Deudas vencidas, líquidas y exigibles.

20. b) En los casos derivados de la aplicación de los Tratados Internacionales.

21. d) Todas las respuestas son correctas.

22. c) Unión de las funciones de contabilidad y de fiscalización de la gestión económico-financiera.

23. b) Deberá ser un funcionario de Administración local con habilitación de carácter nacional, salvo el del órgano que desarrolle las funciones de presupuestación.

24. d) El seguimiento y la ordenación de la ejecución del presupuesto de ingresos en lo relativo a ingresos tributarios.

25. b) Al Interventor municipal.

26. a) Salvo en el supuesto del Impuesto sobre bienes inmuebles.

27. c) Los elementos necesarios para la determinación de las cuotas tributarias.

28. b) 30 días.

29. a) Se entenderá definitivamente adoptado el acuerdo, hasta entonces provisional, sin necesidad de acuerdo plenario.

30. d) Todas las respuestas son correctas.

31. c) Tributos propios.

32. b) Suficiencia.

33. c) Participarán de los resultados de dichos tributos.

34. a) Han de ser suficientes para el cumplimiento de los fines de las Entidades Locales.

35. a) Ley ordinaria de las Cortes Generales.

36. c) Tasa.

37. d) Contribución especial.

38. b) Es de carácter derivado o secundario.

39. d) Es requisito *sine qua non* para que puedan exigir sus tributos.

40. b) Ordenanza Fiscal.

41. a) Autonomía para establecerlos y exigirlos.

42. d) Delegarlas en una Entidad Local de ámbito superior.

43. c) Establecer mecanismos de colaboración.

44. d) General Tributaria.

45. c) Patrimonio.

46. b) Tienen los propios del Estado.

47. a) Derecho Público.

48. b) Derecho Privado.

49. b) Dicho derecho real no se halle afecto a un uso o servicio público.

50. c) Ingreso de Derecho Privado.

51. c) Tasa.

52. d) Precio público.

53. c) Un funcionario de la propia Corporación.

54. a) Control y fiscalización interna de la gestión económico-financiera y presupuestaria.

55. b) Contribución especial.

56. b) Pagar los gastos de la obra.

57. d) Vehículos de Tracción Mecánica.

58. b) Actividades Económicas.

59. c) Construcciones, Instalaciones y Obras.

60. b) Ser aptos para circular por vías públicas.

61. d) Bienes Inmuebles.

62. b) Actividades Económicas.

63. b) En norma con rango de ley.

64. c) Construcciones, Instalaciones y Obras.

65. b) El citado incremento ha de ponerse de manifiesto, por ejemplo, al transmitirse la propiedad del bien de que se trate.

66. d) Bienes Inmuebles.

67. c) Recargo.

68. a) Hipotecas sobre los bienes patrimoniales de la Entidad.

69. b) A corto y largo plazo.

70. c) Tasa.

71. d) Las respuestas b) y c) son ciertas.

72. d) Es inadmisible.

73. d) El único posible en vía administrativa.

74. b) Pleno de la Corporación.

75. d) Nada de lo anterior es correcto.

76. d) La Junta de Gobierno Local.

77. d) Propio Ayuntamiento.

78. a) Pleno de la Entidad.

79. d) Nada de lo anterior es cierto.

80. c) Antes de esta aprobación (si se han presentado reclamaciones o sugerencias) y después de la aprobación provisional.

TEST N.º 22

Los presupuestos locales: concepto, principio y estructura. Elaboración del presupuesto. Su liquidación

1. Los Presupuestos Generales de las Entidades Locales constituyen de acuerdo con el Texto Refundido de la Ley Reguladora de las Haciendas Locales:

a) La expresión de las obligaciones que, como máximo, pueden reconocer la Entidad y sus Organismos Autónomos.

b) La expresión cifrada, conjunta y sistemática de las obligaciones que, como máximo, pueden reconocer la Entidad y sus Organismos Autónomos.

c) La expresión cifrada, general y sistemática de las obligaciones que, como máximo, pueden reconocer la Entidad y sus Organismos Autónomos.

d) La expresión contable, conjunta y sistemática de las obligaciones que, como máximo, pueden reconocer la Entidad y sus Organismos Autónomos.

2. Las Entidades Locales elaborarán y aprobarán anualmente un Presupuesto General en el que se integrarán:

a) El Presupuesto de los organismos autónomos dependientes.

b) Los estados de previsión de gastos e ingresos de las Sociedades Mercantiles cuyo capital social pertenezca íntegramente a la Entidad Local.

c) Las respuestas a) y b) son correctas.

d) El presupuesto agregado de la propia Entidad.

3. El contenido mínimo de las Bases de Ejecución del Presupuesto deberá incluir:

a) Normas que regulen el procedimiento de ejecución del Presupuesto.

b) Regulación de las transferencias de créditos.

c) Niveles de vinculación jurídica de los créditos.

d) Todas respuestas son correctas.

4. ¿Qué norma regula la estructura de los Presupuestos de las Entidades Locales?

a) Orden EHA/3565/2006, de 3 de diciembre, por la que se aprueba la estructura de los Presupuestos de las Entidades Locales de los bienes de uso privado.

b) Orden EHA/3565/2008, de 3 de diciembre, por la que se aprueba la estructura de los Presupuestos de las Entidades Locales.

c) Orden de 20 de septiembre de 1989 por la que se establece la estructura de los presupuestos de las entidades locales.

d) Orden EHA/3565/2005, de diciembre, por la que se aprueba la estructura de los presupuestos de las entidades locales.

5. Dentro de las áreas de gasto del presupuesto, se incluye en el área de gasto 2 referente a Actuaciones de protección y promoción social:

a) Seguridad y movilidad ciudadana.
b) Pensiones.
c) Cultura.
d) Agricultura, ganadería y pesca.

6. ¿En qué área de gasto se incluye la política de gasto denominada "Infraestructuras"?

a) Actuaciones de carácter económico.
b) Actuaciones de carácter general.
c) Producción de bienes públicos de carácter preferente.
d) Deuda pública.

7. ¿En qué área de gasto se incluye la política de gasto denominada "Administración financiera y tributaria"?

a) Actuaciones de carácter general.
b) Actuaciones de carácter económico.
c) Actuaciones de protección y promoción social.
d) Producción de bienes públicos de carácter preferente.

8. ¿En qué área de gasto se incluye la política de gasto denominada "Sanidad"?

a) Producción de bienes públicos de carácter preferente.
b) Actuaciones de protección y promoción social.
c) Servicios públicos básicos.
d) Actuaciones de carácter general.

9. ¿En qué área de gasto se incluye la política de gasto denominada "Fomento del empleo"?

a) Servicios públicos básicos.
b) Actuaciones de protección y promoción social.
c) Actuaciones de carácter económico.
d) Actuaciones de carácter general.

10. En relación con la Clasificación Económica de los Gastos del Presupuesto de las Entidades Locales se distingue entre:

a) Operaciones abiertas y cerradas.
b) Operaciones limitadas y no limitadas.

c) Operaciones financieras y no financieras.

d) Operaciones a préstamo y liberadas.

11. El Fondo de Contingencia tiene como fin:

a) Atender al abono de los intereses de las operaciones de crédito.

b) Hacer frente a los gastos de contratación del personal laboral.

c) Completar aquellas aplicaciones presupuestarias que necesiten ser ampliadas.

d) Atender a las necesidades imprevistas, inaplazables y no discrecionales, para las que no exista crédito presupuestario o el previsto resulte insuficiente.

12. El Fondo de Contingencia y Otros Imprevistos se ha de incluir obligatoriamente en los Presupuestos:

a) De los municipios con población superior a 5.000 habitantes.

b) De las capitales de provincia.

c) De los municipios con población superior a 15.000 habitantes.

d) De los municipios con población superior a 25.000 habitantes.

13. Respecto a la Clasificación Económica de los Gastos del Presupuesto de las Entidades Locales, dentro del capítulo 1: Gastos de personal, se encuentra el gasto siguiente:

a) Gastos de naturaleza social.

b) Cotizaciones obligatorias de las entidades locales y de sus organismos autónomos a los distintos regímenes de Seguridad Social.

c) Retribuciones fijas y variables.

d) Todas las respuestas son verdaderas.

14. En relación con la Clasificación Económica de los Ingresos del Presupuesto de las Entidades Locales:

a) Se distinguen las operaciones no financieras de las financieras, subdividiéndose las segundas en operaciones corrientes y de capital.

b) Se distinguen las operaciones no financieras de las financieras, subdividiéndose las primeras en operaciones corrientes y de capital.

c) Se distinguen las operaciones no financieras, operaciones corrientes y de capital.

d) Se distinguen las operaciones no financieras de las financieras y de capital.

15. En relación con la Clasificación Económica de los Ingresos del Presupuesto de las Entidades Locales no forman parte de las operaciones corrientes:

a) Impuestos directos.

b) Transferencias de capital.

c) Tasas, precios públicos y otros ingresos.

d) Ingresos patrimoniales.

16. Dentro de los Pasivos Financieros se recoge:

a) El ingreso que obtienen las entidades locales y sus organismos autónomos por la enajenación de activos financieros.
b) La financiación de las entidades locales y sus organismos autónomos procedente de la emisión de Deuda Pública.
c) Las dos respuestas anteriores son correctas.
d) Ninguna respuesta es correcta.

17. ¿Quién forma el presupuesto de la Entidad Local?

a) El Presidente de la entidad.
b) El Interventor.
c) El Secretario.
d) El Tesorero.

18. Deberán unirse al presupuesto como documentación:

a) Anexo de las inversiones a realizar en un plazo de cuatro años.
b) Anexo de personal de la Entidad Local.
c) Liquidación de los presupuestos de ejercicios anteriores.
d) Todas las respuestas son verdaderas.

19. Aprobado inicialmente el presupuesto general, se expondrá al público, previo anuncio en el boletín oficial de la provincia o, en su caso, de la comunidad autónoma uniprovincial:

a) Por quince días.
b) Por treinta días.
c) Por veinte días.
d) Por cuarenta días.

20. El presupuesto se considerará definitivamente aprobado si durante el plazo de alegaciones:

a) No se hubiesen presentado reclamaciones.
b) Se hubieran presentado reclamaciones con falta de motivación.
c) Se hubieran presentado reclamaciones infundadas.
d) Se hubieran presentado reclamaciones extemporáneas o basadas en datos irreales.

21. Únicamente podrán entablarse reclamaciones contra el Presupuesto:

a) Por ser de manifiesta insuficiencia los ingresos con relación a los gastos.
b) Por no haberse ajustado su elaboración a los trámites legalmente establecidos al efecto.
c) Por no haberse ajustado su aprobación a los trámites legalmente establecidos al efecto.
d) Todas las respuestas son válidas.

22. Si al iniciarse el ejercicio económico no hubiese entrado en vigor el presupuesto correspondiente:

a) Se iniciará de nuevo todo el procedimiento de aprobación.
b) Dará lugar a una cuestión de confianza.
c) Se considerará automáticamente prorrogado el del anterior, con sus créditos iniciales.
d) Se adoptará una moción de censura.

23. Los Créditos extraordinarios son:

a) Aquellas modificaciones del Presupuesto de Gastos en los que el crédito previsto resulta insuficiente y no puede ser objeto de ampliación.
b) Aquella modificación del Presupuesto de gastos mediante la que, sin alterar la cuantía total del mismo, se imputa el importe total o parcial de un crédito a otras partidas presupuestarias con diferente vinculación jurídica.
c) Aquellas modificaciones del Presupuesto de Gastos, mediante las que se asigna crédito para la realización de un gasto específico y determinado que no puede demorarse hasta el ejercicio siguiente y para el que no existe crédito.
d) La incorporación de remanentes de crédito de ejercicio anterior.

24. Los créditos extraordinarios y los suplementos de crédito se podrán financiar indistintamente con el siguiente recurso:

a) Con cargo al Remanente Líquido de Tesorería.
b) Mediante anulaciones o bajas de créditos.
c) Las respuestas a y b son correctas.
d) Mediante la venta de bienes patrimoniales de la entidad local.

25. La aprobación de las transferencias de crédito entre distintos grupos de función será competencia:

a) Del órgano que señale las Bases de ejecución del presupuesto.
b) Del Pleno de la Corporación, salvo cuando las bajas y las altas afecten a créditos de personal.
c) Del Presidente de la entidad.
d) Las respuestas b) y c) son correctas.

26. Las transferencias de crédito de cualquier clase estarán sujetas a las siguientes limitaciones:

a) No afectarán a los créditos ampliables.
b) No afectarán a suplementos de crédito concedidos durante el ejercicio.
c) Solo podrán incrementar créditos en un cincuenta por ciento.
d) Las respuestas a) y c) son correctas.

27. Como consecuencia de la liquidación del presupuesto no deberá determinarse:

a) Los remanentes de los presupuestos de los cinco ejercicios anteriores.
b) Los derechos pendientes de cobro y las obligaciones pendientes de pago a 31 de diciembre.
c) El resultado presupuestario del ejercicio.
d) El remanente de Tesorería.

28. A la propuesta de los expedientes de concesión de créditos extraordinarios y suplementos de créditos se habrá de acompañar:

a) Una Memoria justificativa.
b) El estado de ingresos de la entidad.
c) El estado de gastos de la entidad.
d) Las respuestas b) y c) son correctas.

29. Contra la aprobación definitiva del Presupuesto podrá:

a) Interponerse directamente recurso contencioso-administrativo.
b) Interponerse directamente recurso ante el Tribunal de Cuentas.
c) Interponerse recurso de alzada ante el Pleno.
d) Ninguna respuesta es correcta.

30. Tendrán la consideración de interesados para presentar reclamaciones ante la aprobación inicial del presupuesto:

a) Las Cámaras Oficiales.
b) Los Sindicatos.
c) Cualquier ciudadano.
d) Las respuestas a) y b) son correctas.

31. El Presupuesto, con respecto a los gastos, es un/una:

a) Previsión.
b) Límite mínimo.
c) Límite cuantitativo.
d) Cálculo aproximado.

32. Las obligaciones reconocidas y los derechos liquidados se aplicarán a los Presupuestos:

a) Por su importe íntegro.
b) En ningún supuesto.
c) Minorándose.
d) Nada de lo anterior es cierto.

33. Las reglas que deben seguirse en la ejecución del Presupuesto se contienen en la/las/los:

a) Memoria del mismo.
b) Delegaciones de gastos.

c) Bases de Ejecución.
d) Estudios Financieros.

34. A la obligación de la Entidad de destinar los créditos al fin específico que se detalle en la plasmación escrita del Presupuesto, sin poder realizar cambios o traslados de los mismos a otros fines no recogidos en el nivel de que se trate se le denomina:

a) Regulación de las transferencias de créditos.
b) Acumulación de varias fases de la ejecución del Presupuesto.
c) Niveles de vinculación jurídica de los créditos.
d) Disponibilidad presupuestaria.

35. Debe acompañarse como Anexo al Presupuesto General de una Corporación el/los:

a) Presupuestos de los Organismos Autónomos dependientes de la misma.
b) Estados de previsión de gastos e ingresos de las Sociedades Mercantiles de capital íntegro de la Entidad.
c) Estado de consolidación del Presupuesto de la propia Entidad con el de todos los Presupuestos y estados de previsión de sus Organismos Autónomos y Sociedades Mercantiles.
d) Las respuestas a) y b) son ciertas.

36. Asimismo, debe unirse como Anexo el/los:

a) Niveles de vinculación jurídica de los créditos.
b) Presupuesto de los Organismos Autónomos dependientes de la Entidad.
c) Estados de Gastos.
d) Planes y programas de inversión y financiación.

37. Las estimaciones de los distintos recursos económicos a liquidar durante el ejercicio se contienen en/en el:

a) Estado de Ingresos.
b) Estado de previsión de gastos e ingresos.
c) Estado de Gastos.
d) Ninguno de ellos.

38. Por su parte, los créditos necesarios para atender el cumplimiento de las obligaciones ordinarias se contienen en/en el:

a) Estado de Ingresos.
b) Plan de Inversión.
c) Estado de Gastos.
d) Todos los anteriores.

39. El Plan de Inversiones de una Corporación debe coordinarse con el/los:

a) Planes de Etapas del Planeamiento Urbanístico.
b) Programa Financiero o de Financiación.

c) Planes de Inversiones de la Comunidad Autónoma.
d) Las respuestas a) y b) son ciertas.

40. Los Presupuestos que se integran en el Presupuesto General de la Corporación deberán aprobarse:

a) Separadamente de este.
b) Con déficit equilibrado.
c) Sin déficit inicial.
d) Por el Alcalde.

41. Para que, a lo largo del ejercicio económico no se presente déficit en el Presupuesto:

a) Se compensarán en el mismo momento en que se acuerden los decrementos de los créditos y los incrementos de los ingresos.
b) Dicha compensación se efectuará respecto de los decrementos de los ingresos y los incrementos de los créditos.
c) No se llevará a cabo gasto alguno que lo provoque.
d) Se incrementarán los conceptos tributarios vigentes.

42. La estructura de los Presupuestos de las Corporaciones Locales se fija por el:

a) Presidente de las mismas.
b) Ministerio de Hacienda.
c) Pleno de ellas.
d) Interventor General de Fondos respectivo.

43. ¿Quién puede aprobar Reglamentos o Normas generales que desarrollen los procedimientos de ejecución del Presupuesto?

a) El Presidente de la Entidad Local.
b) La Junta General de la Entidad Local.
c) El Pleno de la Entidad Local.
d) El Alcalde de la Entidad Local.

44. Dentro de la clasificación por programas de los gastos, el Área de Gasto 1 se refiere a la:

a) Servicios públicos básicos.
b) Actuaciones de carácter económico.
c) Actuaciones de carácter general.
d) Actuaciones de protección y promoción social.

45. Las áreas de gasto se dividen con carácter inmediato en:

a) Grupos de programas.
b) Políticas de programas.

c) Políticas de gasto.
d) Capítulos de gasto.

46. En la Clasificación Económica de los Gastos no hay Capítulo:

a) De transferencias corrientes.
b) Número diez.
c) De gastos financieros.
d) De activos financieros.

47. Según la Clasificación Económica, los gastos se clasifican, dentro de las operaciones no financieras, en:

a) De obligaciones generales y obligaciones diversas.
b) De actividades generales y económicas.
c) Por objetivos.
d) De operaciones de capital y operaciones corrientes.

48. La política de gasto de los órganos de gobierno de una Corporación Local se incluye en la siguiente área de gasto:

a) 1.
b) 4.
c) 9.
d) 0.

49. Por su parte, la Cultura se incluye en la siguiente área de gasto:

a) 1.
b) 2.
c) 3.
d) 4.

50. Las partidas presupuestarias desarrollan, dentro de la Clasificación Económica de los gastos, los/las:

a) Subfunciones.
b) Subconceptos.
c) Programas.
d) Artículos.

51. El Capítulo 1 de la Clasificación Económica de los Gastos se refiere a:

a) Gastos financieros.
b) Transferencias corrientes.
c) Gastos de Personal.
d) Gastos de servicios.

52. La adquisición de activos financieros por las Entidades Locales, se recoge en el siguiente Capítulo de la Clasificación Económica de los Gastos:

a) 8.
b) 9.
c) 7.
d) 6.

53. Por su parte, dentro de dicha Clasificación, los gastos de indemnizaciones por razón del servicio a los funcionarios se recogen en el siguiente Capítulo:

a) Gastos de Personal.
b) Gastos en bienes corrientes y de servicios.
c) Transferencias corrientes.
d) Gastos Financieros.

54. En la Clasificación Económica de los Ingresos, la financiación de las Entidades procedente de la emisión de deuda pública se recoge en el siguiente Capítulo:

a) Transferencias corrientes.
b) Ingresos patrimoniales.
c) Pasivos Financieros.
d) Transferencias de capital.

55. El Presupuesto de las Entidades Locales legalmente debe aprobarse definitivamente:

a) Antes de concluir el ejercicio económico en el que haya de aplicarse.
b) Antes de concluir el ejercicio económico anterior a aquel en que vaya a regir.
c) Cuando lo estime oportuno la Corporación.
d) En el mes de enero del ejercicio económico a que se refiera.

56. A los efectos anteriores, el Presidente de la Corporación remitirá al Pleno de la misma el proyecto de Presupuesto:

a) Antes del 15 de octubre del año anterior al en que va a regir.
b) Al finalizar el ejercicio económico anterior.
c) Cuando se lo demande el propio Pleno.
d) El primer día hábil del mes de enero del ejercicio económico al que se refiera.

57. En el supuesto de que no esté aprobado el Presupuesto antes del primer día del ejercicio económico a que se refiera:

a) No puede realizarse gasto alguno hasta que no se efectúe dicha aprobación.
b) Incurrirá en responsabilidad contable el Presidente.
c) Deberá incoarse expediente de habilitación de créditos.
d) Se prorroga automáticamente el del ejercicio anterior.

58. La formación del Proyecto de Presupuesto, en un Municipio de régimen común, es competencia del:

a) Pleno de la Corporación.
b) Presidente de la misma.
c) Interventor General de Fondos.
d) Tesorero.

59. El plazo de exposición al público de un Presupuesto, tras su aprobación inicial es de:

a) Treinta días hábiles.
b) Quince días hábiles.
c) Quince días naturales.
d) Un mes.

60. El Pleno de la Corporación tiene de plazo para resolver las reclamaciones presentadas en el período de exposición al público del Presupuesto:

a) Dos meses.
b) Un mes.
c) Treinta días.
d) Veinte días.

61. Debe insertarse el Presupuesto íntegramente en el:

a) Diario de mayor difusión de la Provincia.
b) Boletín Oficial de la Corporación, si lo tuviere.
c) Boletín Oficial de la Provincia.
d) Tablón de Edictos de la Corporación.

62. El Presupuesto entrará en vigor desde:

a) Su aprobación definitiva por el Pleno.
b) La recepción de copia del mismo por la Administración del Estado y de la Comunidad Autónoma respectiva.
c) La publicación en el diario de mayor circulación de la Provincia.
d) El ejercicio correspondiente, una vez publicado en el boletín oficial de la corporación, si lo tuviera, y, resumido por capítulos de cada uno de los presupuestos que lo integran, en el de la provincia o, en su caso, de la Comunidad Autónoma uniprovincial.

63. Contra la aprobación definitiva del Presupuesto el recurso que puede interponerse es:

a) Obligatoriamente, el de reposición como previo a la vía contencioso-administrativa.
b) Ante el Tribunal de Cuentas.
c) El contencioso-administrativo, sin necesidad de previa reposición.
d) El económico-administrativo.

64. El informe del Tribunal de Cuentas está previsto para el supuesto de que:

a) El Presupuesto se apruebe fuera del plazo señalado para ello.
b) Cuando la impugnación se refiera a la nivelación presupuestaria.
c) Se opte por prescindir del período de exposición al público.
d) Se lo pida el Presidente de la Corporación.

65. El acto mediante el cual se declara la existencia de un crédito exigible contra la Entidad derivado de un gasto autorizado y comprometido se denomina:

a) Ordenación de pago.
b) Disposición de gasto.
c) Liquidación de la obligación.
d) Autorización del gasto.

66. Cuando haya de efectuarse un gasto que no tenga crédito previsto en el Presupuesto se:

a) Hace un nuevo Presupuesto.
b) Acude a un suplemento de crédito.
c) Acude a un crédito extraordinario.
d) Utiliza un crédito no afectado.

67. ¿Cómo se denominan aquellas modificaciones del Presupuesto de Gastos en los que, siendo necesario realizar un gasto específico y determinado que no puede demorarse hasta el ejercicio siguiente, el crédito previsto resulta insuficiente y no puede ser objeto de ampliación?

a) Crédito extraordinario.
b) Suplemento de crédito.
c) Ampliación de crédito.
d) Crédito ampliable.

68. El Remanente Líquido de Tesorería, con el que financiar un crédito extraordinario o un suplemento de crédito, se integra por:

a) Mayores ingresos efectivamente recaudados que los previstos.
b) Fondos líquidos y derechos pendientes de cobro.
c) Anulaciones o bajas de créditos.
d) Operaciones especiales de crédito.

69. Se puede acudir a una operación de crédito para dotar un crédito extraordinario o un suplemento de crédito, con el fin de atender nuevos gastos por operaciones corrientes, siempre que la carga financiera de la Entidad no supere el siguiente porcentaje:

a) 25 %.
b) 10 %.

c) 5 %.
d) 50 %.

70. En este caso, la operación de crédito ha de quedar cancelada:

a) Antes de que concluya el ejercicio económico en el que se contraiga.
b) Antes de dos años.
c) Antes de que se renueve la Corporación.
d) Utilizando créditos ampliables.

71. El expediente de habilitación de créditos ha de ser ejecutivo:

a) Después de renovarse la Corporación.
b) En cualquiera de los ejercicios que de mandato tenga la Corporación.
c) En el mismo ejercicio en el que se apruebe.
d) Cuando lo estime oportuno el Alcalde, según las necesidades planteadas.

72. El plazo para resolver una reclamación contra un acuerdo de habilitación de créditos por calamidades públicas es de:

a) Un mes.
b) Quince días.
c) Diez días.
d) Ocho días.

73. Tiene carácter inmediatamente ejecutivo un acuerdo sobre:

a) Habilitación de crédito extraordinario.
b) Habilitación de crédito extraordinario en caso de catástrofe pública.
c) Cualquier suplemento de crédito.
d) Ninguno de los anteriores.

74. La modificación del Presupuesto de gastos mediante la que, sin alterar la cuantía total del mismo, se imputa el importe total o parcial de un crédito a otras partidas presupuestarias con diferente vinculación jurídica se denomina:

a) Habilitación de créditos extraordinarios.
b) Transferencias de crédito.
c) Generaciones de créditos por ingresos.
d) Bajas por anulación.

75. El órgano competente para efectuar la liquidación del Presupuesto, en un Municipio de régimen común, es el/la:

a) Junta de Gobierno Local.
b) Pleno de la Corporación.

c) Tribunal de Cuentas.
d) Alcalde o Presidente.

76. ¿A quién corresponde la incoación del expediente de concesión de crédito extraordinario?

a) Al Pleno de la Entidad local.
b) A la Junta de Gobierno local.
c) Al Secretario de la Corporación local.
d) Al Presidente de la Entidad local.

77. Señala cuál de las siguientes no puede ser una modificación de crédito que se lleve a cabo en los Presupuestos de Gastos de la Entidad y de sus Organismos Autónomos:

a) La incorporación de remanentes de crédito de ejercicio anterior.
b) Las bajas por anulación.
c) La generación de créditos por ingresos.
d) Las transferencias de remanentes de otras entidades.

78. La confección de los estados demostrativos de la liquidación del Presupuesto de la Entidad local, deberá realizarse:

a) Antes del día 1 de marzo del ejercicio siguiente.
b) Antes del día 31 de diciembre del ejercicio actual.
c) Antes del día 31 de octubre del ejercicio siguiente.
d) Antes del día 1 de enero del ejercicio actual.

79. Los remanentes de crédito no estarán integrados por:

a) La diferencia entre los gastos dispuestos o comprometidos y las obligaciones reconocidas.
b) La suma de los créditos disponibles, créditos no disponibles y créditos retenidos pendientes de utilizar.
c) La diferencia entre los gastos reconocidos y las obligaciones pendientes de reconocer.
d) La diferencia entre los gastos autorizados y los gastos comprometidos.

80. Con carácter general, los remanentes de crédito, al cierre del ejercicio:

a) Quedarán anulados y no se podrán incorporar al Presupuesto del ejercicio siguiente.
b) Quedarán anulados pero se podrán incorporar al Presupuesto del ejercicio siguiente.
c) No son anulados y se podrán incorporar al Presupuesto del ejercicio siguiente.
d) Se incorporan al Presupuesto del ejercicio siguiente, en todo caso.

Solución al test n.º 22

1. b) La expresión cifrada, conjunta y sistemática de las obligaciones que, como máximo, pueden reconocer la Entidad y sus Organismos Autónomos.

2. c) Las respuestas a) y b) son correctas.

3. d) Todas respuestas son correctas.

4. b) Orden EHA/3565/2008, de 3 de diciembre, por la que se aprueba la estructura de los Presupuestos de las Entidades Locales.

5. b) Pensiones.

6. a) Actuaciones de carácter económico.

7. a) Actuaciones de carácter general.

8. a) Producción de bienes públicos de carácter preferente.

9. b) Actuaciones de protección y promoción social.

10. c) Operaciones financieras y no financieras.

11. d) Atender a las necesidades imprevistas, inaplazables y no discrecionales, para las que no exista crédito presupuestario o el previsto resulte insuficiente.

12. b) De las capitales de provincia.

13. d) Todas las respuestas son verdaderas.

14. b) Se distinguen las operaciones no financieras de las financieras, subdividiéndose las primeras en operaciones corrientes y de capital.

15. b) Transferencias de capital.

16. b) La financiación de las entidades locales y sus organismos autónomos procedente de la emisión de Deuda Pública.

17. a) El Presidente de la entidad.

18. b) Anexo de personal de la Entidad Local.

19. a) Por quince días.

20. a) No se hubiesen presentado reclamaciones.

21. d) Todas las respuestas son válidas.

22. c) Se considerará automáticamente prorrogado el del anterior, con sus créditos iniciales.

23. c) Aquellas modificaciones del Presupuesto de Gastos, mediante las que se asigna crédito para la realización de un gasto específico y determinado que no puede demorarse hasta el ejercicio siguiente y para el que no existe crédito.

24. c) Las respuestas a y b son correctas.

25. b) Del Pleno de la Corporación, salvo cuando las bajas y las altas afecten a créditos de personal.

26. a) No afectarán a los créditos ampliables.

27. a) Los remanentes de los presupuestos de los cinco ejercicios anteriores.

28. a) Una Memoria justificativa.

29. a) Interponerse directamente recurso contencioso-administrativo.

30. d) Las respuestas a) y b) son correctas.

31. c) Límite cuantitativo.

32. a) Por su importe íntegro.

33. c) Bases de Ejecución.

34. c) Niveles de vinculación jurídica de los créditos.

35. c) Estado de consolidación del Presupuesto de la propia Entidad con el de todos los Presupuestos y estados de previsión de sus Organismos Autónomos y Sociedades Mercantiles.

36. d) Planes y programas de inversión y financiación.

37. a) Estado de Ingresos.

38. c) Estado de Gastos.

39. a) Planes de Etapas del Planeamiento Urbanístico.

40. c) Sin déficit inicial.

41. b) Dicha compensación se efectuará respecto de los decrementos de los ingresos y los incrementos de los créditos.

42. b) Ministerio de Hacienda.

43. c) El Pleno de la Entidad Local.

44. a) Servicios públicos básicos.

45. c) Políticas de gasto.

46. b) Número diez.

47. d) De operaciones de capital y operaciones corrientes.

48. c) 9.

49. c) 3.

50. b) Subconceptos.

51. c) Gastos de Personal.

52. a) 8.

53. a) Gastos de Personal.

54. c) Pasivos Financieros.

55. b) Antes de concluir el ejercicio económico anterior a aquel en que vaya a regir.

56. a) Antes del 15 de octubre del año anterior en que va a regir.

57. d) Se prorroga automáticamente el del ejercicio anterior.

58. b) Presidente de la misma.

59. b) Quince días hábiles.

60. b) Un mes.

61. b) Boletín Oficial de la Corporación, si lo tuviere.

62. d) El ejercicio correspondiente, una vez publicado en el boletín oficial de la corporación, si lo tuviera, y, resumido por capítulos de cada uno de los presupuestos que lo integran, en el de la provincia o, en su caso, de la Comunidad Autónoma uniprovincial.

63. c) El contencioso-administrativo, sin necesidad de previa reposición.

64. b) Cuando la impugnación se refiera a la nivelación presupuestaria.

65. c) Liquidación de la obligación.

66. c) Acude a un crédito extraordinario.

67. b) Suplemento de crédito.

68. b) Fondos líquidos y derechos pendientes de cobro.

69. a) 25 %.

70. c) Antes de que se renueve la Corporación.

71. c) En el mismo ejercicio en el que se apruebe.

72. d) Ocho días.

73. b) Habilitación de crédito extraordinario en caso de catástrofe pública.

74. b) Transferencias de crédito.

75. d) Alcalde o Presidente.

76. d) Al Presidente de la Entidad local.

77. d) Las transferencias de remanentes de otras entidades.

78. a) Antes del día 1 de marzo del ejercicio siguiente.

79. c) La diferencia entre los gastos reconocidos y las obligaciones pendientes de reconocer.

80. a) Quedarán anulados y no se podrán incorporar al Presupuesto del ejercicio siguiente.

Atención al público: acogida e información a la ciudadanía. Atención de personas con discapacidad

1. ¿Cuál de los siguientes se conoce también como lenguaje kinésico?

a) Lenguaje oral.
b) Lenguaje telefónico.
c) Lenguaje corporal.
d) Lenguaje escrito.

2. La comunicación que busca un balance ideal entre las posturas agresivas y pasivas de comunicación, para mantener un proceso franco, equitativo y respetuoso de intercambio de información, es fruto del llamado comportamiento:

a) Asertivo.
b) Administrativo.
c) Primario.
d) Profesional.

3. Según la Ley 39/2015, de 1 de octubre, del Procedimiento Administrativo Común de las Administraciones Públicas, las personas físicas:

a) Podrán elegir si se comunican con las Administraciones Públicas a través de medios electrónicos o no.
b) Podrán optar por un medio de comunicación y este no podrá ser modificado.
c) Proveerán los medios y sistemas electrónicos con los que desean comunicarse.
d) No podrán ser obligadas a relacionarse a través de medios electrónicos con las Administraciones Públicas.

4. ¿En cuál de las siguientes funciones del lenguaje, según el lingüista Jakobson, la intención comunicativa es influir sobre la conducta del receptor para que, por ejemplo, cambie de actitud o se interese por algo?

a) Representativa.
b) Apelativa o conativa.

c) Expresiva o emotiva.
d) Fática o de contacto.

5. Se denomina así a todo elemento perturbador, ajeno al emisor y al receptor, capaz de entorpecer el proceso de comunicación e incluso anularlo:

a) Código.
b) Ruido.
c) *Feedback*.
d) Retroalimentación.

6. Las personas con las que alguna que otra vez hemos tratado reaccionan de modo distinto ante las mismas motivaciones. Para atenderles de manera adecuada debemos:

a) Ignorar al cliente.
b) Actuar con eficacia.
c) Conocer y saber tratar cada tipo de personalidad.
d) Poner en tela de juicio sus opiniones.

7. La actitud y el comportamiento que las personas tienen frente a las circunstancias dependen de lo que han visto en su entorno, fijándose en el grupo social al que pertenecen. Se adquiere a través de:

a) La experiencia.
b) El aprendizaje.
c) La herencia.
d) Las dificultades.

8. Ante un cliente inquisitivo que solicita información con mucha meticulosidad, numerosas preguntas y una actitud crítica, el trato del informador público debe basarse en:

a) Permanecer impasible.
b) Presentar argumentos.
c) Tener conocimientos técnicos.
d) Mantenerse firme.

9. En la comunicación entre dos personas pueden existir fallos. Las siguientes son algunas de las causas psicológicas que justifican esos fallos EXCEPTO una; señala cuál:

a) No sabemos escuchar.
b) Utilizamos un lenguaje excesivamente técnico.
c) Nuestro estado emocional condiciona lo que queremos decir.
d) Mantenemos una actitud defensiva.

10. Señala la respuesta incorrecta. Una explicación es una descripción de cómo, cuándo o por qué ocurre algo. En la explicación:

a) Nos aseguraremos de dar la información correcta.
b) Evitaremos tecnicismos, utilizando un lenguaje simple y coloquial.
c) Interpretaremos lo que el ciudadano cliente quiere decir para asegurarnos la razón de su demanda.
d) No asumiremos que el cliente sabe de temas de la Administración.

11. Cuando la comunicación va dirigida a un grupo sin precisar nombres de personas, se dice que es una comunicación:

a) Informal.
b) Intrapersonal.
c) Genérica.
d) Vertical.

12. Indica la respuesta incorrecta. En cuanto a la escucha activa, es una técnica que:

a) Utiliza el lenguaje verbal.
b) Permite tranquilizar y relajar el ánimo del cliente.
c) Refleja la actitud de estar al servicio del cliente.
d) Transmite interés por el problema.

13. Las reglas para tratar una reclamación de un cliente agresivo son las siguientes EXCEPTO una; señale cuál:

a) Permanecer calmado.
b) Escuchar objetivamente la situación.
c) Evitar establecer hechos desviando el motivo de la reclamación para disminuir la tensión.
d) Proponer una solución.

14. Uno de los aspectos positivos del *feedback* es:

a) Aclara las relaciones entre personas y ayuda a comprender mejor al otro.
b) Escucha y resume las ideas básicas.
c) Establece un clima agradable.
d) Evita distracciones.

15. Para mejorar la comunicación con un ciudadano que demanda información se debe:

a) Pensar en la respuesta a darle mientras se le escucha.
b) Usar frases simples.
c) Emplear un lenguaje técnico que muestre competencia.
d) Interpretar la petición para asegurar la buena comprensión.

16. Si al realizar una llamada telefónica el empleado público, no se hallara presente el interlocutor:

a) No se dará explicación alguna a la persona que atiende; aunque solicite información.
b) Se le dejará a la persona que atiende indicación del motivo de la llamada, de forma clara, concisa y pausada.
c) Se le darán todas las explicaciones a la persona que atiende, siempre que las solicite.
d) No se darán explicaciones a la persona que atiende, salvo que solicite información, en cuyo caso se le dejará indicado el tema, no el motivo.

17. El artículo 105 de la Constitución española estableció que la ley regularía el acceso de los ciudadanos a los archivos y registros administrativos, salvo en lo que afecte a los siguientes aspectos. Señala la respuesta incorrecta:

a) La seguridad y defensa del Estado.
b) La averiguación de los delitos.
c) La igualdad de las partes en los procesos judiciales y la tutela judicial efectiva.
d) La intimidad de las personas.

18. ¿Qué elemento de la comunicación es el papel en el lenguaje escrito?

a) Código.
b) Contexto.
c) Canal.
d) Receptor.

19. ¿Cuál es el comportamiento característico de personas con baja autoestima y generalmente no manifiestan su opinión?

a) Pasivo.
b) Negativo.
c) Agresivo.
d) Pasivo-agresivo.

20. La norma que regula los derechos de las personas con discapacidad/diversidad funcional y de su inclusión social en España se asienta en:

a) El Real Decreto Legislativo 1/2013 de 29 de noviembre.
b) La Ley 14/1986, de 25 de abril.
c) La Ley 39/2006, de 14 de diciembre.
d) El Real Decreto 1051/2013, de 27 de diciembre.

21. La condición que deben cumplir los entornos, procesos, bienes, productos y servicios, así como los objetos, instrumentos, herramientas y dispositivos, para ser comprensibles, utilizables y practicables por todas las personas en condiciones de seguridad y comodidad y de la forma más autónoma y natural posible, se llama:

a) Diseño universal.
b) Ajustes razonables.

c) Accesibilidad universal.
d) Regulación universal.

22. La configuración de los puestos de atención a personas con discapacidad contempla que, al menos, una parte del mostrador o mesa de atención ha de estar a la altura de:

a) 70-75 cm.
b) 80-85 cm.
c) 100 cm.
d) 150 cm.

23. En la atención telefónica, en el caso de la recepción de una llamada, ¿cuál es la recomendación ante una objeción realizada por un ciudadano?

a) Contestar a la mayor brevedad posible.
b) Intentar sonreír.
c) Proporcionar información.
d) Encadenar después de la última palabra la respuesta con la argumentación.

24. Señala la respuesta incorrecta. Los correos electrónicos emitidos por las Administraciones Públicas han de reunir las siguientes características:

a) Breve.
b) Conciso.
c) Técnico.
d) Claridad de exposición.

25. Con el fin de garantizar a las personas con discapacidad el goce o ejercicio, en igualdad de condiciones con las demás, de todos los derechos, se realizarán las modificaciones y adaptaciones necesarias y adecuadas del ambiente físico, social y actitudinal a las necesidades específicas de estas personas. Esto significará que se realizarán medidas de:

a) Accesibilidad universal.
b) Diseño universal.
c) Planteamiento social.
d) Ajustes razonables.

26. Señala la respuesta incorrecta. Según el artículo 70 del Real Decreto Legislativo 1/2013, las Administraciones Públicas deberán adecuar sus planes de calidad para asegurar la igualdad de oportunidades a los ciudadanos con discapacidad. Para ello:

a) Se eliminarán las oficinas públicas, dispositivos y servicios de atención al ciudadano que no estén adaptados.
b) Se incluirán en los planes normas mínimas de no discriminación y de accesibilidad.

c) Desarrollarán indicadores de calidad.
d) Elaborarán una guía de buenas prácticas.

27. La norma por la que se establecen las condiciones de accesibilidad y no discriminación de las personas con discapacidad en sus relaciones con la Administración General del Estado es:

a) Decreto 3143/1971, de 16 de diciembre.
b) Decreto 136/1971, de 12 de junio.
c) Decreto 35/1971, de 18 de enero.
d) Real Decreto 366/2007, de 16 de marzo.

28. Los impresos puestos por la Administración General del Estado a disposición de los ciudadanos para formular solicitudes, declaraciones, alegaciones, recursos o cualquier pretensión o manifestación de voluntad ante la misma, se llaman:

a) Documentación administrativa.
b) Inventarios de formulación.
c) Modelos normalizados.
d) Informes administrativos.

29. Cuando nos referimos a una comunicación dentro de un grupo, estamos hablando de una comunicación:

a) Interpersonal.
b) Intrapersonal.
c) Intergrupal.
d) Intracomunitaria.

30. Es cierto que, en la atención presencial al ciudadano:

a) La resolución del problema ha de ser inmediata.
b) La comunicación no verbal es intrascendente.
c) Cobran un papel fundamental los gestos y las posturas del empleado público.
d) Las respuestas han de estar normalizadas.

Solución al test n.º 23

1. c) Lenguaje corporal.

2. a) Asertivo.

3. a) Podrán elegir si se comunican con las Administraciones Públicas a través de medios electrónicos o no.

4. b) Apelativa o conativa.

5. b) Ruido.

6. c) Conocer y saber tratar cada tipo de personalidad.

7. b) El aprendizaje.

8. c) Tener conocimientos técnicos.

9. b) Utilizamos un lenguaje excesivamente técnico.

10. c) Interpretaremos lo que el ciudadano cliente quiere decir para asegurarnos la razón de su demanda.

11. c) Genérica.

12. a) Utiliza el lenguaje verbal.

13. c) Evitar establecer hechos desviando el motivo de la reclamación para disminuir la tensión

14. a) Aclara las relaciones entre personas y ayuda a comprender mejor al otro.

15. b) Usar frases simples.

16. d) No se darán explicaciones a la persona que atiende, salvo que solicite información, en cuyo caso se le dejará indicado el tema, no el motivo.

17. c) La igualdad de las partes en los procesos judiciales y la tutela judicial efectiva.

18. c) Canal.

19. a) Pasivo.

20. a) Real Decreto Legislativo 1/2013 de 29 de noviembre.

21. c) Accesibilidad universal.

22. b) 80-85 cm.

23. d) Encadenar después de la última palabra la respuesta con la argumentación.

24. c) Técnico.

25. d) Ajustes razonables.

26. a) Se eliminarán las oficinas públicas, dispositivos y servicios de atención al ciudadano que no estén adaptados.

27. d) Real Decreto 366/2007, de 16 de marzo.

28. c) Modelos normalizados.

29. a) Interpersonal.

30. c) Cobran un papel fundamental los gestos y las posturas del empleado público.

Los servicios de información administrativa. Transparencia y acceso a la información. Reclamaciones. Quejas y Peticiones

1. Red de espacios comunes de atención presencial al ciudadano que engloba a los diversos niveles administrativos existentes en España (estatales, autonómicos y locales):

a) Red España 2000.
b) Red SIA.
c) Red 112.
d) Red 060.

2. Las oficinas integradas de atención al ciudadano de nivel intermedio son las que ofrecen servicios:

a) De recepción, registro y remisión de comunicaciones del ciudadano.
b) Telefónicos y telemáticos.
c) De atención y orientación personalizada.
d) Integrados de gestión multi-administración.

3. Tal como recoge el apartado V del Preámbulo de la Ley 39/2015, de 1 de octubre, del Procedimiento Administrativo Común de las Administraciones Públicas (LPACAP), las oficinas en materia de registros existentes hasta entonces pasarán a denominarse:

a) Oficinas de información.
b) Oficinas de asistencia en materia de registros.
c) Oficinas de atención al ciudadano.
d) Oficinas de atención al ciudadano.

4. La información particular es:

a) La referida a los requisitos jurídicos o técnicos que las disposiciones impongan a los proyectos, actuaciones o solicitudes que los ciudadanos se propongan realizar.
b) La concerniente al estado o contenido de los procedimientos en tramitación, y a la identificación de las autoridades y personal al servicio de las Administración General del Estado y de las entidades de derecho público vinculadas o dependientes de la misma bajo cuya responsabilidad se tramiten aquellos procedimientos.

c) La referente a la tramitación de procedimientos, a los servicios públicos y prestaciones, así como a cualesquiera otros datos que los ciudadanos tengan necesidad de conocer en sus relaciones con las Administraciones Públicas, en su conjunto, o con alguno de sus ámbitos de actuación.

d) La relativa a la identificación, fines, competencia, estructura, funcionamiento y localización de organismos y unidades administrativas.

5. En relación con la información particular, es cierto que:

a) Se facilitará obligatoriamente a los ciudadanos, sin exigir para ello la acreditación de legitimación alguna.

b) Solo podrá ser facilitada a las personas que tengan la condición de interesados en cada procedimiento o a sus representantes legales.

c) No podrá referirse a los datos de carácter personal que afecten de alguna forma a la intimidad o privacidad de las personas físicas.

d) Cuando resulte conveniente una mayor difusión, deberá ofrecerse a los grupos sociales o instituciones que estén interesados en su conocimiento.

6. ¿Qué funciones de la atención personalizada a los ciudadanos tienen por objeto facilitar a estos la orientación y ayuda que precisen en el momento inicial de su visita, y, en particular, la relativa a la localización de dependencias y funcionarios?

a) Funciones de recepción de las iniciativas o sugerencias formuladas por los ciudadanos.

b) Funciones de orientación e información.

c) Funciones de recepción y acogida a los ciudadanos.

d) Funciones de asistencia a los ciudadanos en el ejercicio del derecho de petición.

7. En la atención personalizada al ciudadano, las funciones de gestión, en relación con los procedimientos administrativos, ¿comprenderá la recepción de la documentación inicial de un expediente?

a) No, en ningún caso.

b) Sí, en todo caso.

c) Sí, siempre que se trate de procedimientos urgentes.

d) Sí, cuando así se haya dispuesto reglamentariamente.

8. Las aclaraciones y ayudas de índole práctica requeridas por los ciudadanos sobre procedimientos, trámites, requisitos y documentación para los proyectos, actuaciones o solicitudes que se propongan realizar, o para acceder al disfrute de un servicio público o beneficiarse de una prestación, no pueden entrañar:

a) Una interpretación normativa.

b) Una simple determinación de conceptos.

c) Una información de opciones legales.

d) Una colaboración en la cumplimentación de impresos o solicitudes.

9. Según el artículo 5.4 de la Ley 19/2013, la información sujeta a las obligaciones de transparencia será publicada en las correspondientes sedes electrónicas o páginas web y de una manera clara, estructurada y entendible para los interesados y, preferiblemente:

a) En formatos reutilizables.
b) En diferentes idiomas.
c) En la página de inicio.
d) Codificada.

10. Conforme al artículo 6.1 de la Ley 19/2013, los sujetos comprendidos en el ámbito de aplicación del Título I publicarán información relativa a las funciones que desarrollan, la normativa que les sea aplicable así como a su estructura organizativa. A estos efectos, para identificar a los responsables de los diferentes órganos y su perfil y trayectoria profesional, deberán incluir:

a) Los currículos de los órganos directivos unipersonales.
b) Las declaraciones de bienes de los órganos directivos.
c) Un organigrama actualizado.
d) La relación de puestos directivos.

11. En relación con la información institucional, organizativa y de planificación, el artículo 6 de la Ley 19/2013 dispone que:

a) Todos los empleados públicos deberán publicar información relativa a las funciones que desarrollan.
b) Las Administraciones Públicas publicarán los planes y programas anuales y plurianuales en los que se fijen objetivos concretos, así como las actividades, medios y tiempo previsto para su consecución.
c) El grado de cumplimiento y resultados de los planes y programas anuales y plurianuales de las Administraciones Públicas en los que se fijen objetivos concretos deberán ser objeto de evaluación y publicación periódica junto con los indicadores de medida y valoración, en la forma en que se determine por la Administración General del Estado.
d) En el ámbito de la Administración General del Estado corresponde a las secretarías generales la evaluación del cumplimiento de estos planes y programas.

12. Conforme al artículo 6 bis de la Ley 19/2013, ¿cuál de las siguientes categorías de responsables o encargados deberán hacer público un inventario de sus actividades de tratamiento de datos de carácter personal accesible por medios electrónicos?

a) Los consorcios.
b) Los bancos y las cajas de ahorros.
c) Las universidades privadas.
d) Los sindicatos.

13. En relación con la información de relevancia jurídica, el artículo 7 de la Ley 19/2013 señala que las Administraciones Públicas, en el ámbito de sus competencias, publicarán los documentos:

a) Que deriven de consultas planteadas por los particulares.
b) Que, conforme a la legislación sectorial vigente, deban ser sometidos a un periodo de información pública durante su tramitación.
c) Que contengan memorias o informes.
d) Cuya iniciativa les corresponda.

14. Según el artículo 8.1 de la Ley 19/2013, la información relativa a los contratos menores:

a) Deberá realizarse mensualmente.
b) Deberá realizarse trimestralmente.
c) Podrá realizarse trimestralmente.
d) Podrá realizarse semestralmente.

15. A los efectos de aplicación a sus responsables del régimen disciplinario previsto en la correspondiente normativa reguladora, el incumplimiento reiterado de las obligaciones de publicidad activa tendrá la consideración de:

a) Infracción leve.
b) Infracción grave.
c) Infracción muy grave.
d) Infracción grave o muy grave.

16. ¿Qué define el artículo 13 de la Ley 19/2013 como los contenidos o documentos, cualquiera que sea su formato o soporte, que obren en poder de alguno de los sujetos incluidos en el ámbito de aplicación del Título I y que hayan sido elaborados o adquiridos en el ejercicio de sus funciones?

a) La información pública.
b) La publicidad activa.
c) La información de relevancia jurídica.
d) La información general.

17. Señala la respuesta incorrecta. La aplicación de los límites al derecho de acceso a la información pública:

a) Deberá ser justificada.
b) Será proporcionada a su objeto y finalidad de protección.
c) Atenderá a las circunstancias del caso concreto.
d) Se deberá, necesariamente, a la concurrencia de un interés público.

18. A menos que el afectado hubiese hecho manifiestamente públicos los datos con anterioridad a que se solicitase el acceso, el acceso únicamente se podrá autorizar en caso de que se contase con el consentimiento expreso y por escrito del afectado, cuando:

a) La información contuviera datos personales que revelen la ideología, afiliación sindical, religión o creencias.

b) La información incluyese datos personales que hagan referencia al origen racial, a la salud o a la vida sexual.

c) La información contuviera datos relativos a la comisión de infracciones penales o administrativas que no conllevasen la amonestación pública al infractor.

d) La información incluyese datos genéticos o biométricos.

19. Si la información pública solicitada incluyese datos personales que hagan referencia a la salud:

a) Solo se concederá el acceso previa ponderación suficientemente razonada del interés público en la divulgación de la información y los derechos de los afectados cuyos datos aparezcan en la información solicitada.

b) Solo podrá autorizarse el acceso al propio afectado o a su representante.

c) Solo se podrá autorizar el acceso en caso de que se cuente con el consentimiento expreso del afectado.

d) Solo se podrá autorizar el acceso en caso de que se cuente con el consentimiento expreso del afectado o si el acceso estuviera amparado por una norma con rango de ley.

20. En relación con la solicitud de acceso a la información pública, es cierto que:

a) Los solicitantes de información podrán dirigirse a las Administraciones Públicas en cualquiera de las lenguas cooficiales del Estado en el territorio en el que radique la Administración en cuestión.

b) El solicitante está obligado a motivar su solicitud de acceso a la información.

c) El solicitante podrá exponer los motivos por los que solicita la información, en cuyo caso deberán ser tenidos en cuenta cuando se dicte la resolución.

d) La ausencia de motivación será por sí sola causa de rechazo de la solicitud.

21. Conforme al artículo 18.1 de la Ley 19/2013, las solicitudes referidas a información que tenga carácter auxiliar o de apoyo como la contenida en notas, borradores, opiniones, resúmenes, comunicaciones e informes internos o entre órganos o entidades administrativas:

a) Están obligadas a indicar el motivo de la solicitud.

b) Se admitirán previa ponderación suficientemente razonada del interés público en la divulgación de la información.

c) Se inadmitirán a trámite, mediante resolución motivada.

d) Se entenderán dotadas de un carácter abusivo no justificado con la finalidad de transparencia de esta ley.

22. Según el artículo 19.3 de la Ley 19/2013, si la información solicitada pudiera afectar a derechos o intereses de terceros, debidamente identificados, se les concederá un plazo, para que puedan realizar las alegaciones que estimen oportunas, de:

a) Siete días.
b) Diez días.
c) Quince días.
d) Veinte días.

23. Transcurrido el plazo máximo para resolver una solicitud de acceso a información pública sin que se haya dictado y notificado resolución expresa se entenderá:

a) Que la solicitud ha sido desestimada.
b) Que la solicitud se inadmitía a trámite.
c) Que el plazo para resolver queda prorrogado.
d) Que se suspende el plazo para dictar resolución.

24. En relación con la formalización del acceso a información pública, es cierto que:

a) El acceso a la información ha de realizarse por vía electrónica.
b) Si ha existido oposición de tercero, el acceso solo tendrá lugar cuando, habiéndose concedido dicho acceso, haya transcurrido el plazo para interponer recurso contencioso-administrativo sin que se haya formalizado o haya sido resuelto confirmando el derecho a recibir la información.
c) Si la información ya ha sido publicada, la resolución se ha de limitar a indicar al solicitante cómo puede acceder a ella.
d) En todo caso, la expedición de copias o la trasposición de la información a un formato diferente al original dará lugar a la exigencia de exacciones en los términos previstos en la Ley 8/1989, de 13 de abril, de Tasas y Precios Públicos, o, en su caso, conforme a la normativa autonómica o local que resulte aplicable.

25. Según el artículo 24 de la Ley 19/2013, frente a toda resolución expresa o presunta en materia de acceso podrá interponerse una reclamación ante el Consejo de Transparencia y Buen Gobierno, con carácter potestativo y previo a su impugnación en vía contencioso-administrativa, en el plazo, a contar desde el día siguiente al de la notificación del acto impugnado o desde el día siguiente a aquel en que se produzcan los efectos del silencio administrativo, de:

a) Quince días.
b) Veinte días.
c) Un mes.
d) Tres meses.

26. Es una manifestación o declaración de un ciudadano en la que este transmite una idea con la que pretende la mejora de la calidad o accesibilidad de los servicios, el incremento en el rendimiento o ahorro del gasto público, la simplificación de trámites administrativos o supresión de aquellos considerados innecesarios, propuestas de modificaciones normativas y, con carácter general, propuesta de cualquier medida que suponga un mayor grado de satisfacción de la ciudadanía en sus relaciones con la Administración Pública:

a) Una queja.
b) Una sugerencia.
c) Una reclamación.
d) Una petición.

27. Las quejas formuladas conforme a lo previsto en el RD 951/2005, de 29 de julio, por el que se establece el marco general para la mejora de la calidad en la Administración General del Estado:

a) Tendrán la calificación de recurso administrativo.
b) Condicionarán el ejercicio de las restantes acciones o derechos que, de conformidad con la normativa reguladora de cada procedimiento, puedan ejercer aquellos que en se consideren interesados en el procedimiento.
c) Han de formularse por medios telemáticos.
d) Pueden formularse presencialmente.

28. Según el RD 951/2005, recibida la queja o sugerencia, la unidad responsable de su gestión informará al interesado de las actuaciones realizadas en el plazo de:

a) 10 días hábiles.
b) 15 días hábiles.
c) 20 días hábiles.
d) Un mes.

29. Según el RD 951/2005, al ciudadano que interpone una queja o sugerencia se le podrá requerir que formule las aclaraciones necesarias para su correcta tramitación, en un plazo de:

a) 10 días hábiles.
b) 15 días hábiles.
c) 20 días hábiles.
d) Un mes.

30. La unidad tramitadora de quejas o sugerencias, ¿cuándo remitirá a la Inspección General de Servicios de su respectivo ministerio, el informe global de las quejas y sugerencias recibidas en el año anterior?

a) En el mes de enero de cada año.
b) En el primer trimestre del año siguiente.

c) En el primer semestre de cada año.
d) En los primeros quince días del mes de enero de cada año.

31. La reclamación ante una resolución expresa o presunta en materia de acceso a la información pública se interpondrá en el plazo, a contar desde el día siguiente al de la notificación del acto impugnado o desde el día siguiente a aquel en que se produzcan los efectos del silencio administrativo, de:

a) 20 días hábiles.
b) 20 días naturales.
c) 1 mes.
d) 3 meses.

32. ¿Qué ley orgánica regula el derecho de petición?

a) Ley Orgánica 4/2001, de 12 de noviembre.
b) Ley Orgánica 3/2007, de 22 de marzo.
c) Ley Orgánica 2/2006, de 3 de mayo.
d) Ley Orgánica 9/2013, de 20 de diciembre.

33. El derecho de petición ha de formularse:

a) Telemáticamente.
b) Presencialmente.
c) Mediante representante legal.
d) Por escrito.

34. Conforme al artículo 1 de la ley orgánica que regula el derecho de petición, son titulares del derecho de petición:

a) Toda persona natural o jurídica, prescindiendo de su nacionalidad.
b) Todos los españoles.
c) Cualquier persona física.
d) Toda persona natural o jurídica de nacionalidad española.

35. En relación con el derecho de petición, es cierto que:

a) La declaración de inadmisibilidad será siempre motivada.
b) La no aportación de documentación por parte del peticionario determinará la inadmisibilidad de la petición.
c) Son admisibles las peticiones cuyo objeto sea ajeno a las atribuciones de los poderes públicos o aquellas cuya resolución sea objeto de un procedimiento parlamentario, administrativo o de un proceso judicial.
d) El derecho de petición ha de ejercerse individualmente.

Solución al test n.º 24

1. d) Red 060.

2. c) De atención y orientación personalizada.

3. b) Oficinas de asistencia en materia de registros.

4. b) La concerniente al estado o contenido de los procedimientos en tramitación, y a la identificación de las autoridades y personal al servicio de las Administración General del Estado y de las entidades de derecho público vinculadas o dependientes de la misma bajo cuya responsabilidad se tramiten aquellos procedimientos.

5. b) Solo podrá ser facilitada a las personas que tengan la condición de interesados en cada procedimiento o a sus representantes legales.

6. c) Funciones de recepción y acogida a los ciudadanos.

7. d) Sí, cuando así se haya dispuesto reglamentariamente.

8. a) Una interpretación normativa.

9. a) En formatos reutilizables.

10. c) Un organigrama actualizado.

11. b) Las Administraciones Públicas publicarán los planes y programas anuales y plurianuales en los que se fijen objetivos concretos, así como las actividades, medios y tiempo previsto para su consecución.

12. a) Los consorcios.

13. b) Que, conforme a la legislación sectorial vigente, deban ser sometidos a un período de información pública durante su tramitación.

14. c) Podrá realizarse trimestralmente.

15. b) Infracción grave.

16. a) La información pública.

17. d) Se deberá, necesariamente, a la concurrencia de un interés público.

18. a) La información contuviera datos personales que revelen la ideología, afiliación sindical, religión o creencias.

19. d) Solo se podrá autorizar el acceso en caso de que se cuente con el consentimiento expreso del afectado o si el acceso estuviera amparado por una norma con rango de ley.

20. a) Los solicitantes de información podrán dirigirse a las Administraciones Públicas en cualquiera de las lenguas cooficiales del Estado en el territorio en el que radique la Administración en cuestión.

21. c) Se inadmitirán a trámite, mediante resolución motivada.

22. c) Quince días.

23. a) Que la solicitud ha sido desestimada.

24. b) Si ha existido oposición de tercero, el acceso solo tendrá lugar cuando, habiéndose concedido dicho acceso, haya transcurrido el plazo para interponer recurso contencioso-administrativo sin que se haya formalizado o haya sido resuelto confirmando el derecho a recibir la información.

25. c) Un mes.

26. b) Una sugerencia.

27. d) Pueden formularse presencialmente.

28. c) 20 días hábiles.

29. a) 10 días hábiles.

30. a) En el mes de enero de cada año.

31. c) 1 mes.

32. a) Ley Orgánica 4/2001, de 12 de noviembre.

33. d) Por escrito.

34. a) Toda persona natural o jurídica, prescindiendo de su nacionalidad.

35. a) La declaración de inadmisibilidad será siempre motivada.

TEST N.º 25

La Protección de Datos. Principios, derechos y obligaciones

1. ¿En virtud de qué principio previsto por el Reglamento General de Protección de Datos, los datos personales serán adecuados, pertinentes y limitados a lo necesario en relación con los fines para los que son tratados?

a) Principio de exactitud.
b) Principio de limitación de la finalidad.
c) Principio de responsabilidad proactiva.
d) Principio de minimización de datos.

2. Según el artículo 5 del Reglamento (UE) 2016/679, de 27 de abril, relativo a la protección de las personas físicas en lo que respecta al tratamiento de datos personales y a la libre circulación de estos datos, los datos personales serán tratados, en relación con el interesado, de manera lícita, leal y:

a) Fiable.
b) Segura.
c) Confidencial.
d) Transparente.

3. Cuando los plazos se señalen por días en el RGPD o en la LO 3/2018, se entiende que estos:

a) Son naturales.
b) Son hábiles, de lunes a sábado; excluyéndose del cómputo los domingos y los declarados festivos.
c) Son naturales; excluyéndose del cómputo los declarados festivos.
d) Son hábiles, excluyéndose del cómputo los sábados, los domingos y los declarados festivos.

4. El RGPD denomina a la autoridad pública independiente establecida por un Estado miembro:

a) Agencia Nacional de Protección de Datos.
b) Representante.

c) Autoridad de control.
d) Autoridad de referencia.

5. ¿Cómo denomina el RGPD el tratamiento de datos personales de manera tal que ya no puedan atribuirse a un interesado sin utilizar información adicional, siempre que dicha información adicional figure por separado y esté sujeta a medidas técnicas y organizativas destinadas a garantizar que los datos personales no se atribuyan a una persona física identificada o identificable?

a) Seudonimización.
b) Anonimización.
c) Generalización.
d) Encriptación.

6. El RGPD lo define como la persona física o jurídica, autoridad pública, servicio u otro organismo que trate datos personales por cuenta del responsable del tratamiento:

a) El Delegado.
b) El Encargado.
c) El Representante.
d) El Tratante.

7. Según el artículo 3 de la LO 3/2018, los requisitos y condiciones para acreditar la validez y vigencia de los mandatos e instrucciones de las personas fallecidas respecto al acceso a los datos personales de éstas por parte de las personas o instituciones que designaran expresamente, serán establecidos:

a) Por medio de una Directiva europea.
b) Por Ley estatal.
c) Por Ley autonómica.
d) Por Real Decreto.

8. El artículo 4 de la LO 3/2018 señala que, conforme al artículo 5.1.d) del Reglamento (UE) 2016/679, los datos serán exactos y, si fuere necesario:

a) Actualizados.
b) Aproximados.
c) Normalizados.
d) Digitalizados.

9. Conforme al artículo 5.1 de la LO 3/2018, estarán sujetas al deber de confidencialidad:

a) Únicamente los responsables del tratamiento.
b) Los responsables y encargados del tratamiento.

c) Los responsables y encargados del tratamiento de datos así como todas las personas que intervengan en cualquier fase de este.

d) Los responsables y encargados del tratamiento de datos así como todas las personas que intervengan en todas las fases de este.

10. Conforme a los artículos 4.11 del RGPD y 6.1 de la LO 3/2018, se entiende por consentimiento del afectado la aceptación, ya sea mediante una declaración o una clara acción afirmativa, del tratamiento de datos personales que le conciernen manifestada por voluntad libre, de forma específica, informada e/y:

a) Detallada.
b) Unitaria.
c) Inequívoca.
d) Por escrito.

11. Cuando se pretenda fundar el tratamiento de los datos en el consentimiento del afectado para una pluralidad de finalidades:

a) Será preciso que conste de manera específica e inequívoca que dicho consentimiento se otorga para todas ellas.

b) Será necesario demostrar que el afectado consintió expresamente e inequívocamente en alguna de las finalidades y, que el resto de finalidades están claramente relacionadas con aquella.

c) El responsable debe demostrar la adecuación de las distintas finalidades a un único objeto.

d) El consentimiento del afectado sólo puede afectar a una finalidad. Cada finalidad precisa un consentimiento propio e independiente.

12. Los datos personales serán tratados de tal manera que se garantice una seguridad adecuada de los mismos, incluida la protección contra el tratamiento no autorizado o ilícito y contra su pérdida, destrucción o daño accidental, mediante la aplicación de medidas técnicas u organizativas apropiadas; todo ello en virtud del principio de:

a) Responsabilidad proactiva.
b) Integridad y confidencialidad.
c) Limitación de la finalidad.
d) Licitud, lealtad y transparencia.

13. Conforme al principio de limitación de la finalidad, los datos personales serán recogidos con fines determinados, explícitos y:

a) Limitados.
b) Transparentes.
c) Compatibles.
d) Legítimos.

14. El tratamiento de datos personales solo podrá considerarse fundado en el cumplimiento de una misión realizada en interés público o en el ejercicio de poderes públicos conferidos al responsable cuando derive de una competencia atribuida por:

a) Una norma con rango de ley.

b) El Reglamento General de Protección de Datos.

c) La Ley Orgánica 3/2018, de 5 de diciembre, de Protección de Datos Personales y garantía de los derechos digitales.

d) Un Reglamento.

15. Según el artículo 8.1 de la LO 3/2018, el tratamiento de datos personales solo podrá considerarse fundado en el cumplimiento de una obligación legal exigible al responsable:

a) Cuando así lo prevea una norma de Derecho de la Unión Europea o una norma con rango de ley.

b) Cuando el tratamiento se considere una misión realizada en interés público.

c) Cuando se trate del ejercicio de poderes públicos conferidos al responsable.

d) Cuando el responsable sea un órgano u organismo público.

16. Conforme al artículo 9 de la LO 3/2018, de 5 de diciembre, de Protección de Datos Personales y garantía de los derechos digitales, cuál de los siguientes tratamientos de categorías especiales de datos fundados en el Derecho español deberá estar amparado en una norma con rango de ley:

a) Tratamiento necesario con fines de archivo en interés público, fines de investigación científica o histórica.

b) Tratamiento efectuado, en el ámbito de sus actividades legítimas y con las debidas garantías, por una fundación, una asociación o cualquier otro organismo sin ánimo de lucro, cuya finalidad sea política, filosófica, religiosa o sindical, siempre que el tratamiento se refiera exclusivamente a los miembros actuales o antiguos de tales organismos o a personas que mantengan contactos regulares con ellos en relación con sus fines y siempre que los datos personales no se comuniquen fuera de ellos sin el consentimiento de los interesados

c) Tratamiento necesario para fines de medicina preventiva o laboral, evaluación de la capacidad laboral del trabajador, diagnóstico médico, prestación de asistencia o tratamiento de tipo sanitario o social, o gestión de los sistemas y servicios de asistencia sanitaria y social.

d) Tratamiento referido a datos personales que el interesado ha hecho manifiestamente públicos.

17. Conforme al RGPD, cuando se aplique el consentimiento para el tratamiento de sus datos personales para uno o varios fines específicos en relación con la oferta directa a niños de servicios de la sociedad de la información, el tratamiento de los datos personales de un niño se considerará lícito cuando éste tenga como mínimo:

a) 12 años.

b) 13 años.

c) 14 años.
d) 16 años.

18. Según el artículo 7.1 de la LO 3/2018, el tratamiento de los datos personales de un menor de edad únicamente podrá fundarse en su consentimiento cuando sea mayor de:

a) 12 años.
b) 13 años.
c) 14 años.
d) 16 años.

19. El derecho a la portabilidad de los datos:

a) Se podrá aplicar a los tratamientos que sean necesario para el cumplimiento de una misión realizada en interés público o en el ejercicio de poderes públicos conferidos al responsable del tratamiento.
b) A diferencia de otros derechos, podrá afectar negativamente a los derechos y libertades de otros.
c) Supone la obligación de que, en todo caso, los datos personales se transmitan directamente de responsable a responsable.
d) Requiere que el tratamiento se efectúe por medios automatizados.

20. Conforme al RGPD ¿puede facilitarse la información al interesado de forma verbal?

a) No, en ningún caso.
b) Sí, siempre que lo solicite el interesado.
c) Sí, en cualquier caso siempre que se demuestre la identidad del interesado por otros medios.
d) Sí, cuando lo solicite el interesado y se pueda demostrar su identidad por otros medios.

21. Conforme al RGPD, la información al interesado sobre la base de una solicitud será facilitada por el responsable del tratamiento en el plazo de un mes a partir de la recepción de la solicitud. Teniendo en cuenta la complejidad y el número de solicitudes, dicho plazo será prorrogado:

a) 15 días más.
b) Un mes más.
c) Otros dos meses.
d) Otros tres meses.

22. Según el artículo 12.4 de la LO 3/2018, la prueba del cumplimiento del deber de responder a la solicitud de ejercicio de sus derechos formulado por el afectado recaerá:

a) Sobre el responsable del tratamiento.
b) Sobre el encargado del tratamiento.

c) Bien sobre el responsable o bien sobre el encargado.

d) Sobre el representante legal del afectado.

23. En virtud del artículo 12 de la LO 3/2018 es cierto, en relación a los medios para que el afectado pueda ejercer sus derechos, que:

a) El encargado del tratamiento estará obligado a informar al afectado sobre los medios a su disposición para ejercer los derechos que le corresponden.

b) Los medios deberán ser consensuados con los afectados antes de poner en marcha el tratamiento.

c) Los medios deberán ser fácilmente accesibles para el afectado.

d) El ejercicio del derecho podrá ser denegado cuando el afectado opte por otro medio.

24. Conforme al artículo 16 del RGPD, teniendo en cuenta los fines del tratamiento, el interesado tendrá derecho a que se completen los datos personales que sean incompletos, inclusive mediante:

a) Levantamiento de acta.

b) Certificación de modificación.

c) Una declaración adicional.

d) Elaboración de anexos.

25. Según el artículo l7 del RGPD, el interesado tendrá derecho a obtener sin dilación indebida del responsable del tratamiento la supresión de los datos personales que le conciernan, el cual estará obligado a suprimir sin dilación indebida los datos personales cuando concurra alguna de las circunstancias siguientes:

a) Los datos personales siguen siendo necesarios en relación con los fines para los que fueron recogidos y tratados del mismo modo.

b) El interesado retire el consentimiento en que se basa el tratamiento, y este se basa en otro fundamento jurídico.

c) El interesado se opone al tratamiento de datos personales que tiene por objeto la mercadotecnia directa.

d) Los datos personales no han sido obtenidos en relación con la oferta de servicios de la sociedad de la información.

26. Conforme al artículo 17 del RGPD, el derecho de supresión no se podrá aplicar cuando:

a) Los datos personales ya no sean necesarios en relación con los fines para los que fueron recogidos o tratados de otro modo.

b) Los datos personales se hayan obtenido en relación con la oferta de servicios de la sociedad de la información.

c) Los datos personales hayan sido tratados ilícitamente.

d) Los datos personales sean necesarios para ejercer el derecho a la libertad de expresión e información.

27. Conforme al artículo 18 del RGPD, el interesado tendrá derecho a obtener del responsable del tratamiento la limitación del tratamiento de los datos:

a) Cuando los datos personales ya no sean necesarios en relación con los fines para los que fueron recogidos o tratados de otro modo.

b) Para que el interesado pueda ejercer el derecho a la libertad de expresión e información.

c) Cuando el interesado impugne la exactitud de los datos personales, durante un plazo que permita al responsable verificar la exactitud de los mismos.

d) Por razones de interés público en el ámbito de la salud pública.

28. En relación al derecho de portabilidad, es cierto que:

a) El ejercicio de este derecho impide el ejercicio del derecho de supresión.

b) Al ejercer su derecho a la portabilidad de los datos, el interesado tendrá que transmitir los datos directamente al nuevo responsable de los mismos.

c) Se aplicará al tratamiento que sea necesario para el cumplimiento de una misión realizada en interés público o en el ejercicio de poderes públicos conferidos al responsable del tratamiento.

d) No podrá afectar negativamente a los derechos y libertades de otros.

29. En referencia al derecho de oposición, el artículo 21 del RGPD señala que:

a) Cuando el tratamiento de datos personales tenga por objeto la mercadotecnia directa, el interesado tendrá derecho a oponerse en todo momento al tratamiento de los datos personales que le conciernan.

b) A más tardar en el momento de la segunda comunicación con el interesado, el derecho de oposición será mencionado explícitamente al interesado y será presentado claramente y al margen de cualquier otra información.

c) Aun cuando el tratamiento de datos personales tenga por objeto la mercadotecnia directa, el interesado no podrá oponerse a la elaboración de perfiles relacionada con la citada mercadotecnia.

d) Los motivos legítimos para el tratamiento por parte del responsable del tratamiento no pueden prevalecer sobre los intereses, derechos y libertades del interesado.

30. Las Administraciones Públicas incorporarán a los temarios de las pruebas de acceso a los cuerpos superiores y a aquéllos en que habitualmente se desempeñen funciones que impliquen el acceso a datos personales materias relacionadas con la garantía de los derechos digitales y en particular:

a) El de protección de datos.

b) El de libertad de expresión.

c) El de protección de los menores.

d) El de seguridad de las comunicaciones.

31. Cuando las solicitudes de ejercicio de los derechos de un interesado en un tratamiento de datos de carácter personal sean manifiestamente infundadas o excesivas, especialmente debido a su carácter repetitivo, el responsable del tratamiento podrá cobrar un canon razonable en función de los costes administrativos afrontados para facilitar la información o la comunicación o realizar la actuación solicitada. A menos que exista causa legítima para ello, se podrá considerar repetitivo el ejercicio del derecho de acceso en más de una ocasión durante el plazo de (a partir de):

a) 3 meses.
b) 6 meses.
c) 10 meses.
d) 1 año.

32. Conforme al artículo 85 de la LO 3/2018, los responsables de redes sociales y servicios equivalentes deben adoptar protocolos adecuados para posibilitar, ante los usuarios que difundan contenidos que atenten contra el derecho al honor, la intimidad personal y familiar en Internet, el ejercicio del derecho de:

a) Olvido.
b) Portabilidad.
c) Rectificación.
d) Información.

33. En relación al derecho de acceso, el responsable del tratamiento debe facilitar una copia de los datos personales objeto de tratamiento. Cuando el afectado elija un medio distinto al que se le ofrece que suponga un coste desproporcionado:

a) La solicitud será considerada excesiva y, por lo tanto, no tenida en consideración.
b) El afectado asumirá parte del exceso de costes que su elección comporte.
c) En este caso, solo será exigible al responsable del tratamiento la satisfacción del derecho de acceso sin dilaciones indebidas.
d) Será cumplimentada gratuitamente y sin dilaciones indebidas.

34. Conforme al artículo 81 de la LO 3/2018, se garantizará para toda la población un acceso universal a internet, asequible, de calidad y:

a) Gratuito.
b) Seguro.
c) Estable.
d) No discriminatorio.

35. En virtud del artículo 26 de la LO 3/2018, el tratamiento por las Administraciones Públicas de datos con fines de archivo en interés público será:

a) Lícito.
b) Limitado.
c) Consentido.
d) Sancionado.

36. Conforme al artículo 35 del RGPD, cuando sea probable que un tipo de trata-miento, en particular si utiliza nuevas tecnologías, por su naturaleza, alcance, con-texto o fines, entrañe un alto riesgo para los derechos y libertades de las personas físicas, el responsable del tratamiento deberá realizar, antes del tratamiento:

a) Una declaración jurada de los fines del tratamiento.
b) Una consulta previa a la autoridad de control.
c) Una evaluación del impacto de las operaciones de tratamiento en la protección de datos personales.
d) La elaboración de un código de conducta para la correcta aplicación del RGPD.

37. En relación al derecho de acceso, el artículo 13 de la LO 3/2018 dispone que:

a) Cuando el responsable trate una gran cantidad de datos relativos al afectado y este ejercite su derecho de acceso sin especificar si se refiere a todos o a una parte de los da-tos, el responsable deberá facilitar la totalidad de los datos.
b) El derecho de acceso se entenderá otorgado si el responsable del tratamiento fa-cilitara al afectado un sistema de acceso remoto, directo y seguro a los datos personales que garantice, temporalmente, el acceso a su totalidad.
c) Se podrá considerar repetitivo el ejercicio del derecho de acceso en más de una ocasión durante el plazo de seis meses, a menos que exista causa legítima para ello.
d) Cuando el afectado elija un medio distinto al que se le ofrece deberá asumir los costes que su elección comporte.

38. ¿En virtud de qué principio el responsable del tratamiento deberá aplicar medidas técnicas y organizativas apropiadas a fin de garantizar y poder demostrar que el tratamiento es conforme con el Reglamento?

a) Principio de responsabilidad proactiva.
b) Principio de limitación del plazo de conservación.
c) Principio de exactitud.
d) Principio de licitud, lealtad y transparencia.

39. Conforme al artículo 94 de la LO 3/2018, toda persona tiene derecho a que sean suprimidos los datos personales que le conciernan y que hubiesen sido facili-tados por terceros para su publicación por los servicios de redes sociales y servicios de la sociedad de la información equivalentes cuando fuesen inadecuados, inexac-tos, no pertinentes, no actualizados o:

a) Excesivos.
b) Molestos.
c) Improbables.
d) Perniciosos.

40. Cuando dos o más responsables determinen conjuntamente los objetivos y los medios del tratamiento serán considerados:

a) Autoridades del tratamiento.
b) Responsables y encargados del tratamiento.

c) Copartícipes del tratamiento.
d) Corresponsables del tratamiento.

41. Cuando proceda a la rectificación o supresión del tratamiento, el responsable estará obligado a:

a) Bloquear los datos.
b) Transferir los datos.
c) Limitar los datos.
d) Destruir los datos.

42. Conforme al artículo 28 del RGPD, cuando se vaya a realizar un tratamiento por cuenta de un responsable del tratamiento, éste elegirá, para aplicar medidas técnicas y organizativas apropiadas, de manera que el tratamiento sea conforme con los requisitos del RGPD y garantice la protección de los derechos del interesado:

a) Únicamente un encargado.
b) Tantos encargados como considere oportuno.
c) Al menos dos encargados que ofrezcan garantías suficientes para aplicar medidas técnicas y organizativas apropiadas.
d) No más de dos encargados que ofrezcan garantías suficientes para aplicar medidas técnicas y organizativas apropiadas.

43. Conforme al artículo 26.1 del RGPD, los corresponsables determinarán sus responsabilidades respectivas en el cumplimiento de las obligaciones impuestas por el RGPD de mutuo acuerdo y de modo:

a) Confidencial.
b) Transparente.
c) Independiente.
d) Sencillo.

44. Quien figurando como encargado utilizase los datos para sus propias finalidades:

a) Tendrá la consideración de responsable del tratamiento.
b) Tendrá la consideración de corresponsable.
c) Deberá renunciar a la figura de encargado.
d) En ningún caso será considerado responsable del tratamiento.

45. Finalizada la prestación de los servicios del encargado:

a) El responsable del tratamiento determinará si los datos personales deben ser destruidos, devueltos al responsable o entregados, en su caso, a un nuevo encargado.
b) El propio encargado podrá determinar antes de finalizar su prestación, si los datos personales deben ser destruidos, devueltos al responsable o entregados, en su caso, a un nuevo encargado.
c) El responsable del tratamiento deberá ordenar la destrucción de los datos.
d) El responsable deberá nombrar un nuevo encargado del tratamiento; que podrá decidir la destrucción de los datos.

46. El RGPD describe este principio como la necesidad de que el responsable del tratamiento aplique medidas técnicas y organizativas apropiadas a fin de garantizar y poder demostrar que el tratamiento es conforme con el Reglamento:

a) Principio de exactitud.
b) Principio de integridad y confidencialidad.
c) Principio de licitud, lealtad y transparencia.
d) Principio de responsabilidad proactiva.

47. Conforme al artículo 30.5 RGPD, a menos que el tratamiento que realicen pueda entrañar un riesgo para los derechos y libertades de los interesados, no sea ocasional o incluya categorías especiales de datos o datos relativos a condenas e infracciones penales; estarán exentas de la obligación de mantener un registro de operaciones de tratamiento, las organizaciones que empleen a menos de:

a) 100 trabajadores.
b) 250 trabajadores.
c) 400 trabajadores.
d) 750 trabajadores.

48. La valoración de la procedencia de realizar la evaluación de impacto en la protección de datos corresponde a:

a) A la autoridad judicial.
b) Al responsable de protección de datos.
c) Al delegado de protección de datos.
d) A la autoridad administrativa competente en la materia.

49. Cuando los datos personales no sean obtenidos del afectado, en la información básica que se le facilite deberá constar:

a) La autorización judicial para el tratamiento de los datos.
b) Una declaración jurada del responsable del tratamiento.
c) Las fuentes de las que proceden los datos.
d) La identidad del encargado del tratamiento, si es un ente sin personalidad jurídica.

50. El tratamiento de datos personales relativos a condenas e infracciones penales, solo podrá llevarse a cabo cuando se encuentre amparado, de entre las siguientes, en:

a) Una norma de Derecho de la Unión Europea.
b) Un Decreto.
c) Una norma con rango reglamentario.
d) El Código Penal.

Solución al test nº. 25

1. d) Principio de minimización de datos.

2. d) Transparente.

3. d) Son hábiles, excluyéndose del cómputo los sábados, los domingos y los declarados festivos.

4. c) Autoridad de control.

5. a) Seudonimización.

6. b) El Encargado.

7. d) Por Real Decreto.

8. a) Actualizados.

9. c) Los responsables y encargados del tratamiento de datos así como todas las personas que intervengan en cualquier fase de este.

10. c) Inequívoca.

11. a) Será preciso que conste de manera específica e inequívoca que dicho consentimiento se otorga para todas ellas.

12. b) Integridad y confidencialidad.

13. d) Legítimos.

14. a) Una norma con rango de ley.

15. a) Cuando así lo prevea una norma de Derecho de la Unión Europea o una norma con rango de ley.

16. c) Tratamiento necesario para fines de medicina preventiva o laboral, evaluación de la capacidad laboral del trabajador, diagnóstico médico, prestación de asistencia o tratamiento de tipo sanitario o social, o gestión de los sistemas y servicios de asistencia sanitaria y social.

17. d) 16 años.

18. c) 14 años.

19. d) Requiere que el tratamiento se efectúe por medios automatizados.

20. d) Sí, cuando lo solicite el interesado y se pueda demostrar su identidad por otros medios.

21. c) Otros dos meses.

22. a) Sobre el responsable del tratamiento.

23. c) Los medios deberán ser fácilmente accesibles para el afectado.

24. c) Una declaración adicional.

25. c) El interesado se opone al tratamiento de datos personales que tiene por objeto la mercadotecnia directa.

26. d) Los datos personales sean necesarios para ejercer el derecho a la libertad de expresión e información.

27. c) Cuando el interesado impugne la exactitud de los datos personales, durante un plazo que permita al responsable verificar la exactitud de los mismos.

28. d) No podrá afectar negativamente a los derechos y libertades de otros.

29. a) Cuando el tratamiento de datos personales tenga por objeto la mercadotecnia directa, el interesado tendrá derecho a oponerse en todo momento al tratamiento de los datos personales que le conciernan.

30. a) El de protección de datos.

31. b) 6 meses.

32. c) Rectificación.

33. c) En este caso, solo será exigible al responsable del tratamiento la satisfacción del derecho de acceso sin dilaciones indebidas.

34. d) No discriminatorio.

35. a) Lícito.

36. c) Una evaluación del impacto de las operaciones de tratamiento en la protección de datos personales.

37. c) Se podrá considerar repetitivo el ejercicio del derecho de acceso en más de una ocasión durante el plazo de seis meses, a menos que exista causa legítima para ello.

38. a) Principio de responsabilidad proactiva.

39. a) Excesivos.

40. d) Corresponsables del tratamiento.

41. a) Bloquear los datos.

42. a) Únicamente un encargado.

43. b) Transparente.

44. a) Tendrá la consideración de responsable del tratamiento.

45. a) El responsable del tratamiento determinará si los datos personales deben ser destruidos, devueltos al responsable o entregados, en su caso, a un nuevo encargado.

46. d) Principio de responsabilidad proactiva.

47. b) 250 trabajadores.

48. b) Al responsable de protección de datos.

49. c) Las fuentes de las que proceden los datos.

50. a) Una norma de Derecho de la Unión Europea.

Concepto de documento, registro y archivo. Funciones del registro y del archivo. Clases de archivo y criterios de ordenación

1. La norma ISO 5127/1-1983 (PNE 50-113/1), define documento como:

a) Información registrada que puede considerarse como una unidad en un proceso de documentación.
b) Todo soporte de información que trata de enseñar algo a alguien.
c) Todo elemento de información fijado en soporte material.
d) Toda expresión del pensamiento fijada materialmente y susceptible de ser utilizada para consulta, estudio o prueba.

2. Señala la respuesta incorrecta. Es un elemento esencial del documento:

a) El objeto físico que sirve de soporte de la información.
b) El mensaje que se comunica.
c) El receptor del mensaje.
d) El sistema de información al que pertenece.

3. Las características de un documento de archivo, que servirán para identificarlo y diferenciarlo de otras modalidades documentales, son:

a) Objetividad, seriación y sistematización.
b) Seriación, unicidad y objetividad.
c) Sistematización, unicidad y seriación.
d) Unicidad, subjetividad y seriación.

4. El carácter externo denominado "clase":

a) Está definido como el procedimiento mediante el cual se transmite lo contenido en el documento.
b) Se refiere a las series documentales.
c) Se refiere a la forma material en que se presenta el documento.
d) Alude a la configuración física del documento.

5. Forma parte de la estructura interior del documento y de la forma como se organiza su contenido:

a) El tipo.
b) El origen funcional.
c) El soporte.
d) El formato.

6. Las tres fases o edades que se distinguen en un documento de archivo son:

a) Elaboración, utilización y archivo.
b) Administrativa, intermedia e histórica.
c) Primaria, secundaria y terciaria.
d) Oficina, gestión e histórica.

7. La edad en la que el valor primario del documento ha disminuido, pero sin desaparecer, se denomina:

a) Intermedia.
b) Secundaria.
c) Utilización.
d) Gestión.

8. No es función del archivo:

a) Recibir.
b) Modificar.
c) Conservar.
d) Servir.

9. Según el artículo 49.1 de la Ley 16/1985, de 25 de junio, del Patrimonio Histórico Español, se entiende por documento toda expresión en lenguaje natural o convencional y cualquier otra expresión gráfica, sonora o en imagen, recogidas en cualquier tipo de soporte material, incluso los soportes informáticos. Se excluyen:

a) Los obtenidos por medios audiovisuales.
b) Las expresiones iconográficas.
c) Los que no incorporen una referencia temporal del momento en que han sido emitidos.
d) Los ejemplares no originales de ediciones.

10. ¿En qué edad del archivo de oficina predomina claramente el valor secundario?

a) Edad histórica.
b) Edad prearchivística.
c) Edad intermedia.
d) Edad administrativa.

11. Para ser considerados válidos, los documentos electrónicos deberán, entre otros requisitos, contener información de cualquier naturaleza archivada en un soporte electrónico según un formato determinado susceptible de identificación y:

a) Clasificación.
b) Catalogación.
c) Temporización.
d) Tratamiento diferenciado.

12. Los documentos electrónicos que se publiquen con carácter meramente informativo:

a) Requieren de firma electrónica, aunque no precisan identificar su origen.
b) Requieren de firma electrónica y de identificación de su origen.
c) No requieren de firma electrónica, aunque sí precisan identificar su origen.
d) No requieren de firma electrónica ni tampoco de identificar su origen.

13. ¿Cuál es la definición correcta de archivo, según el artículo 3 de la Ley 6/1991, de 19 de abril, de Archivos y del Patrimonio Documental de Castilla y León?

a) Conjunto orgánico de documentos, reunidos por cualquier entidad pública y conservados como garantía de derechos, como fuente de información para la gestión administrativa y la investigación o con cualquier otro fin.
b) Conjunto orgánico de documentos, o la reunión de varios de ellos, reunidos por cualquier entidad pública o privada, y conservados como fuente de información para la gestión administrativa.
c) Conjunto orgánico de documentos, o la reunión de varios de ellos, reunidos por cualquier persona física o jurídica y conservados como garantía de derechos.
d) Conjunto orgánico de documentos, o la reunión de varios de ellos, reunidos por cualquier entidad pública o privada, persona física o jurídica y conservados como garantía de derechos, como fuente de información para la gestión administrativa y la investigación o con cualquier otro fin.

14. No es una función del archivo de gestión:

a) Acreditar las actuaciones y actividades de la unidad productora.
b) Organizar los documentos producidos por sus respectivas unidades.
c) Apoyar la gestión administrativa.
d) Llevar a cabo el proceso de identificación de series y elaborar el cuadro de clasificación.

15. Es una función del archivo histórico:

a) Establecer y valorar las estrategias que se pueden aplicar para la conservación a medio plazo de los documentos y ficheros electrónicos recibidos, tales como procedimientos de emulación, migración y conversión de formatos.
b) Realizar las transferencias preceptivas y periódicas de documentos al archivo intermedio, acompañadas de su correspondiente relación de entrega.

c) Aplicar programas de reproducción de documentos en soportes alternativos para garantizar la conservación de los documentos originales y fomentar su difusión.

d) Describir las fracciones de serie conforme a las normas internacionales y nacionales de descripción archivística.

16. Es un documento de decisión:

a) La notificación.
b) El informe.
c) El acuerdo.
d) El oficio.

17. En las disposiciones de creación de registros electrónicos no es necesario especificar:

a) Los días declarados como inhábiles.
b) La caducidad del registro.
c) El órgano o unidad responsable de su gestión.
d) La fecha y hora oficial.

18. Llevar a cabo el proceso de identificación de series y elaborar el cuadro de clasificación es una función de:

a) Los archivos de oficina o de gestión.
b) Los archivos generales o centrales.
c) Los archivos intermedios.
d) Los archivos históricos.

19. La finalidad de estos documentos es proporcionar a los órganos competentes, valoraciones y opiniones necesarios para la formación de su voluntad y la adopción de las correspondientes decisiones:

a) Informes.
b) Certificados.
c) Acuerdos.
d) Resoluciones.

20. Es un documento de constancia:

a) Certificado.
b) Resolución.
c) Oficio.
d) Informe.

21. Aquellos documentos e informaciones cuyo régimen especial establezca una forma de presentación en el registro distinta a la que se haya utilizado:

a) No se tendrán por presentados.
b) Paralizarán el procedimiento hasta que sean presentados reglamentariamente.
c) Solo producirán efectos si el instructor ve necesaria su inclusión.
d) Se tendrán por presentados pero no podrán generar derechos.

22. ¿Qué calendario de días inhábiles se aplicará en los registros electrónicos a efectos del cómputo de plazos?

a) El que se publique al efecto en el Boletín Oficial del Estado para todos los registros.
b) El que se publique al efecto en el Boletín Oficial de la Comunidad Autónoma para todos los registros ubicados en ella.
c) El que determine la sede electrónica del registro de cada Administración Pública u Organismo.
d) El que determine la sede electrónica del ayuntamiento en cuyo municipio se ubique el registro.

23. ¿Qué tipo de clasificación de documentos es preferible cuando se trata de fondos documentales de gran amplitud cronológica, especialmente en el ámbito de la Administración electrónica?

a) Clasificación orgánica.
b) Clasificación funcional.
c) Clasificación ideológica.
d) Clasificación por materias.

24. Las copias electrónicas de documentos en soporte papel o en otro soporte no electrónico, se obtendrán mediante:

a) Un envío postal certificado.
b) La digitalización del documento de origen.
c) El cotejo de copia con el original.
d) La consulta del archivo de Documentos de Interoperabilidad.

25. En caso de que excepcionalmente, en un procedimiento, el interesado deba presentar un documento original, tendrá derecho a:

a) Obtener una copia autenticada del documento original.
b) No desprenderse de él, presentándolo únicamente para que el funcionario correspondiente autentifique una copia con la que se quedará, devolviendo el original al interesado.
c) Recuperarlo en un plazo máximo de 30 días.
d) Ninguna norma puede exigir la presentación de documentos originales.

26. Las solicitudes de reutilización de documentos administrativos deberán dirigirse al órgano competente, que resolverá las solicitudes de reutilización en el plazo máximo desde la recepción de la solicitud en el registro del órgano competente para su tramitación, con carácter general, de:

a) 10 días.
b) 15 días.
c) 20 días.
d) 1 mes.

27. Según el artículo 15 del Reglamento General de Protección de Datos (Reglamento (UE) 2016/679), el interesado tendrá derecho de acceso a los datos personales que le conciernen. El ejercicio de este derecho en más de una ocasión podrá considerarse repetitivo, a menos que exista causa legítima para ello, durante el plazo de:

a) 3 meses.
b) 6 meses.
c) 9 meses.
d) 12 meses.

28. Según el artículo 15.1 de la Ley 19/2013, en redacción dada por la disposición final undécima de la Ley Orgánica 3/2018, de 5 de diciembre, de Protección de Datos Personales y garantía de los derechos digitales, ¿puede autorizarse el acceso a información que contuviera datos personales que revelen la ideología, afiliación sindical, religión o creencias?

a) No, en ningún caso.
b) Solo cuando el afectado hubiese hecho manifiestamente públicos los datos con anterioridad a que se solicitase el acceso.
c) Únicamente en caso de que se contase con el consentimiento expreso y por escrito del afectado, a menos que dicho afectado hubiese hecho manifiestamente públicos los datos con anterioridad a que se solicitase el acceso.
d) Solo cuando el acceso estuviera amparado por una norma con rango de ley.

29. ¿Cuál de las siguientes afirmaciones en relación con la autenticación de copias es cierta?

a) Las copias auténticas tienen la misma validez que los documentos originales pero distinta eficacia.
b) Las copias auténticas de documentos privados no pueden surtir efectos administrativos.
c) Las copias auténticas realizadas por una Administración Pública solo tienen validez en su ámbito funcional.
d) Los interesados podrán solicitar, en cualquier momento, la expedición de copias auténticas de los documentos públicos administrativos que hayan sido válidamente emitidos por las Administraciones Públicas.

30. Según la disposición adicional 17ª de la LO 3/2018, es cierto, respecto al tratamiento de datos en la investigación en salud, que:

a) En ningún caso, las autoridades sanitarias e instituciones públicas con competencias en vigilancia de la salud pública podrán llevar a cabo estudios científicos sin el consentimiento de los afectados.

b) La reutilización de datos personales con fines de investigación en materia de salud y biomédica cuando, habiéndose obtenido el consentimiento para una finalidad concreta, se utilicen los datos para finalidades o áreas de investigación relacionadas con el área en la que se integrase científicamente el estudio inicial, se considerará lícita y compatible.

c) El interesado o, en su caso, su representante legal podrá otorgar el consentimiento para el uso de sus datos con fines de investigación en salud, con excepción de la biomédica.

d) El uso de datos personales seudonimizados con fines de investigación en salud se considera ilícito.

Solución al test n.º 26

1. a) Información registrada que puede considerarse como una unidad en un proceso de documentación.

2. c) El receptor del mensaje.

3. b) Seriación, unicidad y objetividad.

4. a) Está definido como el procedimiento mediante el cual se transmite lo contenido en el documento.

5. b) El origen funcional.

6. b) Administrativa, intermedia e histórica.

7. a) Intermedia.

8. b) Modificar.

9. d) Los ejemplares no originales de ediciones.

10. a) Edad histórica.

11. d) Tratamiento diferenciado.

12. c) No requieren de firma electrónica, aunque sí precisan identificar su origen.

13. d) Conjunto orgánico de documentos, o la reunión de varios de ellos, reunidos por cualquier entidad pública o privada, persona física o jurídica y conservados como garantía de derechos, como fuente de información para la gestión administrativa y la investigación o con cualquier otro fin.

14. d) Llevar a cabo el proceso de identificación de series y elaborar el cuadro de clasificación.

15. c) Aplicar programas de reproducción de documentos en soportes alternativos para garantizar la conservación de los documentos originales y fomentar su difusión.

16. c) El acuerdo.

17. b) La caducidad del registro.

18. b) Los archivos generales o centrales.

19. a) Informes.

20. a) Certificado.

21. a) No se tendrán por presentados.

22. c) El que determine la sede electrónica del registro de cada Administración Pública u Organismo.

23. b) Clasificación funcional.

24. b) La digitalización del documento de origen.

25. a) Obtener una copia autenticada del documento original.

26. c) 20 días.

27. b) 6 meses.

28. c) Únicamente en caso de que se contase con el consentimiento expreso y por escrito del afectado, a menos que dicho afectado hubiese hecho manifiestamente públicos los datos con anterioridad a que se solicitase el acceso.

29. d) Los interesados podrán solicitar, en cualquier momento, la expedición de copias auténticas de los documentos públicos administrativos que hayan sido válidamente emitidos por las Administraciones Públicas.

30. b) La reutilización de datos personales con fines de investigación en materia de salud y biomédica cuando, habiéndose obtenido el consentimiento para una finalidad concreta, se utilicen los datos para finalidades o áreas de investigación relacionadas con el área en la que se integrase científicamente el estudio inicial, se considerará lícita y compatible.

TEST N.º 27

Funcionamiento electrónico del sector público. Administración electrónica y servicios al ciudadano

1. Comunicarse con las Administraciones Públicas por medios electrónicos es:

a) Un deber de los ciudadanos.
b) Un derecho de las Administraciones Públicas.
c) Un derecho de los ciudadanos.
d) Un derecho fundamental de los españoles, recogido por la Constitución; y, a la vez, un deber.

2. Se define como "dirección electrónica disponible para los ciudadanos a través de redes de telecomunicaciones cuya titularidad, gestión y administración corresponde a una Administración Pública, órgano o entidad administrativa en el ejercicio de sus competencias":

a) Sede electrónica.
b) Administración electrónica.
c) Página web de una Administración Pública.
d) Estándar abierto.

3. Los datos en formato electrónico anejos a otros datos electrónicos o asociados de manera lógica con ellos que utiliza el firmante para firmar, constituyen, según el Reglamento (UE) 910/2014:

a) La firma electrónica.
b) El certificado electrónico.
c) El expediente electrónico.
d) El documento electrónico.

4. En relación al tipo de comunicación de interesado con la Administración, no es cierto que:

a) Las personas físicas puedan elegir en todo momento si se comunican con las Administraciones Públicas para el ejercicio de sus derechos y obligaciones a través de medios electrónicos o no, salvo que estén obligadas a relacionarse a través de medios electrónicos con las Administraciones Públicas.

b) Las Administraciones puedan establecer la obligación de relacionarse con ellas a través de medios electrónicos para determinados procedimientos y para ciertos colectivos de personas físicas.

c) Las personas jurídicas estén obligadas a relacionarse a través de medios electrónicos con las Administraciones Públicas para la realización de cualquier trámite de un procedimiento administrativo.

d) El medio elegido por la persona para comunicarse con las Administraciones Públicas no puede ser modificado a lo largo del procedimiento.

5. No están obligados a relacionarse a través de medios electrónicos con las Administraciones Públicas para la realización de cualquier trámite de un procedimiento administrativo:

a) Las entidades sin personalidad jurídica.

b) Todo aquel que ostente la representación de un interesado.

c) Quienes ejerzan una actividad profesional para la que se requiera colegiación obligatoria, para los trámites y actuaciones que realicen con las Administraciones Públicas en ejercicio de dicha actividad profesional.

d) Las personas jurídicas.

6. Cuando los interesados se correspondan con colectivos de personas físicas que por razón de su capacidad económica o técnica, dedicación profesional u otros motivos acreditados tengan garantizado el acceso y disponibilidad de los medios tecnológicos precisos:

a) Estarán obligados a utilizar siempre medios electrónicos para comunicarse con la Administración.

b) Podrán elegir el medio con el que comunicarse con la Administración.

c) Las Administraciones Públicas podrán establecer reglamentariamente la obligatoriedad de comunicarse con ellas utilizando sólo medios electrónicos.

d) Tendrán las mismas obligaciones que cualquier persona física en su relación con la Administración.

7. Señala la opción incorrecta. Las aplicaciones y sistemas de información utilizados para la instrucción por medios electrónicos de los procedimientos deberán:

a) Evitar la simplificación y la publicidad de los documentos.

b) Garantizar el control de los tiempos y plazos.

c) Garantizar la tramitación ordenada de los expedientes.

d) Garantizar la identificación de los órganos responsables de los procedimientos.

8. Se define en el artículo 39 de la LRJSP como el punto de acceso electrónico cuya titularidad corresponda a una Administración Pública, organismo público o entidad de Derecho Público que permite el acceso a través de internet a la información publicada y, en su caso, a la sede electrónica correspondiente:

a) Portal de transparencia.

b) Plataforma oficial.

c) Portal web.

d) Portal de internet.

9. Según el artículo 41.1 de la LRJSP, se entiende por actuación administrativa automatizada:

a) Cualquier acto o actuación realizada íntegramente a través de medios electrónicos por una Administración Pública en el marco de un procedimiento administrativo y en la que no haya intervenido de forma directa un empleado público.

b) Cualquier acto o actuación realizada al menos en parte a través de medios electrónicos por una Administración Pública en el marco de un procedimiento administrativo y en la que no haya intervenido de forma directa un empleado público.

c) Cualquier acto o actuación realizada íntegramente a través de medios electrónicos por una Administración Pública en el marco de un procedimiento administrativo y en la que haya intervenido de forma directa un empleado público.

d) Cualquier acto o actuación realizada al menos en parte a través de medios electrónicos por una Administración Pública en el marco de un procedimiento administrativo y en la que haya intervenido de forma directa un empleado público.

10. En relación con la firma electrónica del personal al servicio de las Administraciones Públicas, es cierto que:

a) En ningún caso, los sistemas de firma electrónica podrán referirse solo el número de identificación profesional del empleado público.

b) La actuación de una Administración Pública, órgano, organismo público o entidad de derecho público, cuando utilice medios electrónicos, se realizará mediante firma electrónica del titular del órgano o empleado público.

c) Cada Administración Pública determinará los sistemas de firma electrónica que debe utilizar su personal, los cuales deberán identificar de forma separada al titular del puesto de trabajo o cargo y a la Administración u órgano en la que presta sus servicios.

d) Con el fin de favorecer la interoperabilidad y posibilitar la verificación automática de la firma electrónica de los documentos electrónicos, cuando una Administración utilice sistemas de firma electrónica distintos de aquellos basados en certificado electrónico reconocido o cualificado, para remitir o poner a disposición de otros órganos, organismos públicos, entidades de Derecho Público o Administraciones la documentación firmada electrónicamente, deberá superponer un sello electrónico basado en un certificado electrónico reconocido.

11. Según el artículo 11 del Real Decreto 203/2021, de 30 de marzo, por el que se aprueba el Reglamento de actuación y funcionamiento del sector público por medios electrónicos, NO es un contenido mínimo que toda sede electrónica ha de poner a disposición de las personas interesadas:

a) La normativa reguladora del Registro al que se acceda a través de la sede electrónica.
b) La relación de sistemas de identificación y firma electrónica que sean admitidos o utilizados en la misma.
c) La identificación del acto o disposición de creación y el acceso al mismo, directamente o mediante enlace a su publicación en el Boletín Oficial correspondiente.
d) Relación histórica de los servicios, procedimientos y trámites publicados.

12. Según el artículo 38.3 de la LRJSP, cada Administración Pública determinará las condiciones e instrumentos de creación de las sedes electrónicas, con sujeción a varios principios, entre los que no figura el de:

a) Neutralidad.
b) Accesibilidad.
c) Coordinación.
d) Publicidad.

13. Conforme al artículo 9.2 de la LPACAP, los interesados podrán identificarse electrónicamente ante las Administraciones Públicas a través de cualquier sistema que cuente con un registro previo como usuario que permita garantizar su:

a) Identidad.
b) Motivación.
c) Consentimiento.
d) Ubicación.

14. Según el artículo 13.g) de la LPACAP, quienes tienen capacidad de obrar ante las Administraciones Públicas, son titulares, en sus relaciones con ellas, del derecho a la obtención y utilización de:

a) Cualquier medio de identificación y firma electrónica.
b) Los medios de identificación y firma electrónica que tenga a su alcance.
c) Los medios de identificación y firma electrónica contemplados en esta ley.
d) Los medios de identificación y firma electrónica, cuando así corresponda legalmente.

15. Según el artículo 14 de la LPACAP, NO están obligados a relacionarse electrónicamente con las Administraciones Públicas para la realización de cualquier trámite de un procedimiento administrativo:

a) Los empleados de las Administraciones Públicas en toda relación con estas.
b) Los notarios, en el ejercicio de su actividad profesional.

c) Los registradores mercantiles, en el ejercicio de su actividad profesional.

d) Las entidades sin personalidad jurídica.

16. ¿Pueden las Administraciones Públicas establecer la obligación de relacionarse con ellas a través de medios electrónicos a otros colectivos distintos de los que la LPACAP menciona expresamente en su artículo 14.2?

a) No, solo podrá obligarse a los mencionados en dicho artículo.

b) También están obligados los colectivos de personas físicas que por su capacidad económica tengan acceso a los medios electrónicos necesarios.

c) Sí, para determinados procedimientos, si así se recoge expresamente en una ley.

d) Sí, podrá obligarse reglamentariamente para determinados procedimientos y para ciertos colectivos de personas físicas que, por razón de su capacidad económica, técnica, dedicación profesional u otros motivos quede acreditado que tienen acceso y disponibilidad de los medios electrónicos necesarios.

17. Conforme al artículo 9 de la LPACAP (en redacción dada por la Ley 11/2022, de 28 de junio), los interesados podrán identificarse electrónicamente ante las Administraciones Públicas a través de cualquier sistema que las Administraciones públicas consideren válido en los términos y condiciones que se establezca, siempre que cuenten con un registro previo como usuario que permita garantizar su identidad y previa comunicación a la Secretaría General de Administración Digital. De forma previa a la eficacia jurídica del sistema, habrá de transcurrir desde dicha comunicación el siguiente plazo, durante el cual el órgano estatal competente por motivos de seguridad pública podrá acudir a la vía jurisdiccional, previo informe vinculante de la Secretaría de Estado de Seguridad:

a) 1 mes.

b) 2 meses.

c) 3 meses.

d) 6 meses.

18. El Reglamento (UE) 910/2014 la define como "aquella firma electrónica que cumple con los siguientes requisitos: estar vinculada al firmante de manera única; permitir la identificación del firmante; haber sido creada utilizando datos de creación de la firma electrónica que el firmante puede utilizar, con un alto nivel de confianza, bajo su control exclusivo; estar vinculada con los datos firmados por la misma de modo tal que cualquier modificación ulterior de los mismos sea detectable":

a) Firma electrónica reconocida.

b) Firma electrónica avanzada.

c) Firma electrónica certificada.

d) Firma electrónica cualificada.

19. Señala la palabra que falta, según el artículo 12.1 de la LPACAP. Las Administraciones Públicas deberán garantizar que los interesados pueden relacionarse con la Administración a través de medios electrónicos, para lo que pondrán a su disposición los .... de acceso que sean necesarios así como los sistemas y aplicaciones que en cada caso se determinen:

a) Portales.
b) Servidores.
c) Canales.
d) Códigos.

20. Una condición para que pueda realizarse válidamente la identificación o firma electrónica en el procedimiento administrativo del interesado por un funcionario público mediante el uso del sistema de firma electrónica del que esté dotado para ello, es que:

a) El interesado disponga de los medios electrónicos necesarios.
b) El interesado esté obligado a relacionarse con la Administración por medios electrónicos.
c) El interesado se identifique ante el funcionario y preste su consentimiento expreso para esta actuación.
d) El interesado sea una persona física o jurídica.

21. Conforme al artículo 2 del RD 203/2021, entenderemos el principio de accesibilidad como:

a) El conjunto de principios y técnicas que se deben respetar al diseñar, construir, mantener y actualizar los servicios electrónicos para garantizar la igualdad y la no discriminación en el acceso de las personas usuarias.
b) Determinar que el diseño de los servicios electrónicos esté centrado en las personas usuarias, de forma que se minimice el grado de conocimiento necesario para el uso del servicio.
c) La capacidad de los sistemas de información y, por ende, de los procedimientos a los que éstos dan soporte, de compartir datos y posibilitar el intercambio de información entre ellos.
d) La capacidad de las Administraciones Públicas para que, partiendo del conocimiento adquirido del usuario final del servicio, proporcione servicios precumplimentados y se anticipe a las posibles necesidades de los mismos.

22. Señala la opción incorrecta. Las herramientas y dispositivos que deban utilizarse para la comunicación por medios electrónicos con las Administraciones Públicas por parte de las personas interesadas y por el propio sector público, así como sus características técnicas:

a) Serán no discriminatorios.
b) Estarán disponibles de forma general.
c) Serán compatibles con los productos informáticos de uso general.
d) Carecerán de propiedad intelectual.

23. Procedimiento de verificación de la identidad digital de un sujeto en sus interacciones en el ámbito digital:

a) Identificación.
b) Autenticación.
c) Certificación.
d) Cualificación.

24. ¿Cuál de los siguientes NO es un requisito de un sello cualificado de tiempo electrónico?

a) Se basa en una fuente de información temporal vinculada al Tiempo Universal Coordinado.
b) Ha sido firmado mediante el uso de una firma electrónica avanzada o sellada con un sello electrónico avanzado del prestador cualificado de servicios de confianza o por cualquier método equivalente.
c) Vinculación de la fecha y hora con los datos de forma que se elimine razonablemente la posibilidad de modificar los datos sin que se detecte.
d) Protección de los datos transmitidos frente a los riesgos de pérdida, robo, deterioro o alteración no autorizada.

25. Según el artículo 2 del RD 203/2021, la capacidad de las Administraciones Públicas para que, partiendo del conocimiento adquirido del usuario final del servicio, proporcionen servicios precumplimentados y se anticipen a las posibles necesidades de los mismos, está basada en el principio de personalización y:

a) Proporcionalidad.
b) Proactividad.
c) Interoperabilidad.
d) Adaptabilidad al progreso.

26. Qué principio enunciado en el RD 203/2021, determina que el diseño de los servicios electrónicos esté centrado en las personas usuarias, de forma que se minimice el grado de conocimiento necesario para el uso del servicio:

a) Principio de adaptabilidad al progreso.
b) Principio de accesibilidad.
c) Principio de facilidad de uso.
d) Principio de interoperabilidad.

27. La voluntad de relacionarse electrónicamente o, en su caso, de dejar de hacerlo cuando ya se había optado anteriormente por ello, podrá realizarse en una fase posterior del procedimiento, si bien deberá comunicarse a dicho órgano de forma que quede constancia de la misma. En ambos casos, los efectos de la comunicación se producirán a partir de:

a) El momento de la comunicación.
b) El momento en que el órgano competente para tramitar el procedimiento haya tenido constancia de la misma.

c) El día siguiente al que el órgano competente para tramitar el procedimiento haya tenido constancia de la misma.

d) El quinto día hábil siguiente a aquel en que el órgano competente para tramitar el procedimiento haya tenido constancia de la misma.

28. Si existe la obligación del interesado de relacionarse a través de medios electrónicos y aquel no los hubiese utilizado, el órgano administrativo competente en el ámbito de actuación requerirá la correspondiente subsanación, advirtiendo al interesado, o en su caso su representante, que, se le tendrá por desistido de su solicitud o se le podrá declarar decaído en su derecho al trámite correspondiente, previa resolución que deberá ser dictada en los términos previstos en el artículo 21 de la LPACAP, de no ser atendido el requerimiento en el plazo de:

a) 10 días.
b) 15 días.
c) 20 días.
d) Un mes.

29. En relación a las sedes electrónicas, es cierto que:

a) La sede electrónica asociada tendrá consideración de sede electrónica a todos los efectos.

b) El acto o resolución de creación o supresión de una sede electrónica o sede electrónica asociada será publicado en el boletín oficial del Estado.

c) El titular de la sede electrónica y, en su caso, de la sede electrónica asociada, no será responsable de la integridad, veracidad y actualización de la información a la que pueda accederse a través de la misma.

d) Solo podrá crearse una sede electrónica asociada por cada sede electrónica.

30. El acta o resolución de creación de una sede electrónica debe determinar necesariamente:

a) La fecha y hora oficial, así como el calendario de días inhábiles a efectos del cómputo de plazos aplicable a la Administración en que se integre el órgano, organismo público o entidad de derecho público vinculado o dependiente que sea titular de la sede electrónica o sede electrónica asociada.

b) La información necesaria para la correcta utilización de la sede electrónica, incluyendo su mapa o información equivalente, con especificación de la estructura de navegación y las distintas secciones disponibles, así como la relativa a propiedad intelectual, protección de datos personales y accesibilidad.

c) La normativa reguladora del Registro al que se acceda a través de la sede electrónica.

d) La identificación del órgano u órganos encargados de la gestión y de los servicios puestos a disposición en la misma.

31. La actuación de una Administración Pública, órgano, organismo público o entidad de derecho público, cuando utilice medios electrónicos, se realizará mediante firma electrónica del titular del órgano o empleado público a través del que se ejerza la competencia. A este respecto, es cierto que:

a) Cada Administración Pública determinará los sistemas de firma electrónica que debe utilizar su personal, los cuales habrán de identificar de forma conjunta al titular del puesto de trabajo o cargo y a la Administración u órgano en la que presta sus servicios.

b) Los sistemas de firma electrónica podrán referirse sólo el número de identificación profesional del empleado público.

c) Los certificados electrónicos de empleado público serán cualificados y se ajustarán a lo señalado en el Esquema Nacional de Interoperabilidad y la legislación vigente en materia de identidad y firma electrónica.

d) En ningún caso se podrá solicitar la revelación de la identidad del titular de un certificado de empleado público con número de identificación profesional.

32. Según el artículo 38.2 de la Ley 40/2015, de 1 de octubre, del Régimen Jurídico del Sector Público, el establecimiento de una sede electrónica conlleva la responsabilidad del titular respecto de la integridad, veracidad y .... de la información y los servicios a los que pueda accederse a través de la misma. Señala qué palabra falta en la anterior frase:

a) Seguridad.

b) Interoperabilidad.

c) Actualización.

d) Neutralidad.

33. Servicio de la administración electrónica que permite a la ciudadanía tener acceso a la información de carácter personal en poder de las Administraciones Públicas, así como sobre los procedimientos en los que tenga condición de persona interesada:

a) Punto de acceso general electrónico.

b) Portal de internet.

c) Sede electrónica.

d) Carpeta ciudadana.

34. Cuando una sede electrónica o sede electrónica asociada contenga procedimientos, servicios o ambos, cuya competencia corresponda a otro órgano administrativo, organismo público o entidad de derecho público vinculado o dependiente, ¿quién será responsable de la integridad, veracidad y actualización de los mismos?

a) El titular de la competencia, siempre que dicho órgano, organismo o entidad pertenezca a la misma Administración.

b) El titular de la sede electrónica o sede electrónica asociada, siempre que dicho órgano, organismo o entidad pertenezca a la misma Administración.

c) El titular de la competencia, sea de la misma o de diferente Administración.

d) El titular de la sede electrónica o sede electrónica asociada, sea de la misma o de diferente Administración.

35. El artículo 3.2 de la LRJSP, al tratar los principios de actuación y las relaciones de las Administraciones Públicas, señala que éstas se relacionarán entre sí y con sus órganos, organismos públicos y entidades de derecho público vinculados o dependientes a través de medios electrónicos y facilitarán preferentemente:

a) La identificación de los interesados.

b) La prestación conjunta de servicios a los interesados.

c) La seguridad de sus transmisiones.

d) La habilitación de los funcionarios.

Solución al test nº. 27

1. c) Un derecho de los ciudadanos.

2. a) Sede electrónica.

3. a) La firma electrónica.

4. d) El medio elegido por la persona para comunicarse con las Administraciones Públicas no puede ser modificado a lo largo del procedimiento.

5. b) Todo aquel que ostente la representación de un interesado.

6. c) Las Administraciones Públicas podrán establecer reglamentariamente la obligatoriedad de comunicarse con ellas utilizando sólo medios electrónicos.

7. a) Evitar la simplificación y la publicidad de los documentos.

8. d) Portal de internet.

9. a) Cualquier acto o actuación realizada íntegramente a través de medios electrónicos por una Administración Pública en el marco de un procedimiento administrativo y en la que no haya intervenido de forma directa un empleado público.

10. b) La actuación de una Administración Pública, órgano, organismo público o entidad de derecho público, cuando utilice medios electrónicos, se realizará mediante firma electrónica del titular del órgano o empleado público.

11. d) Relación histórica de los servicios, procedimientos y trámites publicados.

12. c) Coordinación.

13. a) Identidad.

14. c) Los medios de identificación y firma electrónica contemplados en esta ley.

15. a) Los empleados de las Administraciones Públicas en toda relación con estas.

16. d) Sí, podrá obligarse reglamentariamente para determinados procedimientos y para ciertos colectivos de personas físicas que, por razón de su capacidad económica, técnica, dedicación profesional u otros motivos quede acreditado que tienen acceso y disponibilidad de los medios electrónicos necesarios.

17. b) 2 meses.

18. b) Firma electrónica avanzada.

19. c) Canales.

20. c) El interesado se identifique ante el funcionario y preste su consentimiento expreso para esta actuación.

21. a) El conjunto de principios y técnicas que se deben respetar al diseñar, construir, mantener y actualizar los servicios electrónicos para garantizar la igualdad y la no discriminación en el acceso de las personas usuarias.

22. d) Carecerán de propiedad intelectual.

23. b) Autenticación.

24. d) Protección de los datos transmitidos frente a los riesgos de pérdida, robo, deterioro o alteración no autorizada.

25. b) Proactividad.

26. c) Principio de facilidad de uso.

27. d) El quinto día hábil siguiente a aquel en que el órgano competente para tramitar el procedimiento haya tenido constancia de la misma.

28. a) 10 días.

29. a) La sede electrónica asociada tendrá consideración de sede electrónica a todos los efectos.

30. d) La identificación del órgano u órganos encargados de la gestión y de los servicios puestos a disposición en la misma.

31. c) Los certificados electrónicos de empleado público serán cualificados y se ajustarán a lo señalado en el Esquema Nacional de Interoperabilidad y la legislación vigente en materia de identidad y firma electrónica.

32. c) Actualización.

33. d) Carpeta ciudadana.

34. c) El titular de la competencia, sea de la misma o de diferente Administración.

35. b) La prestación conjunta de servicios a los interesados.

Relaciones interadministrativas. Especial referencia a las relaciones electrónicas entre las Administraciones (ORVE). Los convenios

1. ¿Cuál de los siguientes principios se entiende como el deber de actuar con el resto de Administraciones Públicas para el logro de fines comunes?

a) Cooperación.
b) Colaboración.
c) Coordinación.
d) Lealtad institucional.

2. Cuando dos o más Administraciones Publicas, de manera voluntaria y en ejercicio de sus competencias, asumen compromisos específicos en aras de una acción común, están actuando según el principio de:

a) Cooperación.
b) Colaboración.
c) Coordinación.
d) Lealtad institucional.

3. ¿Puede negarse la asistencia y colaboración requerida entre Administraciones Públicas?

a) No, en ningún caso.
b) Solo cuando, de hacerlo, causara un perjuicio grave a los intereses cuya tutela tiene encomendada o al cumplimiento de sus propias funciones.
c) Sí, siempre que el órgano competente lo estime conveniente.
d) En algunos casos sí, por ejemplo cuando la información solicitada tenga carácter confidencial o reservado.

4. ¿Cuál de los siguientes no es un tipo de órgano de cooperación, según la Ley 40/2015, de 1 de octubre, de Régimen Jurídico del sector Público (LRJSP)?

a) Comisión Territorial de Coordinación.
b) Conferencia de Presidentes.

c) Comisión de Subsecretarios.
d) Conferencia Sectorial.

5. No forma/n parte de la Conferencia de Presidentes:

a) Los Ministros del Gobierno.
b) Los Presidentes de todas las Comunidades Autónomas.
c) El Presidente del Gobierno.
d) Los Presidentes de las Ciudades de Ceuta y Melilla.

6. La Conferencia Sectorial será presidida por:

a) El Presidente del Gobierno.
b) Un Ministro.
c) Un Presidente de Comunidad Autónoma.
d) Un consejero de una Comunidad Autónoma.

7. Podrá acordarse la convocatoria de reunión de una Conferencia Sectorial cuando lo soliciten, al menos:

a) La quinta parte de sus miembros.
b) Tres de sus miembros.
c) La tercera parte de sus miembros.
d) La cuarta parte de sus miembros.

8. Las decisiones que adopte la Conferencia Sectorial podrán revestir la forma de:

a) Tratado o Enmienda.
b) Resolución o Disposición.
c) Acuerdo o Recomendación.
d) Pacto o Convenio.

9. Los Grupos de Trabajo creados en el seno de una Conferencia Sectorial, podrán ser:

a) Territoriales o interterritoriales.
b) Permanentes o temporales.
c) Informativos o decisorios.
d) Abiertos o restringidos.

10. Las decisiones adoptadas por las Comisiones Territoriales de Cooperación revestirán la forma de:

a) Decreto.
b) Resolución.

c) Acuerdo.
d) Recomendación.

11. Según el artículo 154 de la Ley 40/2015, las Comisiones Territoriales de Coordinación podrán estar formadas por (señala la respuesta incorrecta):

a) Representantes de la administración General del Estado y representantes de las entidades Locales.
b) Representantes de la Administración General del Estado y representantes de las Comunidades Autónomas.
c) Representantes de las Comunidades autónomas y representantes de las entidades locales.
d) Representantes de la Administración General del Estado, representantes de las Comunidades autónomas y representantes de las entidades Locales.

12. A diferencia de las Conferencias Sectoriales, en las Comisiones Territoriales de Coordinación:

a) La convocatoria de reuniones deberá contener el orden del día previsto para cada sesión, sin que puedan examinarse asuntos que no figuren en el mismo, salvo que todos los miembros manifiesten su conformidad.
b) Corresponde a su Presidente acordar la convocatoria de las reuniones por iniciativa propia, al menos una vez al año, o cuando lo soliciten, al menos, la tercera parte de sus miembros.
c) Cuando hubiera de reunirse con el objeto exclusivo de informar un proyecto normativo, la convocatoria, la constitución y adopción de acuerdos podrá efectuarse por medios electrónicos, telefónicos o audiovisuales, que garanticen la intercomunicación entre ellos y la unidad de acto, tales como la videoconferencia o el correo electrónico, entendiéndose los acuerdos adoptados en el lugar donde esté la presidencia.
d) El Secretario se designará según un reglamento interno de funcionamiento.

13. La opinión de la Conferencia Sectorial sobre un asunto que se somete a su consulta adopta la forma de:

a) Recomendación.
b) Dictamen.
c) Informe.
d) Resolución.

14. Señala la respuesta incorrecta. Las Conferencias Sectoriales pueden ejercer funciones:

a) Consultivas.
b) Decisorias.
c) De coordinación.
d) Legislativas.

15. Quedarán extinguidos los órganos de cooperación que no se hayan reunido en un plazo desde su creación o desde la entrada en vigor de la Ley 40/2015, de 1 de octubre, de Régimen Jurídico del Sector Público, de:

a) 2 años.
b) 3 años.
c) 4 años.
d) 5 años.

16. La aplicación del *principio de cooperación* en la utilización de medios electrónicos por las Administraciones Públicas, pretende garantizar:

a) La petición al ciudadano de todos aquellos datos que consideren útiles para la labor administrativa de las distintas Administraciones Públicas.
b) La veracidad y autenticidad de las informaciones y servicios ofrecidos por las Administraciones Públicas a través de medios electrónicos.
c) La accesibilidad universal y el diseño para todos los ciudadanos de los soportes, canales y entornos, con objeto de que todas las personas puedan ejercer sus derechos en igualdad de condiciones.
d) El reconocimiento mutuo de los documentos electrónicos y de los medios de identificación y autenticación.

17. Los principios básicos y requisitos mínimos requeridos para una protección adecuada de la información constituyen:

a) El Esquema Nacional de Seguridad.
b) El Esquema Nacional de Interoperabilidad.
c) La estrategia TIC.
d) El Plan de Transformación digital de la Administración General del Estado.

18. La letra [C] señala, en relación con la seguridad de la información o de los sistemas, una dimensión de seguridad de:

a) Cualificación.
b) Confidencialidad.
c) Capacitación.
d) Certificación.

19. Es un servicio de administración electrónica en la nube ofrecido a todas las Administraciones Públicas, que permite digitalizar el papel que presenta el ciudadano en las oficinas de registro, y enviarlo electrónicamente al destino, al instante, y sea cual sea su ubicación geográfica o nivel de administración competente:

a) ORVE.
b) NUBE.

c) VERBO.
d) BRAVO.

20. Según la LRJSP, los acuerdos con efectos jurídicos adoptados por las Administraciones Públicas, los organismos públicos y entidades de derecho público vinculados o dependientes o las Universidades públicas entre sí o con sujetos de derecho privado para un fin común, se denominan:

a) Acuerdos sectoriales.
b) Pactos.
c) Recomendaciones.
d) Convenios.

21. Deberán remitirse electrónicamente al Tribunal de Cuentas u órgano externo de fiscalización de la Comunidad Autónoma, según corresponda, cualquier convenio suscrito cuyos compromisos económicos asumidos superen:

a) Los 300.000 euros.
b) Los 600.000 euros.
c) El millón de euros.
d) Los 5 millones de euros.

22. NO es causa de resolución de los Convenio suscritos por las Administraciones Públicas:

a) El transcurso del plazo de vigencia del convenio sin haberse acordado la prórroga del mismo.
b) El acuerdo por mayoría absoluta de los firmantes.
c) El incumplimiento de las obligaciones y compromisos asumidos por parte de alguno de los firmantes.
d) Decisión judicial declaratoria de la nulidad del convenio.

23. El cumplimiento y la resolución de los convenios da lugar a la liquidación de los mismos. Si de la liquidación resultara que el importe de las actuaciones ejecutadas por alguna de las partes fuera inferior a los fondos que la misma hubiera recibido del resto de partes del convenio para financiar dicha ejecución, aquella deberá reintegrar a estas el exceso que corresponda a cada una, en un plazo máximo desde que se hubiera aprobado la liquidación de:

a) Un mes.
b) Dos meses.
c) Tres meses.
d) Seis meses.

24. Por regla general, los convenios tendrán una duración no superior a:

a) 3 años.
b) 4 años.

c) 5 años.
d) Indefinida.

25. Los convenios interadministrativos que suscriba la Administración General del Estado (o sus organismos públicos y entidades de derecho público vinculados o dependientes) con las Comunidades Autónomas, serán remitidos por el Ministerio de Política Territorial:

a) Al Tribunal de Cuentas.
b) Al Congreso de los Diputados.
c) Al Tribunal Constitucional.
d) Al Senado.

Solución al test n.º 28

1. b) Colaboración.

2. a) Cooperación.

3. d) En algunos casos sí, por ejemplo cuando la información solicitada tenga carácter confidencial o reservado.

4. c) Comisión de Subsecretarios.

5. a) Los Ministros del Gobierno.

6. b) Un Ministro.

7. c) La tercera parte de sus miembros.

8. c) Acuerdo o Recomendación.

9. b) Permanentes o temporales.

10. c) Acuerdo.

11. b) Representantes de la Administración General del Estado y representantes de las Comunidades Autónomas.

12. d) El Secretario se designará según un reglamento interno de funcionamiento.

13. a) Recomendación.

14. d) Legislativas.

15. d) 5 años.

16. d) El reconocimiento mutuo de los documentos electrónicos y de los medios de identificación y autenticación.

17. a) El Esquema Nacional de Seguridad.

18. b) Confidencialidad.

19. a) ORVE.

20. d) Convenios.

21. b) Los 600.000 euros.

22. b) El acuerdo por mayoría absoluta de los firmantes.

23. a) Un mes.

24. b) 4 años.

25. d) Al Senado.

TEST N.º 29

El esquema de interoperabilidad

1. Aquella dimensión de la interoperabilidad relativa a que la información intercambiada pueda ser interpretable de forma automática y reutilizable por aplicaciones que no intervinieron en su creación, se denomina:

a) Interoperabilidad semántica.
b) Interoperabilidad técnica.
c) Interoperabilidad en el tiempo.
d) Interoperabilidad organizativa.

2. Es la capacidad de los sistemas de información y de los procedimientos a los que estos dan soporte, de compartir datos y posibilitar el intercambio de información y conocimiento entre ellos:

a) Reutilización.
b) Interoperabilidad.
c) Interactividad.
d) Interrelación.

3. Las Normas Técnicas de Interoperabilidad desarrolladas por el Esquema Nacional de Interoperabilidad:

a) Son de uso potestativo por las Administraciones Públicas.
b) Son de uso obligado para todos los ciudadanos que se comuniquen con las Administraciones Públicas.
c) Son de obligado cumplimiento por parte de las Administraciones Públicas.
d) Son de obligado cumplimiento por parte de la Administración General del Estado y potestativas para el resto de Administraciones Públicas.

4. Señala la respuesta incorrecta. La interoperabilidad se entenderá contemplando su dimensión:

a) Física.
b) Organizativa.

c) Semántica.
d) Técnica.

5. ¿Cuál de las siguientes definiciones NO es uno de los roles de la Plataforma de Intermediación, según la Norma Técnica de Interoperabilidad de Protocolos de intermediación de datos?

a) Mantendrá un portal web informativo con toda la documentación relativa a la Plataforma.
b) Almacenará información personal del ciudadano derivada de la transacción de intercambio de datos, asegurando para ello la confidencialidad e integridad de la misma a través de los mecanismos correspondientes.
c) Mantendrá un centro de atención a usuarios e integradores que canalice todas las incidencias relativas al sistema.
d) Mantendrá un portal web informativo con toda la documentación relativa a la Plataforma.

6. Señala la respuesta incorrecta. La aplicación del Esquema Nacional de Interoperabilidad se desarrollará de acuerdo con los siguientes principios específicos:

a) La interoperabilidad como cualidad integral.
b) Enfoque de soluciones multilaterales.
c) Condiciones invariables de uso.
d) Carácter multidimensional de la interoperabilidad.

7. ¿Cómo se denomina a la lista de acceso público que recoge información precisa y actualizada de aquellos servicios de certificación y firma electrónica que se consideran aptos para su empleo en un marco de interoperabilidad de las Administraciones públicas españolas y europeas?

a) Lista de servicios útiles.
b) Lista de servicios recomendados.
c) Lista de servicios homologados.
d) Lista de servicios de confianza.

8. Se denomina así a la agrupación de procedimientos administrativos atendiendo a criterios genéricos de similitud por razón de esquema de tramitación, documentación de entrada y salida e información, dejando al margen criterios de semejanza en la materia objeto del procedimiento, órgano competente, u otra información análoga:

a) Familia.
b) Género.
c) Grupo afín.
d) Estándar.

9. Es aquella dimensión de la interoperabilidad relativa a la interacción entre elementos que corresponden a diversas oleadas tecnológicas; manifestada especialmente en la conservación de la información en soporte electrónico:

a) Interoperabilidad semántica.
b) Interoperabilidad técnica.
c) Interoperabilidad en el tiempo.
d) Interoperabilidad organizativa.

10. ¿Qué red es la prestadora de la Red de comunicaciones de las Administraciones Públicas españolas?

a) Red TESTA.
b) Red SARA.
c) Red Gateway.
d) Red CORA.

11. Las administraciones utilizarán para las aplicaciones que declaren como de fuentes abiertas aquellas licencias que aseguren que los programas, datos o información que se comparten:

a) Pueden ejecutarse para un único propósito.
b) Utilizan un código fuente anónimo.
c) Pueden modificarse o mejorarse.
d) Solo pueden redistribuirse a otros usuarios sin cambios.

12. ¿Cuál de las siguientes NO es una Norma Técnica de Interoperabilidad?

a) Catálogo de estándares.
b) Modelo de Datos para el intercambio de asientos entre las Entidades Registrales.
c) Protocolo de gestión de recursos de la Administración.
d) Expediente Electrónico.

13. Señala la respuesta correcta sobre lo que establece la Norma Técnica de Interoperabilidad de Protocolos de Intermediación de Datos:

a) Las tecnologías utilizadas para los intercambios se implementarán en base a estándares según lo establecido en la Norma Técnica de Interoperabilidad de Catálogo de estándares.
b) De forma general en servicios de intercambio se utilizará la versión 2.0 del protocolo SCSP (Sustitución de Certificados en Soporte Papel).
c) Emisores y Requirentes no mantendrán trazabilidad de los intercambios de datos producidos.
d) Los intercambios de información se podrán implementar a través de servicios web.

14. ¿Cuál de las siguientes normas regula el Esquema Nacional de Interoperabilidad?

a) El Real Decreto 4/2010, de 8 de enero.
b) El Real Decreto 1133/2010 de 10 de septiembre.
c) El Real Decreto 67/2010, de 29 de enero.
d) El Real Decreto 1796/2010, de 30 de diciembre.

15. Conforme a la *Norma Técnica de Interoperabilidad de Catálogo de Estándares*, el catálogo de estándares indicará para cada estándar el estado que le corresponde dentro del ciclo de vida, siendo los valores aplicables "admitido" y:

a) Rechazado.
b) Denegado.
c) En desuso.
d) En abandono.

16. Señala la respuesta incorrecta. Según la *Norma Técnica de Interoperabilidad de Documento electrónico*, los componentes de un documento electrónico son:

a) Firma electrónica.
b) Naturaleza.
c) Metadatos.
d) Contenido.

17. Según la *Norma Técnica de Interoperabilidad de Documento electrónico*, los documentos administrativos electrónicos y aquellos susceptibles de formar parte de un expediente:

a) Carecerán de firma electrónica.
b) Podrán llevar asociada alguna firma electrónica.
c) Tendrán siempre asociada al menos una firma electrónica.
d) Solo podrán llevar asociada una firma electrónica.

18. Según la *Norma Técnica de Interoperabilidad de Digitalización de documentos*, el nivel mínimo para imágenes electrónicas es de:

a) 100 píxeles por pulgada.
b) 100 píxeles por centímetro.
c) 200 píxeles por pulgada.
d) 200 píxeles por centímetro.

19. ¿Qué elemento dispone la *Norma Técnica de Interoperabilidad de Expediente electrónico* para garantizar la integridad del expediente electrónico y permitir su recuperación siempre que sea preciso?

a) El resumen electrónico.
b) El índice electrónico.

c) El sumario electrónico.
d) La guía electrónica.

20. ¿Qué nombre da la *Norma Técnica de Interoperabilidad de Política de firma y sello electrónicos y de certificados de la Administración*, en el proceso de creación y validación de una firma electrónica, a la entidad, ya sea persona física o jurídica, que valida o verifica una firma electrónica apoyándose en las condiciones exigidas por la política de firma y sello concreta por la que se rige la plataforma de relación electrónica o el servicio concreto al que se esté invocando?

a) Verificador.
b) Prestador de servicios de confianza.
c) Gestor de la política de firma.
d) Validador.

21. ¿Cómo se denominan las firmas electrónicas dotadas de validez a lo largo del tiempo?

a) Firmas veteranas.
b) Firmas permanentes.
c) Firmas perennes.
d) Firmas longevas.

22. Según la *Norma Técnica de Interoperabilidad de Protocolos de intermediación de datos*, es un rol del cedente:

a) Justificar los casos de rechazo o denegación de una solicitud, respecto a las autorizaciones de acceso a los servicios.
b) Proporcionar los datos pertinentes a cada consulta con garantía de integridad y confidencialidad.
c) Definir Acuerdos de Nivel de Servicio (ANS) para regular las condiciones de prestación de los servicios y mecanismos de respuesta a incidencias específicos acorde a la criticidad del servicio que se está prestando.
d) Mantendrá la traza de todas las peticiones recibidas y respuestas generadas.

23. La *Norma Técnica de Interoperabilidad de Requisitos de conexión a la Red de comunicaciones de las Administraciones públicas españolas* tiene por objeto establecer las condiciones en las que cualquier órgano de una Administración, o Entidad de Derecho Público vinculada o dependiente de aquella, accederá a la Red SARA. El acceso a la Red SARA se realizará a través de lo que se denomina:

a) Punto de respuesta.
b) Punto de presencia.
c) Punto de escena.
d) Punto de ubicación.

24. Conforme a la *Norma Técnica de Interoperabilidad de Procedimientos de copiado auténtico y conversión entre documentos electrónicos,* las copias electrónicas parciales auténticas:

a) Tendrán asignado el valor «Copia electrónica auténtica de documento papel» al metadato mínimo obligatorio «Estado de elaboración».

b) Se obtendrán de la aplicación de una conversión entre documentos electrónicos.

c) Se obtendrán mediante extractos del contenido del documento origen que corresponda o a través de la utilización de otros métodos electrónicos que permitan mantener la confidencialidad de aquellos datos que no afecten al interesado.

d) Tendrán asignado el valor «Copia electrónica auténtica con cambio de formato» en el metadato mínimo obligatorio «Estado de elaboración».

25. ¿Cómo denomina la *Norma técnica de interoperabilidad de reutilización de recursos de información* al nivel de detalle de los datos, en la medida en la que trata el nivel más atómico por el cual se definen los datos?

a) Nivel de granularidad.

b) Nivel de molecularidad.

c) Nivel de celularidad.

d) Nivel de singularidad.

Solución al test n.º 29

1. a) Interoperabilidad semántica.

2. b) Interoperabilidad.

3. c) Son de obligado cumplimiento por parte de las Administraciones Públicas.

4. a) Física.

5. b) Almacenará información personal del ciudadano derivada de la transacción de intercambio de datos, asegurando para ello la confidencialidad e integridad de la misma a través de los mecanismos correspondientes.

6. c) Condiciones invariables de uso.

7. d) Lista de servicios de confianza.

8. a) Familia.

9. c) Interoperabilidad en el tiempo.

10. b) Red SARA.

11. c) Pueden modificarse o mejorarse.

12. c) Protocolo de gestión de recursos de la Administración.

13. d) Los intercambios de información se podrán implementar a través de servicios web.

14. a) El Real Decreto 4/2010, de 8 de enero.

15. d) En abandono.

16. b) Naturaleza.

17. c) Tendrán siempre asociada al menos una firma electrónica.

18. c) 200 píxeles por pulgada.

19. b) El índice electrónico.

20. a) Verificador.

21. d) Firmas longevas.

22. a) Justificar los casos de rechazo o denegación de una solicitud, respecto a las autorizaciones de acceso a los servicios.

23. b) Punto de presencia.

24. c) Se obtendrán mediante extractos del contenido del documento origen que corresponda o a través de la utilización de otros métodos electrónicos que permitan mantener la confidencialidad de aquellos datos que no afecten al interesado.

25. a) Nivel de granularidad.

Nociones básicas de calidad: modelos. Planificación estratégica: Misión, Visión y Valores de la organización

1. La estrategia de gestión que permite la satisfacción de las expectativas del cliente, tanto externo como interno, al menor coste posible se denomina:

a) Calidad total.
b) Aseguramiento de la calidad.
c) Norma.
d) Control de calidad.

2. Indica cuál de los siguientes no es un principio que desarrolla la calidad total:

a) Conformidad.
b) Aseguramiento.
c) Excelencia.
d) Prevención.

3. El elemento imprescindible en la gestión de la calidad es:

a) La excelencia.
b) El liderazgo.
c) El modelo.
d) La organización.

4. La principal utilidad que aporta el Modelo EFQM a una organización radica en:

a) Sintetizar qué debe hacer una organización que pretenda incorporar un sistema de calidad y mejora continuada.
b) Servir de guía de autoevaluación sobre los aspectos globales de la gestión.
c) Identificar y analizar la situación (describir el problema y determinar sus causas).
d) Que solo es aplicable a los organismos públicos.

5. Señala cuál de los siguientes no es un criterio básico del modelo de gestión de calidad EFQM a nivel de resultados:

a) Personas.
b) Clave.

c) Clientes.
d) Recursos.

6. Para el modelo EFQM, el conjunto de criterios cuyo enfoque realizado por la organización es relevante para la consecución de la excelencia en los resultados de la misma, define:

a) Los agentes facilitadores.
b) La gestión.
c) Los resultados.
d) Los fundamentos.

7. El conjunto de personas, instituciones u organizaciones que suministran productos, servicios o conocimientos a la unidad administrativa es, en el modelo EFQM, el:

a) Suministrado.
b) Proveedor.
c) Cliente.
d) Administrado.

8. El Modelo EFQM trata de fomentar el pensamiento creativo y la innovación, basándose en:

a) El liderazgo y coherencia en los objetivos.
b) La mejora de la autoevaluación y la formación.
c) La ética y responsabilidad.
d) Hechos, medición sistemática y disponibilidad de la información.

9. En el Modelo EFQM, la orientación hacia los resultados propugnará:

a) Una mayor eficiencia en los servicios y productos.
b) Medir los resultados e identificar las desviaciones entre lo planificado y lo realmente conseguido.
c) La implicación de todos los integrantes de la organización en la mejora de la productividad.
d) El equilibrio entre la satisfacción de todos los intereses existentes en la organización para lograr los objetivos propuestos.

10. La realización de comparaciones sistemáticas de los procesos y/o de los resultados entre organizaciones, con el fin de aprender de las mejores prácticas e implantarlas de la forma más adecuada se realiza a través de la herramienta denominada:

a) ISO.
b) Benchmarking.
c) PDCA o Ciclo de Deming.
d) Marketing.

11. Esta herramienta se utiliza en el Modelo:

a) CAF.
b) Ciudadanía.
c) EFQM.
d) ISO.

12. En el modelo Ciudadanía, la referencia a los atributos indispensables que la ciudadanía pide al expresar sus necesidades se denomina:

a) Calidad esperada.
b) Calidad asegurada.
c) Calidad requerida.
d) Calidad percibida.

13. En el modelo SERQUAL, el indicador que determina el nivel de calidad logrado es el:

a) Gap 5.
b) Item 4.
c) Gap 1.
d) Aspecto 22.

14. Aquella actividad que ha sido sistematizada y documentada con el objetivo de asegurar procesos y/o servicios de una forma controlada y de acuerdo con las especificaciones, normas y procedimientos aplicables se denomina:

a) Excelencia de la calidad.
b) Percepción de la calidad.
c) Aseguramiento de la calidad.
d) Calidad Total.

15. La norma ISO que, actualmente, contiene los requisitos que debe cumplir un sistema de gestión de la calidad es la:

a) 9001:2015.
b) 9001:2008.
c) 9004:2009.
d) 9001:2005.

16. La planificación estratégica es una herramienta que permite a las organizaciones alcanzar la visión de éxito gracias a:

a) La generación de un consenso sobre la participación.
b) Un proceso de gestión.

c) La generación de un consenso sobre el compromiso.
d) Un método sistemático de definición de acciones.

17. Cada proyecto de un Plan Estratégico exige la realización de:

a) Metodología evaluativa.
b) Plan de Evaluación.
c) Proyección.
d) Estudio de Viabilidad.

18. Señala cuál de las siguientes no es una misión que el Ayuntamiento de Salamanca se impone como misión en la gestión de calidad:

a) Gestionar de forma eficaz las personas alineando sus intereses con los del Ayuntamiento.
b) Contribuir a la transferencia de tecnologías.
c) Liderar el cambio en toda la organización.
d) Actuar como un Departamento cercano a las personas".

19. Alcanzar un modelo de referencia en la gestión de personas de forma que el personal del Ayuntamiento de Salamanca se sienta identificado con el mismo y motivado para responder a los retos que plantea la ciudadanía, es lo que se denomina:

a) Compromiso.
b) Misión.
c) Valor.
d) Visión.

20. ¿Cuál de los siguientes no es un "valor" de la calidad del servicio que presta el Ayuntamiento de Salamanca?

a) Vocación de Servicio Público.
b) Eficiencia.
c) Transparencia.
d) Profesionalidad.

Solución al test n.º 30

1. a) Calidad total.

2. b) Aseguramiento.

3. b) El liderazgo.

4. b) Servir de guía de autoevaluación sobre los aspectos globales de la gestión.

5. d) Recursos.

6. a) Los agentes facilitadores.

7. b) Proveedor.

8. b) La mejora de la autoevaluación y la formación.

9. d) El equilibrio entre la satisfacción de todos los intereses existentes en la organización para lograr los objetivos propuestos.

10. b) Benchmarking.

11. a) CAF.

12. c) Calidad requerida.

13. a) Gap 5.

14. c) Aseguramiento de la calidad.

15. a) 9001:2015.

16. d) Un método sistemático de definición de acciones.

17. d) Estudio de Viabilidad.

18. b) Contribuir a la transferencia de tecnologías.

19. d) Visión.

20. b) Eficiencia.

Procesos y gestión por procesos: definición, clasificación, mapa de procesos y fichas de descripción de procesos. Modelo ISO 9001:2015 para la gestión de los procesos

1. Se entiende por proceso:

a) Al conjunto de actuaciones, decisiones, actividades y tareas que se encadenan de forma secuencial y ordenada para conseguir un resultado que satisfaga plenamente los requerimientos de a quien va dirigido.

b) Al modelo, un patrón, ejemplo o criterio a seguir.

c) Al conjunto de reglas e instrucciones que determinan la manera de proceder o de obrar para conseguir un resultado.

d) Al conjunto de criterios cuyo enfoque realizado por la organización es relevante para la consecución de la excelencia en los resultados de la misma.

2. En el ciclo PDCA o Ciclo de Deming, establecer qué quiere lograr la organización y como lo pretende lograr es la acción de:

a) Implantar.
b) Planificar.
c) Actuar.
d) Evaluar.

3. La etapa en la que se comprueba la implantación y la efectividad de las acciones para alcanzar las mejoras planificadas (objetivos) es la acción de:

a) Actuar.
b) Evaluar.
c) Planificar.
d) Implantar.

4. La coherencia con la visión, misión y valores de la organización en la gestión por procesos supone:

a) La revisión, control y seguimiento periódico de los procesos y, en su caso, llevar a cabo acciones destinadas a mejorar su rendimiento.

b) La incorporación de todas las funciones de gestión en un sistema integrado y alineado con la visión, misión, valores y objetivos estratégicos de la organización.

c) Identificar y analizar la situación (describir el problema y determinar sus causas).

d) Su orientación hacia la satisfacción de las necesidades y expectativas de sus clientes internos y externos.

5. Los tipos de procesos que son fundamentales y representan el objeto principal de actividad, se denominan:

a) Procesos de apoyo.

b) Procesos estratégicos o estructurales.

c) Procesos de creación o gestión de infraestructuras.

d) Procesos clave u operativos.

6. Los tipos de procesos que orientan y dirigen todos los procesos, marcando la estrategia de la organización:

a) Procesos estratégicos o estructurales.

b) Procesos clave u operativos.

c) Procesos de apoyo.

d) Procesos de creación o gestión de infraestructuras.

7. Se denomina mapa de procesos a:

a) Un modelo, patrón, ejemplo o criterio a seguir.

b) La representación esquematizada de los grandes procesos que conforman una organización.

c) La descripción gráfica del modo en que las personas desempeñan su trabajo.

d) La realización de comparaciones sistemáticas de los procesos y/o de los resultados entre organizaciones.

8. La visualización de un proceso en forma de diagrama o esquema, que describe en forma gráfica el modo en que las personas desempeñan su trabajo, se llama:

a) Mapa.

b) Flujograma.

c) Ficha.

d) Función.

9. Para sistematizar y homogeneizar los documentos que en una organización describen de forma exhaustiva los procesos se utiliza:

a) Un esquema.

b) Un mapa.

c) Un flujograma.

d) Una ficha.

10. La norma ISO que, en la actualidad, contiene los requisitos que debe cumplir un sistema de gestión de la calidad es la:

a) 9001:2015.
b) 9001:2008.
c) 9004:2009.
d) 9000:2005.

11. No es una característica de la norma ISO 9001:

a) Norma internacional.
b) Certificación.
c) Sistema de Gestión basado en objetivos.
d) Todos los anteriores lo son.

12. Identifica cuál de los siguientes procesos no es típico de una organización:

a) Procesos de Evaluación.
b) Procesos para la gestión de la organización.
c) Procesos para la gestión de recursos.
d) Procesos de realización.

Solución al test n.º 31

1. a) Al conjunto de actuaciones, decisiones, actividades y tareas que se encadenan de forma secuencial y ordenada para conseguir un resultado que satisfaga plenamente los requerimientos de a quien va dirigido.

2. b) Planificar.

3. b) Evaluar.

4. b) La incorporación de todas las funciones de gestión en un sistema integrado y alineado con la visión, misión, valores y objetivos estratégicos de la organización.

5. d) Procesos clave u operativos.

6. a) Procesos estratégicos o estructurales.

7. b) La representación esquematizada de los grandes procesos que conforman una organización.

8. b) Flujograma.

9. d) Una ficha.

10. a) 9001:2015.

11. c) Sistema de Gestión basado en objetivos.

12. a) Procesos de Evaluación.

La dirección por objetivos. Características, conceptos y proceso. La evaluación del desempeño y del rendimiento: concepto, diferencias, objetivos y criterios de evaluación

1. En la dirección por objetivos es esencial que el "objetivo" se refiera a:

a) Recursos.
b) Resultados.
c) Planificación.
d) Actuación.

2. Además, los objetivos han de ser:

a) Específicos y factibles.
b) Medibles o, al menos, verificables.
c) Encuadrables en los límites de responsabilidad.
d) Todo lo anterior es cierto.

3. La flexibilidad en la definición de objetivos es:

a) Una característica de la mala organización.
b) Contraria a la dirección por objetivos.
c) Un aspecto destacable.
d) Algo de lo que hay que huir, pero que se acepta como mal menor.

4. Un elemento esencial del método y su principal cualidad motivadora es:

a) La participación.
b) La flexibilidad.
c) El liderazgo.
d) Nada de lo anterior es cierto.

5. Cumplir las obligaciones inherentes a una profesión, cargo u oficio define al término:

a) Evaluar.
b) Rendimiento.

c) Desempeñar.
d) Recurso.

6. La proporción entre el producto o el resultado obtenido y los medios utilizados se denomina:

a) Rendimiento.
b) Recurso.
c) Desempeño.
d) Verificación.

7. La evaluación del desempeño de los trabajadores al servicio de las Administraciones Públicas ha sido refrendada legalmente a través del:

a) Art. 103 CE.
b) Art. 13 de la Ley 39/2015.
c) Art. 20 del EBEP.
d) Art. 14 CE.

8. Según su definición legal, la evaluación del desempeño es:

a) El proceso de cambio de paradigma encaminado a la búsqueda de nuevos parámetros de legitimidad.
b) El procedimiento mediante el cual se mide y valora la conducta profesional y el rendimiento o el logro de resultados.
c) El procedimiento que dota a los trabajadores de oportunidades de formación y desarrollo profesional y personal.
d) Los parámetros de la retribución de los empleados públicos.

9. Los objetivos de la evaluación del desempeño deben centrarse sobre:

a) La capacidad y el resultado de las tareas.
b) La formación y la función laboral.
c) La conducta y el cumplimiento profesionales.
d) El resultado y la retribución.

10. Señala cuál de los siguientes no es un criterio de la Evaluación por desempeño:

a) Transparencia.
b) Eficacia.
c) Objetividad.
d) Imparcialidad.

11. La dimensión de la evaluación del desempeño que evalúa la cantidad de trabajo producido es el/la:

a) Esfuerzo.
b) Conocimiento.

c) Competencia.
d) Productividad.

12. El criterio de fiabilidad en la evaluación del desempeño atiende a si:

a) Existe claridad en la definición de lo que se mide.
b) Distintos evaluadores, para el mismo periodo de tiempo, evalúan de igual manera al mismo/a trabajador/a en el mismo comportamiento.
c) Lo que se está midiendo, realmente, es un comportamiento importante para la organización.
d) Permite que los evaluados se ordenen en función de la medida.

13. La suma de todas las dimensiones que constituyen el desempeño se denomina:

a) Esfuerzo.
b) Productividad.
c) Evaluación global.
d) Imparcialidad.

14. Las Competencias de apoyo personal y de apoyo organizacional se dan en el ámbito o tipo de evaluación del:

a) Desempeño contextual.
b) Desempeño de tareas.
c) Desempeño contraproducente.
d) En todos los anteriores.

15. El modelo *Desempeño de Tarea* viene referido al/a la:

a) Resultado.
b) Retribución.
c) Ejecución.
d) Compromiso.

Solución al test n.º 32

1. b) Resultados.

2. d) Todo lo anterior es cierto.

3. c) Un aspecto destacable.

4. a) La participación.

5. c) Desempeñar.

6. a) Rendimiento.

7. c) Art. 20 del EBEP.

8. b) El procedimiento mediante el cual se mide y valora la conducta profesional y el rendimiento o el logro de resultados.

9. c) La conducta y el cumplimiento profesionales.

10. b) Eficacia.

11. d) Productividad.

12. b) Distintos evaluadores, para el mismo periodo de tiempo, evalúan de igual manera al mismo/a trabajador/a en el mismo comportamiento.

13. c) Evaluación global.

14. a) Desempeño contextual.

15. c) Ejecución.

Igualdad de Género: conceptos generales. III Plan de Igualdad de Oportunidades entre Mujeres y Hombres de la ciudad de Salamanca

1. ¿Qué artículo de la Constitución proclama que los españoles son iguales ante la ley, sin que pueda prevalecer discriminación alguna por razón de nacimiento, raza, sexo, religión, opinión o cualquier otra condición o circunstancia personal o social?

a) Artículo 9.
b) Artículo 11.
c) Artículo 14.
d) Artículo 18.

2. La ley que regula a nivel estatal la igualdad efectiva de mujeres y hombres es:

a) La Ley 3/2007, de 12 de marzo.
b) La Ley Orgánica 22/2007, de 3 de abril.
c) La Ley Orgánica 3/2007, de 22 de marzo.
d) El Decreto Legislativo 7/2003, de 23 de mayo.

3. Señala la respuesta incorrecta. Según el artículo 3 de la Ley Orgánica 3/2007, de 22 de marzo, para la igualdad efectiva de mujeres y hombres, el principio de igualdad de trato entre mujeres y hombres supone la ausencia de toda discriminación, directa o indirecta, por razón de sexo, y especialmente, las derivadas de:

a) La maternidad.
b) La asunción de obligaciones familiares.
c) El estado civil.
d) La orientación sexual.

4. Según el artículo 8 de la Ley Orgánica 3/2007, todo trato desfavorable a las mujeres relacionado con el embarazo o la maternidad constituye:

a) Discriminación directa.
b) Discriminación indirecta.

c) Acoso sexual.
d) Acoso por razón de sexo.

5. Según el artículo 10 de la LO 3/2007, los actos y las cláusulas de los negocios jurídicos que constituyan o causen discriminación por razón de sexo se considerarán:

a) Válidos, pero sin efecto.
b) Nulos y sin efecto.
c) Nulos, aunque pueden tener efecto.
d) Válidos y con efecto.

6. De acuerdo con las Leyes procesales, en aquellos procedimientos en los que las alegaciones de la parte actora se fundamenten en actuaciones discriminatorias, por razón de sexo, corresponderá:

a) A la persona demandada probar la ausencia de discriminación en las medidas adoptadas y su proporcionalidad (esto será aplicable en todo tipo de procesos).
b) A la persona demandante probar la existencia de discriminación en las medidas adoptadas y su proporcionalidad (esto no será aplicable a los procesos penales).
c) A la persona demandada probar la ausencia de discriminación en las medidas adoptadas y su proporcionalidad (esto no será aplicable a los procesos penales).
d) A la persona demandante probar la existencia de discriminación en las medidas adoptadas y su proporcionalidad (esto será aplicable en todo tipo de procesos).

7. El artículo 14 de la LO 3/2007 indica cuáles serán los criterios generales de actuación de los Poderes Públicos para el cumplimiento de los fines de esta ley. Así, en relación con la efectividad del derecho constitucional de igualdad entre mujeres y hombres, dicho artículo manifiesta la siguiente acción:

a) El reconocimiento.
b) El apoyo.
c) El seguimiento.
d) El compromiso.

8. Según el artículo 15 de la LO 3/2007, el principio de igualdad de trato y oportunidades entre mujeres y hombres informará la actuación de todos los Poderes Públicos con carácter:

a) Transversal.
b) Orgánico.
c) Extraordinario.
d) Sistemático.

9. El artículo 18 de la LO 3/2007, exige al Gobierno la elaboración de un informe periódico sobre el conjunto de sus actuaciones en relación con la efectividad del principio de igualdad entre mujeres y hombres. Los términos en que se elaborarán estos informes se determinarán:

a) Por ley orgánica.
b) Por ley.

c) Reglamentariamente.

d) En una ley de bases.

10. El principio de igualdad de trato y de oportunidades entre mujeres y hombres:

a) Sólo se aplica en el ámbito del empleo público.

b) Se garantizará incluso en el acceso al trabajo por cuenta propia.

c) No se aplica en la afiliación y participación en organizaciones sindicales o empresariales.

d) Se garantizará en los términos que prevean los convenios colectivos.

11. Cualquier comportamiento realizado en función del sexo de una persona, con el propósito o efecto de atentar contra su dignidad y de crear un entorno intimidatorio, degradante u ofensivo, constituye:

a) Acoso sexual.

b) Acoso por razón de sexo.

c) Discriminación directa por razón de sexo.

d) Discriminación indirecta por razón de sexo.

12. Según el artículo 9.2 de la Constitución, "corresponde a los poderes públicos .... las condiciones para que la libertad y la igualdad del individuo y de los grupos en que se integra sean reales y efectivas; .... los obstáculos que impidan o dificulten su plenitud y .... la participación de todos los ciudadanos en la vida política, económica, cultural y social". ¿Qué tres verbos faltan en la anterior frase?

a) Promover, remover y facilitar.

b) Impulsar, superar y posibilitar.

c) Crear, eliminar y alentar.

d) Facilitar, disminuir y promover.

13. Según su artículo 1, la LO 3/2007 tiene por objeto hacer efectivo el derecho de:

a) Conciliación de la vida laboral y familiar de mujeres y hombres.

b) Igualdad de trato y de oportunidades entre mujeres y hombres.

c) Participación en los asuntos públicos en igualdad de condiciones.

d) No discriminación por razón de sexo.

14. Las obligaciones establecidas en la LO 3/2007 son de aplicación a:

a) A toda persona, física o jurídica, que se encuentre o actúe en territorio español, cualquiera que fuese su nacionalidad, domicilio o residencia.

b) A todos los ciudadanos españoles, ya sea en territorio español o territorio de cualquier país extranjero.

c) A toda persona, física o jurídica, que se encuentre o actúe en territorio español, con nacionalidad española.

d) A toda persona, física o jurídica, que resida en territorio español, cualquiera que fuese su nacionalidad.

15. Según el artículo 4 de la LO 3/2007, la igualdad de trato y de oportunidades entre mujeres y hombres:

a) Es un deber de las Administraciones Públicas.
b) Es una fuente formal del Derecho.
c) Es un principio informador del ordenamiento jurídico.
d) Es un objetivo fundamental del procedimiento administrativo.

16. Para prevenir la realización de conductas discriminatorias en los actos y las cláusulas de los negocios jurídicos, el artículo 10 de la LO 3/2007 prevé la existencia de un sistema de sanciones eficaz y:

a) Proporcionado.
b) Comprensible.
c) Cuantificable.
d) Disuasorio.

17. La situación en que se encuentra una persona que sea, haya sido o pudiera ser tratada, en atención a su sexo, de manera menos favorable que otra en situación comparable, se considera:

a) Discriminación directa.
b) Acoso sexual.
c) Discriminación indirecta.
d) Violencia de género.

18. Con el fin de hacer efectivo el derecho constitucional de la igualdad, los Poderes Públicos adoptarán medidas específicas en favor de las mujeres para corregir situaciones patentes de desigualdad de hecho respecto de los hombres. Tales medidas, que serán aplicables en tanto subsistan dichas situaciones, habrán de ser en relación con el objetivo perseguido en cada caso razonables y:

a) Justificadas.
b) Autorizadas judicialmente.
c) Transparentes.
d) Proporcionadas.

19. El artículo 14 de la LO 3/2007 señala como uno de los criterios generales de actuación de los Poderes Públicos para el cumplimiento de los fines de esta ley, la participación equilibrada de mujeres y hombres en:

a) Los órganos colegiados de organismos públicos.
b) Los órganos directivos de las empresas de más de 250 trabajadores.

c) Los tribunales de selección y de decisión.
d) Las candidaturas electorales y en la toma de decisiones.

20. El artículo 20 de la LO 3/2007, establece una serie de medidas obligatorias a las que se someterán los estudios y estadísticas que elaboren los poderes públicos. ¿Cuál de las siguientes es una de dichas medidas?

a) Excluir sistemáticamente la variable de sexo en las estadísticas, encuestas y recogida de datos que lleven a cabo.
b) Realizar muestras lo suficientemente amplias para evitar que las diversas variables incluidas puedan ser explotadas y analizadas en función de la variable de sexo.
c) Explotar los datos de que disponen de modo que se puedan conocer las diferentes situaciones, condiciones, aspiraciones y necesidades de mujeres y hombres en los diferentes ámbitos de intervención.
d) Establecer e incluir en las operaciones estadísticas nuevos indicadores que posibiliten un mejor conocimiento de las similitudes en los valores, roles, situaciones, condiciones, aspiraciones y necesidades de mujeres y hombres.

21. Conforme al artículo 21 de la LO 3/2007, la Administración General del Estado y las Administraciones de las Comunidades Autónomas cooperarán para integrar el derecho de igualdad entre mujeres y hombres en el ejercicio de sus respectivas competencias y, en especial, en sus actuaciones de:

a) Supervisión.
b) Planificación.
c) Regulación.
d) Dirección.

22. Conforme al artículo 22 de la LO 3/2007, las corporaciones locales, con el fin de avanzar hacia un reparto equitativo de los tiempos entre mujeres y hombres, podrán establecer:

a) Planes Municipales de Empleo con perspectiva de género.
b) Ordenanzas de regulación del tiempo.
c) Ordenanzas o Edictos de representación equilibrada en los tiempos de la ciudad.
d) Planes Municipales de organización del tiempo de la ciudad.

23. Mantener el equilibrio en las diferentes dimensiones de la vida con el fin de mejorar el bienestar, la salud y la capacidad de trabajo personal es:

a) Conciliar.
b) Igualar.
c) Discriminatorio.
d) Corresponsabilizar.

24. ¿En cuál de las siguientes líneas del III Plan de Igualdad de Oportunidades entre Mujeres y Hombres de la ciudad de Salamanca se encuadraría el objetivo de *"Impulsar la igualdad de trato y oportunidades en el ámbito laboral para la implantación de una cultura empresarial igualitaria"*?

a) Corresponsabilidad y conciliación de la vida laboral y familiar.
b) Formación, empleo y economía.
c) Participación social y empoderamiento.
d) Política institucional de género y transversalidad.

25. La Ponencia Técnica encargada de medir los resultados alcanzados con carácter anual durante el período de ejecución del III Plan de Igualdad de Oportunidades entre Mujeres y Hombres de la ciudad de Salamanca, estará formada por la Dirección de Área de Bienestar Social o persona en quien delegue, y personal técnico del Área de Bienestar Social en número no superior a:

a) 8 miembros.
b) 5 miembros.
c) 11 miembros.
d) 15 miembros.

Solución al test n.º 33

1. c) Artículo 14.

2. c) La Ley Orgánica 3/2007, de 22 de marzo.

3. d) La orientación sexual.

4. a) Discriminación directa.

5. b) Nulos y sin efecto.

6. c) A la persona demandada probar la ausencia de discriminación en las me-didas adoptadas y su proporcionalidad (esto no será aplicable a los procesos pena-les).

7. d) El compromiso.

8. a) Transversal.

9. c) Reglamentariamente.

10. b) Se garantizará incluso en el acceso al trabajo por cuenta propia.

11. b) Acoso por razón de sexo.

12. a) Promover, remover y facilitar.

13. b) Igualdad de trato y de oportunidades entre mujeres y hombres.

14. a) A toda persona, física o jurídica, que se encuentre o actúe en territorio español, cualquiera que fuese su nacionalidad, domicilio o residencia.

15. c) Es un principio informador del ordenamiento jurídico.

16. d) Disuasorio.

17. a) Discriminación directa.

18. d) Proporcionadas.

19. d) Las candidaturas electorales y en la toma de decisiones.

20. c) Explotar los datos de que disponen de modo que se puedan conocer las diferentes situaciones, condiciones, aspiraciones y necesidades de mujeres y hombres en los diferentes ámbitos de intervención.

21. b) Planificación.

22. d) Planes Municipales de organización del tiempo de la ciudad.

23. a) Conciliar.

24. b) Formación, empleo y economía.

25. a) 8 miembros.

**Violencia de Género: marco conceptual. Prevención.
Normativa. Recursos asistenciales**

1. La protección jurídica frente a la violencia de género se articuló a través de la Ley Orgánica:

a) Ley Orgánica 1/2004, de 28 de diciembre.
b) Ley Orgánica 4/2001, de 8 de octubre.
c) Ley Orgánica 2/2008, de 14 de diciembre.
d) Ley Orgánica 10/2002, de 4 de octubre.

2. ¿A qué órgano corresponde proponer la política del Gobierno en relación con la violencia sobre la mujer y coordinar e impulsar todas las actuaciones que se realicen en dicha materia?

a) Observatorio Estatal de Violencia sobre la Mujer.
b) Delegación del Gobierno contra la Violencia de Género.
c) Consejo de Participación de la Mujer.
d) Comisión Interministerial de Igualdad entre Mujeres y Hombres.

3. La Ley Orgánica de Medidas de Protección integral contra la Violencia de Género, determina que desarrollar actividades en la resolución pacífica de conflictos y fomentar el respeto a la dignidad de las personas y a la igualdad entre hombres y mujeres, estará incluido entre los objetivos de:

a) La Educación Secundaria Obligatoria.
b) El Bachillerato y la Formación Profesional.
c) Las Universidades.
d) La enseñanza para las personas adultas.

4. La organización de los servicios sociales de atención, de emergencia, de apoyo y acogida y de recuperación integral por parte de las Comunidades Autónomas y las Corporaciones Locales, para las mujeres víctimas de violencia de género responderá a varios principios recogidos en el artículo 19 de la Ley orgánica 1/2004. Señala cuál de los siguientes no es correcto:

a) Multidisciplinariedad profesional.
b) Actuación urgente.

c) Atención alterna.
d) Especialización de prestaciones.

5. Las empresas que formalicen contratos de interinidad para sustituir a traba-jadoras víctimas de violencia de género que hayan suspendido su contrato de tra-bajo, tendrán derecho a una bonificación durante todo el período de suspensión de la trabajadora sustituida del siguiente porcentaje de las cuotas empresariales a la Seguridad Social por contingencias comunes:

a) 30 %.
b) 50 %.
c) 60 %.
d) 100 %.

6. A las trabajadoras por cuenta propia víctimas de violencia de género que ce-sen en su actividad para hacer efectiva su protección o su derecho a la asistencia social integral, se les suspenderá la obligación de cotización durante un período que les será considerado como de cotización efectiva a efectos de las prestaciones de Seguridad Social, de:

a) 6 meses.
b) 9 meses.
c) 1 año.
d) 18 meses.

7. El importe de la ayuda de pago único a víctimas de violencia de género sin responsabilidades familiares que carezcan de rentas superiores, en cómputo men-sual, al 75 por 100 del salario mínimo interprofesional, y que tengan reconocida oficialmente una minusvalía en grado igual o superior al 33 %, será equivalente a:

a) 6 meses de subsidio de desempleo.
b) 9 meses de subsidio de desempleo.
c) 12 meses de subsidio de desempleo.
d) 18 meses de subsidio de desempleo.

8. Indica la palabra que falta en la siguiente frase. Uno de los principios que re-girán las actuaciones que se lleven a cabo para la consecución de las medidas pre-vistas en la *Ley 13/2010, de 9 de diciembre, contra la Violencia de Género en Castilla y León*, es la efectividad, eficacia y .... en la prestación de los servicios que resulten más adaptados a las necesidades de cada caso.

a) Celeridad.
b) Adecuación.
c) Personalización.
d) Economía.

9. Para garantizar un tratamiento adecuado y eficaz de la situación jurídica, familiar y social de las víctimas de violencia de género en las relaciones intrafamiliares, la Ley Orgánica de Medidas de Protección integral contra la Violencia de Género establece la llamada:

a) Defensa jurídica.
b) Tutela judicial.
c) Justicia gratuita.
d) Fiscalía de la Mujer.

10. Para garantizar un tratamiento adecuado y eficaz de la situación jurídica, familiar y social de las víctimas de violencia sobre la mujer en las relaciones intrafamiliares, la Ley Orgánica de Medidas de Protección integral contra la Violencia de Género:

a) Creó el nuevo orden jurisdiccional de violencia de género.
b) Asignó competencias penales a los Jueces Civiles.
c) Creó los Juzgados de Violencia sobre la Mujer.
d) Asignó competencias civiles a los Jueces Penales.

11. Según la Ley Orgánica de Medidas de Protección integral contra la Violencia de Género, contribuirá a desarrollar en el alumnado su capacidad para adquirir habilidades en la resolución pacífica de conflictos y para comprender y respetar la igualdad entre sexos:

a) La educación infantil.
b) La educación primaria.
c) La educación secundaria obligatoria.
d) El bachillerato.

12. Señala la palabra que falta en la siguiente frase. Las Administraciones educativas adoptarán las medidas necesarias para que en los planes de formación inicial y permanente del profesorado se incluya una formación específica en materia de igualdad, con el fin de asegurar que adquieren los conocimientos y las técnicas necesarias que les habiliten para el fomento de actitudes encaminadas al ejercicio de iguales derechos y obligaciones por parte de mujeres y hombres, tanto en el ámbito público como privado, y la .... entre los mismos en el ámbito doméstico.

a) Transversalidad.
b) Alternancia.
c) Independencia.
d) Corresponsabilidad.

13. Según la Ley Orgánica de Medidas de Protección integral contra la Violencia de Género, la difusión de informaciones relativas a la violencia sobre la mujer garantizará, con la correspondiente objetividad informativa, la defensa de los derechos humanos, la libertad y dignidad de las mujeres víctimas de violencia y de sus hijos. En particular, se tendrá especial cuidado en:

a) El tratamiento gráfico de las informaciones.
b) La descripción de las vejaciones.
c) Respetar la presunción de inocencia.
d) Preservar la identidad del maltratador.

14. La Comisión contra la Violencia de Género del Consejo Interterritorial del Sistema Nacional de Salud estará compuesta por representantes:

a) De todos los Parlamentos autonómicos.
b) De las asociaciones y organizaciones no gubernamentales cuyo fin sea la prevención y erradicación de la violencia de género.
c) De todas las Comunidades Autónomas con competencia en la materia.
d) De todos los partidos políticos con representación parlamentaria.

15. En los instrumentos y procedimientos de cooperación entre la Administración General del Estado y la Administración de las Comunidades Autónomas en materia de asistencia social integral, se incluirán compromisos de aportación, por parte de la Administración General del Estado, de recursos financieros referidos específicamente a:

a) La prestación de los servicios.
b) La formación de personal.
c) La publicidad de las acciones realizadas.
d) La elaboración de estadísticas fiables.

16. Señala la respuesta correcta. En relación al derecho a la asistencia jurídica, la Ley Orgánica de Medidas de Protección integral contra la Violencia de Género señala que:

a) En caso de fallecimiento de la víctima, este derecho no podrá asistir a los causahabientes.
b) Las víctimas de violencia de género tienen derecho a recibir asesoramiento jurídico gratuito una vez se haya interpuesto la denuncia.
c) Las fuerzas y cuerpos de seguridad adoptarán las medidas necesarias para la designación urgente de letrado de oficio en los procedimientos que se sigan por violencia de género.
d) En todo caso, se garantizará la defensa jurídica, gratuita y especializada de forma inmediata a todas las víctimas de violencia de género que lo soliciten.

17. Las ausencias o faltas de puntualidad al trabajo motivadas por la situación física o psicológica derivada de la violencia de género se considerarán:

a) Justificadas, cuando así lo determinen las autoridades judiciales.
b) Justificadas en todo caso.
c) Justificadas, cuando así lo determinen los servicios sociales de atención o servicios de salud, según proceda.
d) Faltas leves.

18. Cuando las víctimas de violencia de género careciesen de rentas superiores, en cómputo mensual, al 75 por 100 del salario mínimo interprofesional, excluida la parte proporcional de dos pagas extraordinarias, recibirán una ayuda de pago único, siempre que se presuma que debido a su edad, falta de preparación general o especializada y circunstancias sociales, la víctima tendrá especiales dificultades para obtener un empleo y por dicha circunstancia no participará en los programas de empleo establecidos para su inserción profesional. El importe de esta ayuda será equivalente:

a) Al de 3 meses de subsidio por desempleo.
b) Al de 4 meses de subsidio por desempleo.
c) Al de 6 meses de subsidio por desempleo.
d) Al de 9 meses de subsidio por desempleo.

19. La orden de protección a víctimas de violencia de género:

a) Deberá solicitarse directamente ante la autoridad judicial o el Ministerio Fiscal.
b) Deberá solicitarse ante las Fuerzas y Cuerpos de Seguridad.
c) Podrá solicitarse ante las instituciones asistenciales de titularidad privada.
d) Podrá solicitarse directamente ante la autoridad judicial o el Ministerio Fiscal, o bien ante las Fuerzas y Cuerpos de Seguridad, las oficinas de atención a la víctima o los servicios sociales o instituciones asistenciales dependientes de las Administraciones públicas.

20. Quien fuera condenado, por sentencia firme, por la comisión de un delito doloso de homicidio en cualquiera de sus formas o de lesiones:

a) Mantendrá en todo caso la condición de beneficiario de la pensión de viudedad que le corresponda dentro del sistema público de pensiones aun cuando la víctima de dichos delitos fuera la causante de la pensión.
b) Perderá, en todo caso, la condición de beneficiario de la pensión de viudedad que le corresponda dentro del sistema público de pensiones cuando la víctima de dichos delitos fuera la causante de la pensión, salvo que, en su caso, medie reconciliación entre ellos.
c) Perderá la condición de beneficiario de la pensión de viudedad que le corresponda dentro del sistema público de pensiones cuando la víctima de dichos delitos fuera la causante de la pensión, salvo que, en su caso, medie reconciliación entre ellos.
d) Perderá la condición de beneficiario de la pensión de viudedad que le corresponda dentro del sistema público de pensiones cuando la víctima de dichos delitos fuera la causante de la pensión, salvo que el Juez constate expresamente el arrepentimiento del condenado.

21. Indica la palabra que falta en la siguiente frase. Con el objetivo de modificar los estereotipos y prejuicios existentes, los poderes públicos de Castilla y León, en su ámbito de competencias, realizarán e impulsarán campañas de .... que deberán tener en cuenta la violencia de género desde su naturaleza multidimensional y como manifestación de la desigualdad entre hombres y mujeres, incidiendo en su origen y causas, diferenciándolas de otras cuestiones de cualquier índole, y presentando a las mujeres que han padecido esa violencia como personas que han podido superar con éxito tales situaciones.

a) Información.
b) Asesoramiento.
c) Sensibilización.
d) Formación.

22. La Consejería competente en materia educativa garantizará que, en los centros escolares, se preste una especial atención a los contenidos de los materiales y libros de texto utilizados en los diferentes niveles del sistema educativo a fin de evitar que estos contengan elementos sexistas o discriminatorios que no contribuyan a la igualdad de oportunidades entre mujeres y hombres y a la prevención de la violencia de género, a través de:

a) Las asociaciones de madres y padres.
b) Los Consejos Escolares.
c) Los profesores.
d) Los directores de Centro.

23. La Administración de la Comunidad de Castilla y León impulsará programas o actuaciones para la inserción laboral por cuenta ajena o propia de las mujeres víctimas, proporcionando específicamente instrumentos para la formación, la búsqueda de empleo y:

a) El asesoramiento laboral.
b) La participación en cooperativas de economía social.
c) La subvención de contratación de trabajadores.
d) La creación de empresas.

24. Deberán existir puntos de encuentro familiar en todos los municipios capitales de provincia de Castilla y León y en los de más de:

a) 10.000 habitantes.
b) 20.000 habitantes.
c) 30.000 habitantes.
d) 5.000 habitantes.

25. Según la Ley 13/2010, son aquellas viviendas que tienen por objeto dispensar, en régimen de autogestión, alojamiento y seguimiento psicosocial a las mujeres víctimas y, en su caso, a las personas dependientes de ellas, cuando precisan apoyo en la consecución de su autonomía personal:

a) Casas de acogida.
b) Centros de emergencia.
c) Pisos tutelados.
d) Habitaciones compartidas.

Solución al test n.º 34

1. a) Ley Orgánica 1/2004, de 28 de diciembre.

2. b) Delegación del Gobierno contra la Violencia de Género.

3. d) La enseñanza para las personas adultas.

4. c) Atención alterna.

5. d) 100 %.

6. a) 6 meses.

7. c) 12 meses de subsidio de desempleo.

8. a) Celeridad.

9. b) Tutela judicial.

10. c) Creó los Juzgados de Violencia sobre la Mujer.

11. b) La educación primaria.

12. d) Corresponsabilidad.

13. a) El tratamiento gráfico de las informaciones.

14. c) De todas las Comunidades Autónomas con competencia en la materia.

15. a) La prestación de los servicios.

16. d) En todo caso, se garantizará la defensa jurídica, gratuita y especializada de forma inmediata a todas las víctimas de violencia de género que lo soliciten.

17. c) Justificadas, cuando así lo determinen los servicios sociales de atención o servicios de salud, según proceda.

18. c) Al de 6 meses de subsidio por desempleo.

19. d) Podrá solicitarse directamente ante la autoridad judicial o el Ministerio Fiscal, o bien ante las Fuerzas y Cuerpos de Seguridad, las oficinas de atención a la víctima o los servicios sociales o instituciones asistenciales dependientes de las Administraciones públicas.

20. c) Perderá la condición de beneficiario de la pensión de viudedad que le corresponda dentro del sistema público de pensiones cuando la víctima de dichos delitos fuera la causante de la pensión, salvo que, en su caso, medie reconciliación entre ellos.

21. c) Sensibilización.

22. b) Los Consejos Escolares.

23. d) La creación de empresas.

24. b) 20.000 habitantes.

25. c) Pisos tutelados.

BLOQUE II

TEST N.º 1

Informática básica: conceptos fundamentales sobre el hardware y el software. Sistemas de almacenamiento de datos. Sistemas operativos. Nociones básicas de seguridad informática

1. Indica cuál de los siguientes elementos se considera Hardware Básico:

a) CPU.
b) Tarjeta Wifi.
c) DVD.
d) Ninguna de las anteriores.

2. ¿Cuál de los siguientes elementos se puede considerar como Dispositivo de Entrada/Salida bidireccional?

a) Monitor.
b) Tarjeta de red.
c) Teclado.
d) Impresora.

3. Completar la frase. Los datos .... se obtienen del procesador, tras el procesamiento de los datos de entrada:

a) Salida.
b) Finales.
c) Intermedios.
d) Interiores.

4. El principio en relación a los datos e información en un sistema que indica que todos los datos necesarios para generar la información estén disponibles se denomina:

a) Integridad.
b) Encriptación.
c) Unidad.
d) Ninguna de las anteriores.

5. El CD óptico tiene una capacidad de almacenamiento aproximada de:

a) 4 GB.
b) 1 TB.
c) 4.7 GB.
d) 700 MB.

6. La diferencia fundamental entre un disco duro tradicional y un SSD estriba en que:

a) El SSD es más rápido.
b) El SSD no dispone de cabezales.
c) El disco duro dispone de mayor capacidad de almacenamiento.
d) Todas son correctas.

7. ¿El formato de archivos ext2 es típico de que Sistema Operativo?

a) Windows.
b) Linux.
c) Mac.
d) Ninguna es correcta.

8. ¿Qué unidad de almacenamiento de datos es mayor?

a) TeraByte.
b) KiloByte.
c) MegaByte.
d) GigaByte.

9. El virus que hace cada vez más lento e inoperativo al PC infectado se denomina:

a) Gusano.
b) Troyano.
c) Zombie.
d) Ninguna de las anteriores.

10. ¿Cuál de los siguientes términos NO se refiere a un algoritmo de cifrado?

a) WEP.
b) TKIP.
c) Spam.
d) WPA.

11. ¿Cuál de los siguientes elementos NO es un periférico?

a) Teclado.
b) Ratón.
c) Monitor.
d) Memoria RAM.

12. El tipo de ordenador específicamente diseñado para funcionar 24 horas durante los 7 días de la semana se denomina:

a) Portátil.
b) Servidor.
c) PC.
d) Ninguna de las anteriores.

13. La tecnología de CPU consistente en usar instrucciones simples se denomina:

a) RISC.
b) CISC.
c) DISK.
d) TISK.

14. ¿Qué tipo de memoria se utiliza para albergar la BIOS de un ordenador?

a) RAM.
b) SSD.
c) ROM.
d) Flash.

15. Si la imagen de un monitor muestra colores muy difusos es posible que el problema que tenga es que:

a) Esté imantado.
b) La frecuencia de refresco no es correcta.
c) La resolución no es adecuada.
d) Ninguna de las anteriores.

16. Un signo de que el idioma seleccionado en Windows no es castellano puede ser:

a) Mala resolución de la imagen.
b) Parpadeo de la pantalla.
c) Los caracteres de las teclas no coinciden con el que indican.
d) Ninguna de las anteriores.

17. Los controladores de los dispositivos están englobados dentro de ¿qué tipo de software?

a) De aplicación.
b) De Sistema.
c) De Programación.
d) Ninguna de las anteriores.

18. ¿A qué nos podemos referir al usar las palabras booleano, carácter, entero, natural...?

a) Dispositivos.
b) Tipos de datos.
c) Virus.
d) Programas.

19. El elemento Hardware que impide la entrada de intrusos en la red de datos interna o local se denomina:

a) Antivirus.
b) Escáner.
c) Rúter.
d) Firewall.

20. La acción o suceso que compromete la seguridad del sistema se denomina:

a) Vulnerabilidad.
b) Amenaza.
c) Acceso.
d) Identificación.

21. Un hacker que se introduce en el sistema pero no hace nada se suele denominar:

a) Virus.
b) Gusano.
c) Curioso.
d) Troyano.

22. El acceso no autorizado a sistemas informáticos tiene la denominación de

a) Hacker.
b) Hacking.
c) Firewall.
d) Bumping.

23. El procedimiento para ocultar la información mediante algoritmos se denomina:

a) Cifrado.
b) Encriptado.
c) Enrutado.
d) Ninguna de las anteriores.

24. ¿Cuál o cuáles son las tareas que le corresponden a un administrador de sistemas?

a) Crear usuarios.
b) Crear permisos.
c) Asignar permisos a los usuarios.
d) Todas las anteriores son correctas.

25. A la realización de copias de seguridad periódicas de los datos importantes se le denomina:

a) Volcado.
b) Gestión de datos.
c) BackUp.
d) Programación.

26. La unidad mínima de información en informática se denomina:

a) Byte.
b) Nibble.
c) KiloByte.
d) Bit.

27. Los ordenadores más apropiados para el tratamiento de imágenes debido a sus especificaciones son:

a) MAC.
b) Servidores.
c) Portátiles.
d) Ninguno es correcto.

28. El tipo de memoria que se utiliza cuando el sistema está encendido y para tareas del SO y de los programas de manera que cuando se apaga el PC se borra, se denomina:

a) ROM.
b) RAM.
c) SSD.
d) Disco Duro.

29. El periférico que nos ayuda a interactuar con el Sistema Operativo evitando en algunos casos el uso del teclado se denomina:

a) Monitor.
b) Pantalla.
c) Ratón.
d) Lector tarjetas.

30. ¿Cuál de los siguientes Software es de programación?

a) Controladores dispositivos.
b) Hoja de cálculo.
c) CAD.
d) Compilador.

31. ¿Cuál de las siguientes opciones se considera una arquitectura de ordenador?

a) Hardvard.
b) Windows.
c) Linux.
d) Motherboard.

32. ¿Qué velocidad de transferencia de datos permite la conexión Thunderbolt 3?

a) 10 GB/s.
b) 20 GB/s.
c) 30 GB/s.
d) 40 GB/s.

33. ¿Qué frecuencia de ondas utiliza el Bluetooth?

a) 5 GHz.
b) 2,4 GHz.
c) 10 GHz.
d) 2 MHz.

34. Las impresoras que realizan la impresión por la proyección de tinta desde un cabezal se denominan:

a) Matriciales.
b) Láser.
c) Inyección de tinta.
d) Sublimación.

35. ¿Cuál de los siguientes conectores no es un interfaz de monitor para PC?

a) USB.
b) HDMI.
c) VGA.
d) DVI.

Solución al test n.º 1

1. a) CPU.

2. b) Tarjeta de red.

3. c) Intermedios.

4. a) Integridad.

5. d) 700 MB.

6. d) Todas son correctas.

7. b) Linux.

8. a) TeraByte.

9. a) Gusano.

10. c) Spam.

11. d) Memoria RAM.

12. b) Servidor.

13. a) RISC.

14. c) ROM.

15. a) Esté imantado.

16. c) Los caracteres de las teclas no coinciden con el que indican.

17. b) De Sistema.

18. b) Tipos de datos.

19. d) Firewall.

20. b) Amenaza.

21. c) Curioso.

22. b) Hacking.

23. b) Encriptado.

24. d) Todas las anteriores son correctas.

25. c) BackUp.

26. d) Bit.

27. a) MAC.

28. b) RAM.

29. c) Ratón.

30. d) Compilador.

31. a) Hardvard.

32. d) 40 GB/s.

33. b) 2,4 GHz.

34. c) Inyección de tinta.

35. a) USB.

TEST N.º 2

Introducción a los Sistemas operativos: especial referencia a Windows. Fundamentos. Trabajo en el entorno gráfico de Windows: ventanas, iconos, menús contextuales, cuadros de diálogo. El escritorio y sus elementos. El menú inicio

1. ¿Cuál de los siguientes no es una opción de configuración de Windows 11?

a) Sistema.
b) Red e internet.
c) Cuentas de usuario.
d) Hora e idioma.

2. Los archivos y carpetas borrados se guardan en la carpeta $Recycle.Bin, que está oculta como carpeta o archivo del sistema, ¿dónde está situada?

a) Se ubica en la unidad principal del sistema operativo.
b) En la carpeta \System\Temp\Recicle.
c) Está presente en todas las unidades de disco.
d) En la carpeta \System\Recicle.

3. En Windows 11, el botón restaurar permite:

a) Maximizar, es decir, ampliar el tamaño de la ventana a toda la pantalla.
b) Ampliar el tamaño de la ventana al 50 %.
c) Colocar el tamaño inicial de cuando fue abierta.
d) Volver la pantalla a su estado anterior.

4. En Windows 11, a la leyenda "Recientes, Frecuentes, Tareas o Más visitados" lo denominamos:

a) Hello List.
b) Continuum List.
c) Jump List.
d) One List.

5. De los siguientes valores indica cuál no es una versión de Windows 11:

a) Continuum.
b) Home.
c) Enterprise.
d) Education.

6. ¿Cómo se llama la nueva opción de alineación de ventanas en Windows 11?

a) View Layouts.
b) Snap Layouts.
c) Snap View.
d) Layouts 11

7. De las siguientes características solo una pertenece al centro de actividades de Windows 11:

a) Tiene notificaciones del sistema.
b) Muestra exclusivamente notificaciones de Windows Defender.
c) Se visualiza directamente en la barra de tareas.
d) No muestra avisos del Windows Update.

8. El antivirus incorporado en Windows 11 se denomina Windows Defender pero anteriormente se denominaba:

a) Microsoft Visio.
b) Microsoft Firewall.
c) Microsoft AntiSpyware.
d) Microsoft Security SO.

9. ¿Cuál de las siguientes combinaciones abre la ventana "Ejecutar" en Windows 11?

a) Tecla del logotipo de Windows + F.
b) Tecla del logotipo de Windows + E.
c) Tecla del logotipo de Windows + R.
d) Tecla del logotipo de Windows + L.

10. En Windows 11, si queremos desplegar el panel de "inicio", ¿qué combinación de teclas usaremos?

a) Ctrl + Mayús + A.
b) Ctrl + Barra Espaciadora.
c) Ctrl + Alt + A.
d) Ctrl + Esc.

11. ¿Cuáles son las tres aplicaciones en Windows 11 para el manejo de los archivos multimedia?

a) Fotos, Música y Películas.
b) Fotos, Música y Movies.

c) Cortana, Música y Movies.
d) Fotos, Cortana y Movies.

12. Los iconos del escritorio se activan haciendo doble clic con el ratón o con el dedo en pantallas táctiles y pueden ser de tres tipos:

a) Programas, Carpetas y Accesos directos.
b) Programas, Carpetas y Aplicaciones.
c) Programas, Aplicaciones y Accesos directos.
d) Programas, Aplicaciones y Navegadores.

13. Si al usar la papelera de reciclaje nos encontramos con que no aparece en el escritorio de Windows 11, podremos activarla desde:

a) Configuración > Personalización > Temas > Configuración de iconos de escritorio.
b) Personalización > Configuración > Temas > Configuración de iconos de escritorio.
c) Personalización > Configuración > Iconos > Configuración de iconos de escritorio.
d) Configuración > Personalización > Iconos > Configuración de iconos de escritorio.

14. La combinación de teclas Windows + D:

a) Maximiza la ventana activa.
b) Restaura la ventana activa.
c) Minimiza todas las ventanas abiertas, y despeja el escritorio cuando se pulsa, y las restablecerá a su posición original al volverla a pulsar.
d) Despliega la configuración del sistema.

15. En la siguiente lista, ¿cuál de los siguientes elementos no concuerda con el resto?

a) Edge.
b) Explorer.
c) Chrome.
d) Firewall.

16. ¿Cuál de las siguientes no es una característica de Windows Defender?

a) Analizar capacidades similares a otros productos libres en el mercado e incluir un número de agentes de seguridad en tiempo real que vigilan varias áreas comunes de Windows para los cambios que pueden ser causados por el software espía.
b) Posibilidad de analizar las unidades de disco del sistema para encontrar unidades desfragmentadas que ocasionen lentitud y posibles errores de comunicación entre dispositivos locales y remotos.
c) Incluye la capacidad de eliminar fácilmente aplicaciones ActiveX instaladas en Internet Explorer.
d) Apoyo a la red de SpyNet de Microsoft, permitiéndole a los usuarios informar a Microsoft de posibles ataques de software espía, y que los controladores de dispositivos y aplicaciones pueden instalarse en sus computadores.

17. Cuál es el icono que representa las notificaciones en Windows 11:

a) Un icono de Mensaje.
b) Un icono de un Post-it.
c) Una campana.
d) Una flecha invertida.

18. ¿Qué es el TPM?

a) Un componente de Software.
b) Un componente de Hardware.
c) Una caracteristica de Windows.
d) Una parte del Bitlocker.

19. Las ventanas donde tenemos que tomar una decisión y escoger una de las opciones que presentan se llaman:

a) Cuadros de Decisión.
b) Cuadros de Diálogo.
c) Cuadros de Pregunta.
d) Cuadros de Elección.

20. Si hablamos de los accesos directos en Windows 11, podemos decir que estos se diferencian de un icono normal en:

a) Tienen un recuadro blanco con una flecha negra en la parte inferior izquierda.
b) Tienen un recuadro blanco con una flecha negra en la parte superior izquierda.
c) Tienen un recuadro blanco con una flecha negra en la parte inferior derecha.
d) Tienen un recuadro blanco con una flecha negra en la parte superior derecha.

21. Cuál es la combinación de teclas que abre el administrador de tareas de Windows 11:

a) Control.+ Alt + R.
b) Control + Alt + Suprimir.
c) Control + Mayus. + R.
d) Control + Mayus + Suprimir.

22. Cuál de las siguientes opciones son datos que ofrece la gestión de procesos abiertos del administrador de tareas:

a) Red, Disco, Motor de CPU.
b) Motor de CPU, Consumo de Energía, Red.
c) CPU, GPU y Motor de GPU.
d) CPU, Motor de CPU y GPU.

23. Cuál es el comando que permite abrir las propiedades del SISTEMA:

a) sysdm.clp.
b) syspm.cpl.
c) sysdm.cpl.
d) syspm.clp.

24. Cuál de las siguientes opciones no es un apartado de dispositivos de la configuración de Windows 11:

a) Lectura.
b) Escritura.
c) Reproducción automática.
d) Mouse y panel táctil.

25. Cuál es el rango del tamaño del Puntero del mouse:

a) De 1 a 15.
b) De 1 a 5.
c) De 1 a 100.
d) De 1 a 25.

Solución al test n.º 2

1. c) Cuentas de Usuario.

2. c) Está presente en todas las unidades de disco.

3. d) Volver la pantalla a su estado anterior.

4. c) Jump List.

5. a) Continuum.

6. b) Snap Layouts.

7. a) Tiene notificaciones del sistema.

8. c) Microsoft AntiSpyware.

9. c) Tecla del logotipo de Windows + R.

10. d) Ctrl + Esc.

11. a) Fotos, Música y Películas.

12. a) Programas, Carpetas y Accesos directos.

13. a) Configuración > Personalización > Temas > Configuración de iconos de escritorio.

14. c) Minimiza todas las ventanas abiertas, y despeja el escritorio cuando se pulsa, y las restablecerá a su posición original al volverla a pulsar.

15. d) Firewall.

16. b) Posibilidad de analizar las unidades de disco del sistema para encontrar unidades desfragmentadas que ocasionen lentitud y posibles errores de comunicación entre dispositivos locales y remotos.

17. c) Una campana.

18. b) Un componente de Hardware.

19. b) Cuadros de Diálogo.

20. a) Tienen un recuadro blanco con una flecha negra en la parte inferior izquierda.

21. b) Control + Alt + Suprimir.

22. c) CPU, GPU y Motor de GPU.

23. c) sysdm.cpl.

24. a) Lectura.

25. a) De 1 a 15.

TEST N.º 3

**El explorador de Windows. Gestión de carpetas y archivos.
Operaciones de búsqueda. Herramientas "Este equipo"
y "Acceso rápido". Accesorios. Herramientas del sistema.
Onedrive**

1. ¿Cuál de las siguientes opciones no es un permiso de usuario autentificado en una carpeta de Windows 11?

a) Lectura y escritura.
b) Lectura y ejecución.
c) Mostrar el contenido de la carpeta.
d) Modificar.

2. ¿Cuál es la combinación de teclas que hace que se abra una nueva ventana en el explorador de archivos?

a) Ctrl + N.
b) Ctrl + F.
c) Alt + N.
d) Alt + F.

3. ¿Cuál es la acción que realiza en el explorador de archivos la combinación de teclas Alt + Flecha arriba?

a) Ver la carpeta siguiente.
b) Ver la carpeta que contenía la carpeta seleccionada.
c) Ver la carpeta anterior.
d) Abrir el cuadro de diálogo Propiedades del elemento seleccionado.

4. En la frase: "Es posible que hayamos empezado a cortar un archivo y cambiemos de opinión y no queramos moverlo. No pasa nada, pulsamos la tecla _____ para indicar que no vamos a continuar". ¿A qué tecla se refiere?

a) Esc.
b) Tab.
c) Ctrl.
d) Alt + Shift.

5. ¿A cuánto equivalen 762 Kb?

a) 780.831 bits.
b) 780.831 Kbytes.
c) 780.831 Mbytes.
d) 780.831 bytes.

6. ¿Cuál es la combinación de teclas que hace que se seleccione la barra de direcciones en el explorador de archivos?

a) Ctrl + D.
b) Ctrl + F.
c) Alt + D.
d) Alt + E.

7. Desde un punto de restauración, ¿a cuál de los siguientes elementos, instalados después de crear el punto de restauración, no afecta la restauración del sistema Windows?

a) A las aplicaciones.
b) A los archivos personales.
c) A los controladores.
d) A las actualizaciones.

8. ¿Cuál de los siguientes símbolos no pueden usarse en el nombre de un archivo de Windows?

a) \ ?
b) @ ?
c) < $
d) < > &

9. ¿Qué combinación de teclas me permite volver a las carpetas anteriores en el historial del Explorador de archivos de Windows?

a) Alt + Flecha izquierda.
b) Ctrl + S.
c) Windows 🪟 + U.
d) Ctrl + Flecha izquierda.

10. En la opción "Este Equipo" del explorador de Windows, además de las carpetas por defecto, encontraré información de:

a) Conexiones de Red.
b) Unidades de disco.

c) Nuevos Elementos.
d) Carpetas favoritas.

11. En el Explorador de Windows 11:

a) Hay Cinta de Opciones, Caja de direcciones y panel de navegación.
b) Hay Cinta de Opciones, Caja de Búsqueda y panel de direcciones.
c) Hay Cinta de Opciones, Caja de navegación y panel de búsqueda.
d) Hay Cinta de Opciones, Caja de Búsqueda y panel de navegación.

12. Windows PowerShell:

a) Es la nueva ayuda en Windows 11.
b) Es el nuevo gestor de arranque del sistema.
c) Es una versión mejorada del intérprete de comandos DOS.
d) Es una forma de llamar al sistema operativo MSDos.

13. En Windows 11 queremos refrescar el contenido de la ventana activa. ¿Qué tecla o teclas de acceso rápido utilizaremos?

a) F5.
b) Ctr + X.
c) Alt + F4.
d) Ctrl + Alt + Tab.

14. ¿Cuál de los siguientes son todos modos de captura de la herramienta Recortes?

a) Forma Libre, rectangular y circular.
b) Forma Libre, ventana y línea.
c) Forma Libre, circular y ventana.
d) Forma Libre, rectangular y ventana.

15. Al realizar una búsqueda avanzada desde el explorador de Windows 11, en el tamaño, cual no es una opción correcta:

a) Minúsculo.
b) Mediano.
c) Muy grande.
d) Gigantesco.

16. ¿Cuál de los siguientes es un tipo de imagen que se puede abrir con Paint?

a) TIG.
b) JPEG.

c) TIF2.
d) ICA.

17. Al realizar una búsqueda avanzada desde el explorador de Windows 11, en la fecha de modificación, cual no es una opción correcta:

a) El mes pasado.
b) Este año.
c) Mes actual.
d) El año pasado.

18. ¿Cuál de las siguientes opciones no es operador booleano valido para buscar desde el explorador de Windows 11?

a) AND.
b) OR.
c) NOT.
d) NOR.

19. Para seleccionar varios elementos alternativos:

a) Mantenemos pulsada la tecla Shift y hacemos clic sobre los elementos.
b) Hacemos clic en el primero de los elementos y mantenemos pulsada la tecla Shift y hacemos clic sobre el último de los elementos.
c) Mantenemos pulsada la tecla Ctrl y hacemos clic sobre los elementos.
d) Hacemos clic en el primero de los elementos y mantenemos pulsada la tecla Ctrl y hacemos clic sobre el último de los elementos.

20. Para mover una carpeta lo que hacemos es:

a) Cortar y Mover.
b) Copiar y Pegar.
c) Mover y Pegar.
d) Cortar y Pegar.

21. ¿Cuál de las siguientes opciones no es una visualización de los archivos de Windows 11?

a) Iconos muy grandes.
b) Iconos.
c) Iconos medianos.
d) Iconos pequeños.

22. Podemos decir que la letra "A" en las unidades:

a) Está en desuso y solía ser para disqueteras.
b) Es para unidades extraíbles.

c) Depende de la existencia de unidad B.
d) Para grabadoras de DVD/CD.

23. En Windows 11, ¿los nombres de archivo tienen un máximo permitido?

a) No hay limitación de tamaño.
b) 255 letras.
c) 255 caracteres.
d) 255 bits.

24. En Windows 11 queremos mostrar el cuadro de diálogo de las propiedades del elemento seleccionado. ¿Qué tecla o teclas de acceso rápido utilizaremos?

a) Alt + Tab.
b) Ctrl + Enter.
c) Alt + Enter.
d) Ctrl + Alt + Tab.

25. Si queremos abrir una ventana nueva del Explorador de Windows sin tener en cuenta que haya otras abiertas, ¿qué combinación de teclas se usa?

a) Ctrl + L.
b) Mayus + E.
c) Windows ⊞+ L.
d) Windows ⊞ + E.

26. En Windows 11 queremos ver alguna información sobre el computador, como el nombre del PC, la edición de Windows instalada, o la cantidad de RAM instalada. Dentro de la configuración sistema, ¿qué opción elegiremos?

a) Aplicaciones y Características.
b) Almacenamiento.
c) Acerca de…
d) Notificaciones y Acciones.

27. Los dispositivos que se conectan mediante las entradas que permiten los conectores USB, necesitan, antes de retirarlos del equipo, cerrar todos los procesos que tienen acceso a sus archivos. Para la extracción segura de dispositivos USB se usa la función de:

a) Extracción segura.
b) Extracción USB.
c) Desconexión segura.
d) Desconexión USB.

28. En Windows 11 tenemos una aplicación muy sencilla de configurar que tiene por gran virtud simplificar el trabajo con el escáner físico tradicional, ya que permite escanear y enviar imágenes de documentos a otro fax o a una dirección de correo electrónico. ¿Cuál es su nombre?

a) Impresoras y escáneres.
b) Windows Fax.
c) Windows Scanner.
d) Fax y Escáner.

29. ¿Por qué cantidad de bits está formado un byte?

a) Por 16.
b) Por 8.
c) Por 2.
d) Por 32.

30. ¿Qué unidad de medida sería la más correcta para referirnos a discos duros considerados "grandes"?

a) Petabyte.
b) Terabyte.
c) Megabyte.
d) Kilobyte.

Solución al test nº. 3

1. a) Lectura y escritura.

2. a) Ctrl + N.

3. b) Ver la carpeta que contenía la carpeta seleccionada.

4. a) Esc.

5. d) 780.831 bytes.

6. c) Alt + D.

7. b) A los archivos personales.

8. a) \ ?

9. a) Alt + Flecha izquierda.

10. b) Unidades de disco.

11. d) Hay Cinta de Opciones, Caja de Búsqueda y panel de navegación.

12. c) Es una versión mejorada del intérprete de comandos DOS.

13. a) F5.

14. d) Forma Libre, rectangular y ventana.

15. c) Muy grande.

16. b) JPEG.

17. c) Mes actual.

18. d) NOR.

19. c) Mantenemos pulsada la tecla Ctrl y hacemos clic sobre los elementos.

20. d) Cortar y Pegar.

21. b) Iconos.

22. a) Está en desuso y solía ser para disqueteras.

23. c) 255 caracteres.

24. c) Alt + Enter.

25. d) Windows 🪟 + E.

26. c) Acerca de…

27. c) Desconexión segura.

28. d) Fax y escáner.

29. b) Por 8.

30. b) Terabyte.

TEST N.º 4

Procesadores de texto: Word 365

1. ¿Desde qué pestaña de la cinta de opciones de Word podremos comparar dos versiones de un documento?

a) Inicio.
b) Referencias.
c) Word no nos permite realizar esa acción.
d) Revisar.

2. ¿Cuál de las siguientes relaciones entre opción y grupo no es correcta?

a) Tachado y Fuente.
b) Interlineado y Párrafo.
c) Espaciado y (Párrafo +Fuente).
d) Hipervínculo (Referencias).

3. La alineación es un comando de Word 365 que afecta a:

a) La selección de texto.
b) La dirección del texto.
c) El interlineado del texto.
d) Los párrafos.

4. ¿En qué ficha y grupo está la opción para utilizar las tabulaciones?

a) Insertar / Tabulaciones.
b) Inicio / Párrafo/ botón cuadro dialogo Párrafo.
c) Inicio / formato / Tabulaciones.
d) Inicio / Tabulaciones.

5. En Word, ¿cuál es la diferencia entre pulsar INTRO y pulsar las teclas Mayúsculas + Intro ?

a) Intro indica párrafo nuevo, y Mayúsculas + Intro indica salto de línea.
b) No hay diferencias para Word.

c) Intro indica párrafo nuevo, y Mayúsculas + Intro indica salto de sección.

d) Intro indica salto de línea nuevo, y Mayúsculas + Intro indica salto de sección.

6. El botón Borrar Formato en Word:

a) Borra todo el Formato de la selección.

b) Deja el texto sin formato y lo elimina.

c) Funciona haciendo doble clic.

d) Ese botón existe en Excel pero no en Word.

7. Los sangrados en Word:

a) Definen el límite izquierdo de los párrafos de un documento, pero no el derecho.

b) Definen el límite derecho de los párrafos de un documento, pero no el izquierdo.

c) Definen el límite izquierdo y el límite derecho de los párrafos de un documento.

d) Definen el límite izquierdo de los párrafos de un documento y el estado de la primera línea de cada uno.

8. La carta modelo en un proceso de combinar correspondencia de Word:

a) Tendrá la tabla de datos para combinar.

b) No tendrá los campos de combinación.

c) Incluirá el texto que no varía.

d) Tendrá tantas hojas como datos se combinen.

9. El método más rápido para acceder a las opciones de la cinta de opciones de Word 365 es hacer un clic con el ratón sobre ellas; si queremos acceder a las distintas opciones de los paneles y menús a partir del teclado, podemos pulsar la tecla:

a) F1.

b) Shift.

c) Ctrl.

d) Alt.

10. La combinación de teclas para la alineación centrada es:

a) Ctrl + T

b) Ctrl + Q

c) Ctrl + J

d) Ctrl + Alt + C

11. El interlineado se puede definir como:

a) El espacio que hay entre los párrafos de un documento.

b) El espacio que hay entre los caracteres de un párrafo.

c) El espacio que hay entre los párrafos seleccionados.

d) El espacio que hay entre una y otra línea de un mismo párrafo.

12. ¿En qué menú de Word 365 se encuentra la opción Marcas de Agua?

a) Insertar.

b) Diseño.

c) Disposición.

d) Inicio.

13. ¿Qué combinación de teclas divide la ventana de un documento?

a) Alt + Ctrl + R

b) Alt + Ctrl + V

c) Alt + Ctrl + I

d) Alt + Ctrl + D

14. La sangría francesa:

a) Controla el límite izquierdo de todas las líneas del párrafo menos la segunda.

b) Controla el límite izquierdo de todas las líneas del párrafo menos la última.

c) Controla el límite izquierdo de todas las líneas del párrafo menos la primera.

d) Controla el límite derecho de todas las líneas del párrafo menos la segunda.

15. Para disminuir un nivel en una lista Multinivel de Word 365 pulsamos:

a) Mayúsculas + Control.

b) Mayúsculas + Ins.

c) Mayúsculas + L.

d) Ninguna es correcta.

16. ¿ Cuál es el valor máximo del porcentaje de Escala del espaciado de caracteres?

a) 400.

b) 600.

c) 200.

d) 1000.

17. ¿Cuál es la definición de tabulación de barra?

a) Alinea el texto tabulado del lado derecho.

b) Alinea los números decimales.

c) Dibuja una línea vertical en el documento.

d) Te permite insertar un marcador de sangría en la regla horizontal para alinear la primera línea de los párrafos del texto.

18. ¿Qué combinación de teclas inserta una nota al pie de página?

a) Ctrl + Alt + O
b) Ctrl + Alt + D
c) Ctrl + Alt + S
d) Ctrl + Alt + R

19. Un estilo de Word 365 puede ser:

a) De párrafo, carácter, imagen y tabla.
b) De párrafo, carácter, imagen y lista.
c) De párrafo, carácter, lista y tabla.
d) Ninguna es correcta.

20. La biblioteca de viñetas es:

a) El conjunto de viñetas usadas en el documento actual.
b) El conjunto de viñetas disponibles para usar.
c) El conjunto de viñetas de tipo párrafo.
d) El conjunto de viñetas de tipo true type.

21. ¿Cuál de las siguientes no es una alineación válida de una tabla en Word 365?

a) Ajustar a la izquierda.
b) Ajustar a la derecha.
c) Ajustar al centro.
d) Derecha.

22. ¿Cuál es la combinación de teclas en Word 365 que sirve para moverse una celda a la izquierda de la actual?

a) Alt + Tab.
b) Flecha izquierda.
c) Tab.
d) Mayúsc + Tab.

23. ¿Cuál de las siguientes afirmaciones es correcta en Word 365?

a) El botón *Combinar celdas* solo estará activo si hay más de una celda seleccionada en la tabla.
b) El botón *Combinar celdas* solo estará activo si hay una celda seleccionada en la tabla.
c) El botón *Combinar celdas* solo estará activo si hay menos de cinco celdas seleccionadas en la tabla.
d) El botón *Combinar celdas* solo estará activo si hay más de tres celdas seleccionada en la tabla.

24. Si estando situados en la última celda de la segunda fila de una tabla de Word 365 pulsamos la tecla *Tab*, ¿qué sucederá?

a) Si no estamos en la última fila, se creará una nueva fila.
b) Se desplazará a la celda siguiente siempre que no estemos en la penúltima columna.
c) Si es la última fila creará una nueva fila.
d) Se desplazará a la celda anterior.

25. ¿Cuál de los siguientes valores es un tipo correcto para usar en una columna de Word 365?

a) Párrafo.
b) Fecha/Hora.
c) Número.
d) Booleano.

26. ¿Cuántas opciones de cambio de dirección de texto tenemos en Word 365?

a) 2.
b) 4.
c) 5.
d) 3.

27. Si tenemos el siguiente texto "CARLOS,TOJEIRO,ALCALÁ,20,47 €,CALLE REAL 25,15002,A CORUÑA" y usamos la utilidad de convertir texto en tabla, con separador de ",", ¿cuántas columnas y filas nos ofrecerá por defecto?

a) 8 columnas y 1 fila.
b) 1 columna y 8 filas.
c) 7 columnas y 1 fila.
d) 1 columna y 7 filas.

28. La extensión de la plantilla por defecto en Word 365 es:

a) dotx
b) dotm
c) docx
d) dot

29. La combinación de teclas que crea un salto de línea manual es:

a) Control + Enter
b) Mayúsculas + Enter
c) Alt + Enter
d) Control + Alt + Enter

30. ¿Cuál de las siguientes es un ajuste válido del texto con respecto a una tabla en Word 365?

a) Alrededor.
b) Estrecho.
c) En línea con el texto.
d) Cuadrado.

31. ¿Cuántos tipos de tabulaciones y de rellenos en ellas, hay en Word 365?

a) 4 y 4.
b) 4 y 3.
c) 5 y 4.
d) 5 y 3.

32. ¿Cuál de las siguientes opciones son los saltos de sección correctos en Word 365?

a) Página Continua, De Página par, Página impar.
b) Página Siguiente, Columna, Página par, Página impar.
c) Página Siguiente, Continua, Página par, Página impar.
d) Página Siguiente, Continua, Columna, Ajuste de texto.

33. Indica cuál no es una opción válida de los tipos de efecto de texto en Word 365?

a) Reflejo.
b) Iluminado.
c) Bordes suaves.
d) Sombreado.

34. En Word 365, hay varios tipos de SmartArt, ¿cuál de los indicados a continuación NO es uno de ellos?

a) Ciclo.
b) Jerárquico.
c) Matriz.
d) Pirámide.

35. En Word 365, cuando insertamos una tabla, ¿cuál de las siguientes opciones no es un valor del autoajuste correcta?

a) Ancho de columna fijo.
b) Autoajustar al contenido.
c) Ancho de columna automático.
d) Autoajustar a la ventana.

Solución al test n.º 4

1. d) Revisar.

2. d) Hipervínculo (Referencias).

3. d) Los párrafos.

4. b) Inicio / Párrafo/ botón cuadro dialogo Párrafo.

5. a) Intro indica párrafo nuevo, y Mayúsculas + Intro indica salto de línea.

6. a) Borra todo el Formato de la selección.

7. c) Definen el límite izquierdo y el límite derecho de los párrafos de un documento.

8. c) Incluirá el texto que no varía.

9. d) Alt.

10. a) Ctrl + T

11. d) El espacio que hay entre una y otra línea de un mismo párrafo.

12. b) Diseño.

13. b) Alt + Ctrl + V

14. c) Controla el límite izquierdo de todas las líneas del párrafo menos la primera.

15. d) Ninguna es correcta.

16. b) 600.

17. c) Dibuja una línea vertical en el documento.

18. a) Ctrl + Alt + O

19. c) De párrafo, carácter, lista y tabla.

20. b) El conjunto de viñetas disponibles para usar.

21. b) Ajustar a la derecha.

22. d) Mayúsc + Tab.

23. a) El botón Combinar celdas solo estará activo si hay más de una celda seleccionanada en la tabla.

24. c) Si es la última fila creará una nueva fila.

25. c) Número.

26. d) 3.

27. a) 8 columnas y 1 fila.

28. b) dotm

29. b) Mayúsculas + Enter

30. a) Alrededor.

31. d) 5 y 3.

32. c) Página Siguiente, Continua, Página par, Página impar.

33. d) Sombreado.

34. b) Jerárquico.

35. c) Ancho de columna automático.

TEST N.º 5

Hojas de cálculo: Excel 365

1. Si queremos eliminar un comentario que tiene una celda de Excel 365, ¿a qué ficha tenemos que acceder?

a) Revisar.
b) Comentarios.
c) Datos.
d) Programador.

2. Las constantes de Excel 365 pueden ser valores:

a) Numéricos y de tipo texto.
b) Horas y Fechas.
c) Numéricos, de texto, horas y fechas.
d) Numéricos, de texto, horas y fechas y booleanos.

3. Si en una celda aparecen símbolos de sostenido (#####):

a) Está en notación científica negativa.
b) Es un valor de texto incorrecto.
c) El valor no cabe en la altura de la celda.
d) El valor no cabe en la anchura de la celda.

4. De manera predeterminada, Excel 365:

a) Muestra 1 hoja de cálculo.
b) Muestra 5 hojas de cálculo.
c) Muestra 10 hojas de cálculo.
d) Es un valor configurable.

5. La opción de ocultar Hoja de Excel 365 podemos encontrarla en:

a) El botón de lista *Insertar*.
b) El botón de lista *Hoja*.
c) El botón de lista *Formato*.
d) El botón de lista *Eliminar*.

6. La etiqueta de la hoja de cálculo se colorea totalmente cuando:

a) Estás en una hoja distinta.
b) Estás en la propia hoja.
c) Siempre está coloreada.
d) Si la hoja no está totalmente vacía.

7. En la ficha Página, en el grupo *Configurar Página*, podemos:

a) Definir los márgenes de la hoja.
b) Definir los saltos de página.
c) Definir la orientación.
d) Definir los márgenes, los saltos de página pero no el centrado de las páginas.

8. La escala de ajuste de la hoja de cálculo, tiene un valor máximo de:

a) 100 %.
b) 400 %.
c) 250 %.
d) 150 %.

9. Un encabezado en Excel 365 es la parte de la Hoja que está:

a) Entre el borde inferior y el margen superior.
b) Entre el borde inferior y el margen inferior.
c) Entre el borde superior y el margen superior.
d) Entre el borde superior y el margen superior.

10. El código #N/A es:

a) Error de acceso a la celda.
b) Fórmula matricial.
c) Error de celda.
d) División por 0.

11. Las funciones de Excel 365 son:

a) Fórmulas predefinidas.
b) Cálculos predefinidos.
c) Argumentos predefinidos.
d) Macros.

12. La función =SUMA(A1 ; A8 ; A10)

a) Suma todas las celdas desde la A1 a la A8 y además la A10.
b) Suma todas las celdas desde la A1 a la A10 menos la A8.
c) Suma todas las celdas desde la A1 a la A8 y el resultado lo coloca en la A10.
d) Suma las celdas A1, A8 y la A10.

13. La función =SUMA(A1 ; 3 ; A8)

a) Suma 3 veces la celda A1 y la A8.
b) Suma la celda A1 y 3 veces la celda A8.
c) No es una formula correcta.
d) Suma la celda A1, una constante de 3 y la celda A8.

14. La función RESIDUO:

a) Calcula el interés residual de un préstamo.
b) Devuelve el resto de una división.
c) Calcula la parte entera de una división.
d) No es una función correcta, sería RESTO.

15. La función" =REDONDEAR (B3 ; -2)", teniendo en B3 el valor "14,14":

a) Dará un error como resultado.
b) Redondea el valor B3 al valor más cercano a "-2".
c) Redondea el valor B3 y le resta "2".
d) Devuelve como resultado 0.

16. Un gráfico en Excel 365 puede llegar a tener:

a) Eje X.
b) Eje X, Eje Y.
c) Eje X, Eje Y, Eje Z.
d) Eje X y Eje Z.

17. El eje de valores de un gráfico en columnas:

a) Puede ser el eje vertical.
b) Puede ser el eje horizontal.
c) Puede ser el eje vertical u horizontal.
d) Un gráfico de columnas no tiene eje de valores.

18. Si en los rótulos de la lista aparecen botones de lista desplegable es porque:

a) Se ha realizado una ordenación personalizada.
b) Se ha realizado un Filtrado.
c) Se ha realizado un Subtotal.
d) Se ha realizado un Filtro Avanzado.

19. Los datos de una lista de una hoja de cálculo se ordenan:

a) Alfabéticamente.
b) Personalizadamente.

c) Puede ser Alfabéticamente o Personalizadamente.
d) Por la fila de las celdas afectadas.

20. El área de trazado de un gráfico:

a) Es el área total ocupada por el gráfico.
b) Es el área que ocupa la representación de las series de datos.
c) Es el área que ocupan el título y la leyenda del gráfico.
d) Es el área que ocupa la leyenda y los rótulos de datos.

21. En un ejercicio de consolidación de diferentes hojas en varios libros, ¿cuál de los siguientes comentarios es verdadero?

a) El tamaño de los rangos usados tiene que ser el mismo.
b) No pueden usarse rangos de diferentes libros.
c) Ambas son verdaderas.
d) Ambas son falsas.

22. En el asistente para convertir texto en columnas, ¿cuál no es un separador valido?

a) Tabulación.
b) Coma.
c) Punto.
d) Punto y coma.

23. En notación científica de Excel 365 el valor "1E3" significa:

a) 1 por 10 elevado a 3.
b) 1 por 10 logaritmo de 3.
c) 1 por 10 logaritmo neperiano de 3.
d) Ninguna es correcta.

24. La combinación en Excel 365 para insertar una hoja de cálculo nueva es:

a) Mayús + N
b) Mayús + H
c) Mayús + W
d) Ninguna es correcta.

25. Los argumentos de una función de Excel 365 se separan por:

a) Punto.
b) Coma.
c) Punto y Coma.
d) Signo +.

26. Los argumentos de una función en Excel 365 pueden ser:

a) Solamente números, texto y rangos.
b) Entre otras cosas valores lógicos.
c) Entre otras cosas paréntesis.
d) Ninguna es correcta.

27. La función "=ABS(4*-2)" en Excel 365 dará como resultado:

a) Error #N/A
b) 8
c) Error #!VAL¡
d) -8

28. Si la función REDONDEAR de Excel 365 tiene como argumento de decimales "0":

a) Redondea al número entero más próximo.
b) Redondea al número entero de nivel inferior.
c) Redondea al número entero de nivel superior.
d) Ninguna es correcta.

29. ¿Cuál no es un elemento de un gráfico en Excel 365?

a) Leyenda.
b) Eje de coordenadas.
c) Eje de valores.
d) Serie de datos.

30. En una tabla dinámica de Excel 365 no hay:

a) Etiquetas de fila.
b) Etiquetas de columna.
c) Filtro de valores.
d) Filtro de informe.

31. En un formato de una celda de Excel 365, ¿qué significa un símbolo "#"?

a) Ese espacio será ocupado por un número.
b) Una posición decimal.
c) Una posición entera.
d) Ese espacio será ocupado por un carácter.

32. Si en la celda A2, tenemos el siguiente valor sin las comillas, "Carlos Tojeiro", y usamos en la celda A3 la siguiente fórmula, "=DERECHA(A2)" el resultado será:

a) C
b) Dara error.
c) ojeiro.
d) o

33. ¿Cuál de las siguientes opciones no es configurable en el criterio de validación, si estamos configurando una validación de datos de una celda de Excel 365?

a) Permitir.
b) Destino.
c) Omitir blancos.
d) Origen.

34. Si tenemos los siguientes valores en las celdas:
- **A1 =10**
- **A2=5**
- **A3=2**

¿Qué resultado dará la siguiente fórmula?
$$=O(promedio(A1;A2)<A3;A1<A2)$$

a) VERDADERO
b) FALSO.
c) 10.
d) 2,5.

35. Si seguimos con los valores en las celdas de la pregunta anterior, ¿qué resultado dará la siguiente fórmula?
$$=Y(A1>2;O(A2=(A1/A3);A1<>A1))$$

a) VERDADERO
b) FALSO.
c) 10.
d) 2,5.

Solución al test n.º 5

1. a) Revisar.

2. c) Numéricos, de texto, horas y fechas.

3. d) El valor no cabe en la anchura de la celda.

4. d) Es un valor configurable.

5. c) El botón de lista Formato.

6. a) Estás en una hoja distinta.

7. c) Definir la orientación.

8. b) 400 %.

9. c) Entre el borde superior y el margen superior.

10. c) Error de celda.

11. a) Fórmulas predefinidas.

12. d) Suma las celdas A1, A8 y la A10.

13. d) Suma la celda A1, una constante de 3 y la celda A8.

14. b) Devuelve el resto de una división.

15. d) Devuelve como resultado 0.

16. c) Eje X, Eje Y, Eje Z.

17. c) Puede ser el eje vertical u horizontal.

18. b) Se ha realizado un Filtrado.

19. c) Puede ser Alfabéticamente o Personalizadamente.

20. b) Es el área que ocupa la representación de las series de datos.

21. d) Ambas son falsas.

22. c) Punto.

23. a) 1 por 10 elevado a 3.

24. d) Ninguna es correcta.

25. c) Punto y Coma.

26. b) Entre otras cosas valores lógicos.

27. b) 8.

28. a) Redondea al número entero más próximo.

29. b) Eje de coordenadas.

30. c) Filtro de valores.

31. a) Ese espacio será ocupado por un número.

32. d) o.

33. b) Destino.

34. b) FALSO.

35. a) VERDADERO.

Correo electrónico: conceptos elementales y funcionalidades de los clientes de correo. Outlook 365

1. Di cuál es una dirección de correo válida:

a) persona@proveedorcom
b) www.proveedor.com
c) persona.proveedor.com
d) cta@cts.es.

2. La parte de la izquierda de una dirección de correo electrónico se denomina:

a) Dominio.
b) Organización.
c) Dominio de organización.
d) Nombre de Usuario.

3. ¿Cuál de las siguientes combinaciones de teclas es la que está asociada a "Responder a todos"?

a) Ctrl + R
b) Ctrl + Mayús+ R
c) Ctrl + F
d) Ctrl + U

4. Los clientes de correo POP:

a) Tienen que estar conectados todo el tiempo.
b) Los mensajes se descargan de golpe si están disponibles.
c) Los mensajes se descargan parcialmente aun sin estar disponibles.
d) Tienen que estar conectados a intervalos de 15'.

5. ¿Qué es un Hoax?

a) Un Bulo o Noticia falsa.
b) Suplantación de identidad.

c) Un virus.
d) Un error de configuración en el navegador.

6. El protocolo SMTP:

a) Permite recibir mensajes.
b) Permite enviar mensajes.
c) Permite enviar y recibir mensajes.
d) No es un protocolo.

7. Cuando un usuario envía un correo:

a) El mensaje se dirige primero hasta el buzón de correo de su proveedor de internet.
b) El mensaje se dirige primero hasta el buzón de correo del proveedor de internet del destinatario.
c) El mensaje se dirige primero hasta el buzón de correo del proveedor de internet del destinatario si es de tipo POP.
d) El mensaje se dirige primero hasta el buzón de correo del proveedor de internet del destinatario si es de tipo SMTP.

8. En Microsoft Outlook se pueden configurar:

a) Correos gratuitos.
b) Correos de proveedor de pago.
c) Tanto correos gratuitos como de proveedores de pago.
d) Correos de proveedor de pago, pero con licencia empresarial.

9. ¿Cuál de las siguientes expresiones no es correcta?

a) Los destinatarios incluidos en un campo CCO pueden recibir el correo y ver el resto de los destinatarios incluidos en los campos Para y CC, así como responderles.
b) Los destinatarios incluidos en un campo CCO no pueden ver a otros posibles destinatarios del campo CCO.
c) Ningún destinatario, independientemente del campo donde se encuentre, tendrá constancia de alguna dirección de correo electrónico incluida en CCO.
d) Solo los destinatarios del campo PARA podrán saber qué personas han recibido el mensaje en copia oculta.

10. La carpeta de correo no deseado o Spam contiene:

a) Correos recibidos con origen desconocido.
b) Correos enviados con destino sospechoso.
c) Correos recibidos o enviados con origen desconocido.
d) Correos enviados con destino sospechoso de los últimos 30 días.

11. Al pulsar la opción de imprimir de la ficha archivo, en Outlook, podemos elegir en la configuración entre "tabla" o "memorando"; ¿qué diferencia existe entre ambas opciones?

a) Tabla imprime la lista de correos y Memorando el correo seleccionado.

b) Tabla imprime el correo seleccionado y Memorando la lista de correos.

c) Tabla imprime el correo seleccionado y Memorando permite modificar la configuración de la impresión.

d) Tabla imprime el correo seleccionado en formato tabular y Memorando solo el asunto.

12. La opción "Responder a todos":

a) Responde al remitente y a los usuarios de la lista de contactos seleccionados previamente.

b) Responde al remitente y al resto de usuarios que estén en el mensaje.

c) Responde al remitente y solo a los usuarios del mensaje que estén en el CC.

d) Responde al remitente y solo a los usuarios del mensaje que estén en el "Para".

13. Los destinatarios del campo CC:

a) No son visibles para los del campo CCO.

b) Solo son visibles para los del campo PARA.

c) Solo son visibles para los del campo CC.

d) Son visibles para todos los destinatarios.

14. Las prioridades del mensaje pueden tener prioridad:

a) Alta y Media.

b) Alta, Media y Baja.

c) Alta y Baja.

d) Alta, Media y Normal.

15. La parte del entorno que permite ver una vista previa del correo seleccionado se llama:

a) Panel de lectura.

b) Visor de lectura.

c) Vista de lectura.

d) Panel de Vista.

16. Al reenviar un mensaje en el asunto aparecerá:

a) RE:

b) RW:

c) RS:

d) RV.

17. Las reglas de Outlook:

a) No pueden ejecutarse manualmente.

b) No pueden ejecutarse automáticamente.

c) Pueden ejecutarse manual o automáticamente.

d) No pueden ejecutarse manualmente, pero sí automáticamente.

18. Las reglas pueden aplicarse:

a) Solo para mensajes que se reciban.

b) Solo para mensajes que se envían.

c) Para mensajes que se envían o reciben.

d) Solo para mensajes que se envían de un determinado remitente.

19. La extensión de los archivos de archivado de mensajes es:

a) PST.

b) PTS.

c) PAT.

d) ICS.

20. El icono de seguimiento se corresponde en Outlook con:

a) Una flecha azul.

b) Una admiración roja.

c) Una bandera roja.

d) Una bandera azul.

21. La pestaña de ENVIAR y RECIBIR, solo aparece visible:

a) Cuando estamos redactando un correo nuevo.

b) Cuando estamos dentro de la opción de correo.

c) Cuando tenemos marcado un correo de la bandeja de salida.

d) Ninguna es correcta.

22. Los mensajes no leídos:

a) Aparecen en fondo azul.

b) Tienen una banderita de color rojo.

c) Aparece un sobre abierto en azul.

d) Ninguna es correcta.

23. Al usar la opción de RESPONDER a TODOS:

a) No podemos usar el CCO.
b) Solo podemos usar el PARA y el CCO.
c) Podemos usar PARA, CC y CCO.
d) Ninguna es correcta.

24. La longitud máxima de una dirección de correo electrónica es de:

a) 400.
b) 250.
c) 254.
d) 350.

25. La longitud mínima de un correo electrónico es de:

a) 6.
b) 4.
c) 3.
d) 10.

26. ¿Cuál de loas siguientes combinaciones de teclas es la que está asociada a "Responder"?

a) Ctrl + R
b) Ctrl + Mayuús+ R
c) Ctrl + F
d) Ctrl + U

27. En Outlook 365, ¿cuál es la nomenclatura correcta para el objeto usado para enviar un correo a varias personas:?

a) Lista de usuarios.
b) Grupo de usuarios.
c) Grupo de contactos.
d) Lista de distribución.

28. ¿Cuál de las siguientes combinaciones de teclas es la que está asociada a "Reenviar"?

a) Ctrl + R
b) Ctrl + Mayús+ R
c) Ctrl + F
d) Ctrl + U

29. Sobre el correo electrónico indica cuál de las siguientes afirmaciones es falsa:

a) En el envío y recepción de un correo electrónico no es necesario que el emisor y receptor se encuentren conectados simultáneamente.

b) Entre otros, algunos de los protocolos que intervienen en la emisión y recepción son MIME, SMTP y POP3.

c) El uso de un cliente de correo tipo webmail requiere tener instalado el protocolo POP3 en el equipo local donde se utilice ese cliente web mail.

d) Existen herramientas que inspeccionan los correos electrónicos recibidos e intentan determinar si se trata de un correo basura o spam.

30. En Outlook 365 de forma predeterminada en la característica de correo, ¿en qué pestaña y grupo de comandos se encuentra el comando nuevo mensaje de correo electrónico?

a) Pestaña enviar y recibir y grupo enviar.

b) Pestaña inicio y grupo enviar y recibir.

c) Pestaña enviar y recibir y grupo nuevo.

d) Pestaña inicio y grupo nuevo.

31. En Outlook 365, sobre el envío respuesta y reenvío, ¿cuál de las siguientes afirmaciones es falsa?

a) Al responder a un mensaje se agrega el prefijo RE: a la línea del asunto.

b) Al responder a un mensaje los datos adjuntos al mensaje original se incluyen en la respuesta.

c) Al reenviar un mensaje se agrega el prefijo RV: a la línea de asunto.

d) Varios mensajes de correo electrónico se pueden reenviar como una colección en un solo mensaje.

32. En Outlook 365 de forma predeterminada en la característica de correo, ¿en qué pestaña y grupo de comandos se encuentra el comando Responder?

a) Pestaña Enviar y recibir y grupo Responder.

b) Pestaña Inicio y grupo Enviar y recibir.

c) Pestaña Enviar y recibir y Grupo Correo.

d) Pestaña Inicio y grupo Responder.

Solución al test nº. 6

1. d) cta@cts.es.

2. d) Nombre de Usuario.

3. b) Ctrl + Mayús+ R

4. b) Los mensajes se descargan de golpe si están disponibles.

5. a) Un Bulo o Noticia falsa.

6. b) Permite enviar mensajes.

7. a) El mensaje se dirige primero hasta el buzón de correo de su proveedor de internet.

8. c) Tanto correos gratuitos como de proveedores de pago.

9. d) Solo los destinatarios del campo PARA podrán saber qué personas han recibido el mensaje en copia oculta.

10. a) Correos recibidos con origen desconocido.

11. a) Tabla imprime la lista de correos y Memorando el correo seleccionado.

12. b) Responde al remitente y al resto de usuarios que estén en el mensaje.

13. d) Son visibles para todos los destinatarios.

14. c) Alta y Baja.

15. a) Panel de lectura.

16. d) RV.

17. c) Pueden ejecutarse manual o automáticamente.

18. c) Para mensajes que se envían o reciben.

19. a) PST.

20. c) Una bandera roja.

21. b) Cuando estamos dentro de la opción de correo.

22. d) Ninguna es correcta.

23. c) Podemos usar PARA, CC y CCO.

24. c) 254.

25. a) 6.

26. a) Ctrl + R

27. c) Grupo de contactos.

28. c) Ctrl + F

29. c) El uso de un cliente de correo tipo webmail requiere tener instalado el protocolo POP3 en el equipo local donde se utilice ese cliente web mail.

30. d) Pestaña inicio y grupo nuevo.

31. b) Al responder a un mensaje los datos adjuntos al mensaje original se incluyen en la respuesta.

32. d) Pestaña inicio y grupo Responder.

La Red Internet: origen, evolución y estado actual. Conceptos elementales sobre protocolos y servicios en Internet. Amenazas en la red. Navegadores web. Buscadores. Aplicabilidad de la Inteligencia Artificial

1. ¿Qué afirmación es correcta al respecto de Internet?

a) Internet es una red de ordenadores centralizada.
b) Internet es una red de ordenadores descentralizada.
c) Internet es un conjunto de ordenadores sin relación de ningún tipo.
d) Ninguna de las anteriores.

2. ¿Cuándo apareció el primer navegador Web?

a) En 1980.
b) En 1989.
c) En 1990.
d) En 1999.

3. La publicidad en la red de Internet se conoce como:

a) Banner.
b) Pop-Ups.
c) Chats.
d) Cookies.

4. ¿Cómo se denomina a la red local de datos?

a) WAN.
b) UMTS.
c) WiFi.
d) LAN.

5. ¿Cuál de los siguientes términos no está relacionado con protocolos de Internet?

a) TCP/IP.
b) HTTP.
c) Java.
d) FTP.

6. El lugar donde se ofrecen páginas de Internet para ser consultadas se denomina:

a) Proxy.
b) Server.
c) Gateway.
d) Rúter.

7. Para convertir un nombre de dominio en una dirección IP pública a la que poder acceder se hace uso de:

a) DNS.
b) NDS.
c) SDN.
d) Gateway.

8. Para proteger nuestro PC de accesos indeseados, se puede hacer uso de:

a) Gateway.
b) Router.
c) Firewall.
d) Ninguna de las respuestas anteriores es correcta.

9. ¿Cuál es una de las particularidades del protocolo TCP/IP?

a) Es un protocolo específico para dispositivos móviles.
b) No permite detectar paquetes perdidos.
c) Permite identificar paquetes no recibidos y solicitarlos de nuevo.
d) Ninguna de las anteriores.

10. ¿Qué pretenden los operadores con el uso del CG-NAT?

a) Usar una misma IP pública para varios usuarios.
b) Aumentar la velocidad de las conexiones.
c) Generar más tráfico en la red.
d) Ninguna de las anteriores.

11. Indica cuál de las siguientes direcciones IP es errónea:

a) 192.168.2.1
b) 192.256.2.5

c) 80.52.63.5
d) 123.2.1.1

12. Indica cuál de las siguientes opciones no es un navegador de Internet:

a) Edge.
b) Chrome.
c) Safari.
d) Filezilla.

13. Para ver el histórico de navegación en Edge, podemos hacer uso de la combinación de teclas:

a) Ctrl + Mayús + H.
b) Ctrl + H.
c) Mayús + H.
d) Ninguna de las anteriores

14. ¿Qué formato de compresión de imágenes se suele usar para las webs?

a) RAW.
b) MPEG.
c) JPG.
d) BMP.

15. Los enlaces a páginas web o partes de un documento se denominan:

a) Vínculos.
b) Anclas.
c) Extensiones.
d) Ventanas.

16. ¿Como se denomina al objeto referente a guardar una página web para visitarla de forma más fácil posteriormente?

a) Marcador.
b) Favorito.
c) Las dos respuestas anteriores son correctas.
d) Vínculo.

17. La memoria donde se carga parte de la página web que se visita para navegar más rápido y transmitir únicamente los cambios en la misma se denomina:

a) Cookie.
b) Caché.

c) Historial.
d) Marcador.

18. ¿Qué son las cookies de un navegador Web?

a) Son una memoria para acceder más rápidamente a las webs.
b) Son los datos del usuario que se almacenan al acceder a ciertas webs para agilizar su uso en futuros accesos.
c) Son elementos que dificultan la navegación a través de internet.
d) Son virus que ralentizan la navegación.

19. ¿Qué servicios se pueden utilizar para hacer copias de seguridad de datos o compartir archivos en la nube?

a) Facebook.
b) DropBox.
c) Twitter.
d) Ninguno de los anteriores.

20. El contenido de la red y los niños es un tema que se trata en una disciplina denominada:

a) Ciberética.
b) Proveedores.
c) El protocolo TCP.
d) Ninguna de las respuestas anteriores es correcta.

21. ¿Cuál es la forma de acceso a internet más utilizada a día de hoy en los hogares?

a) Modem RTC.
b) UMTS.
c) Fibra.
d) Radio.

22. El símbolo utilizado para separar el nombre de usuario del servidor en las direcciones de correo electrónico es:

a) Q
b) O
c) &
d) @

23. Para conectar con un ordenador remoto con la finalidad de darle órdenes se utiliza el protocolo:

a) Telnet.
b) HTML.

c) TCP/IP.
d) FTP.

24. ¿Qué es un dominio informático en relación con Internet?

a) Una posesión.
b) Una dirección única en internet.
c) Un hardware para conectarse más rápidamente.
d) Ninguna de las respuestas anteriores es correcta.

25. Para navegar con seguridad es conveniente realizar ¿cuál de las siguientes opciones?

a) Entrar solo en sitios conocidos.
b) Usar antivirus.
c) Usar Firewall.
d) Todas las respuestas anteriores son correctas.

26. En los contenidos Web debería prevalecer para facilitar su visualización y navegabilidad ¿qué característica?

a) La simplicidad y claridad.
b) El diseño y la multitud de datos.
c) La inclusión de la mayor cantidad de datos posible para que el usuario tenga todo a su disposición.
d) Ninguna de las respuestas anteriores es correcta.

27. Indica cuál de las siguientes opciones no es un buscador de internet:

a) Google.
b) DuckDuckGo.
c) Bing.
d) Gmail.

28. Para preservar la confidencialidad de la información, convendría usar ¿qué buscador de contenidos?

a) Google.
b) Bing.
c) Duckduckgo.
d) Ninguno de los anteriores.

29. El nuevo protocolo de asignación de IP previsto para disponer de más números se denomina:

a) IPv4.
b) IPv6.
c) IPv5.
d) IPv3.

30. Para optimizar la navegación por internet conviene, de vez en cuando ¿qué acción realizar?

a) Borrar cookies y caché.
b) Dejarlo todo como está.
c) Navegar sobre todo de noche cuando hay menos tráfico.
d) Ninguna de las anteriores.

31. La organización que vela por los estándares a utilizar en la Web se denomina:

a) W3C.
b) WAC.
c) 3WC.
d) WWW.

32. ¿Cuál de las siguientes aplicaciones se utiliza para chats o videoconferencias?

a) Facebook.
b) Skype.
c) Onedrive.
d) Anydesk.

33. El tipo de comercio utilizado para realizar transacciones entre consumidores particulares se denomina:

a) B2B.
b) B2C.
c) B2G.
d) C2C.

34. ¿Qué velocidad de transferencia podrá alcanzar el 5G de móvil?

a) 100 Mbps.
b) 1 Gbps.
c) 10 Gbps.
d) 100 Gbps.

35. ¿Qué utilizan actualmente los proveedores de internet para dotar de IPs a los clientes y facilitarles acceso a internet?

a) CGNAT.
b) Virtual Com.
c) DNS.
d) Emails.

36. Ana estaba trabajando en su ordenador cuando intentó acceder al archivo en el cual guardaba la contabilidad de la empresa. Tras varios intentos observó que no podía abrirlo y le llegó un mensaje de email en el que le pedían 500€ por liberarlo. ¿Qué nombre tiene la amenaza de la red que consiste en encriptar un archivo para luego pedir algo a cambio de liberarlo?

a) Troyano.
b) Ramsonware.
c) Gusano.
d) Bomba lógica.

37. Antonio usaba su móvil continuamente y muchas veces necesitaba cargarlo en sitios públicos. De repente un día empezó a hacer cosas raras y observó que cabía la posibilidad de que se lo hubieran hackeado. ¿Qué es lo que podía haberle pasado con mayor probabilidad?

a) Spoofing.
b) Botnet.
c) Juice-Jacking.
d) Ramsonware.

38. Juan usaba su altavoz Alexa continuamente y se dio cuenta de que aprendía día a día y mejoraba la interacción con él. ¿Gracias a qué puede pasar esto?

a) IA.
b) Ramsonware.
c) Pishing.
d) Ninguna de las anteriores.

39. Sofía tuvo un problema con el recibo de la luz y tuvo que ponerse en contacto con la compañía. Para ello hizo uso de un chat que la fue dirigiendo por diversas opciones hasta que finalmente pudo solucionar el problema. ¿Qué denominación tiene este tipo de aplicación de IA?

a) Pishing.
b) Vishing.
c) Chatbot.
d) Ramsonware.

40. Pedro se dio cuenta de que estaban usando sus datos personales sin consentimiento y decidió denunciar lo sucedido. ¿Dónde debe proceder?

a) Agencia española de protección de datos.
b) Ministerio de información.
c) Policía Municipal.
d) No puede denunciar.

Solución al test n.º 7

1. b) Internet es una red de ordenadores descentralizada.

2. c) En 1990.

3. a) Banner.

4. d) LAN.

5. c) Java.

6. b) Server.

7. a) DNS.

8. c) Firewall.

9. c) Permite identificar paquetes no recibidos y solicitarlos de nuevo.

10. a) Usar una misma IP pública para varios usuarios.

11. b) 192.256.2.5.

12. d) Filezilla.

13. a) Ctrl + H.

14. c) JPG.

15. a) Vínculos.

16. c) Las dos respuestas anteriores son correctas.

17. b) Caché.

18. b) Son los datos del usuario que se almacenan al acceder a ciertas web para agilizar su uso en futuros accesos.

19. b) DropBox.

20. a) Ciberética.

21. c) Fibra.

22. d) @.

23. a) Telnet.

24. b) Una dirección única en internet.

25. d) Todas las respuestas anteriores son correctas.

26. a) La simplicidad y claridad.

27. d) Gmail.

28. c) Duckduckgo.

29. b) IPv6.

30. a) Borrar cookies y caché.

31. a) W3C.

32. b) Skype.

33. d) C2C.

34. b) 1 Gbps.

35. a) CGNAT.

36. b) Ramsonware.

37. c) Juice-Jacking.

38. a) IA.

39. c) Chatbot.

40. a) Agencia española de protección de datos.

Cómo acceder al Curso

Auxiliar de Administración General
Test

El uso de los códigos **es exclusivo de los compradores de los productos de Editorial MAD**. Cada producto posee un código único y de un solo uso. Es personal e intransferible y da acceso a servicios y contenidos adicionales. Editorial MAD se reserva el derecho de hacer cuantas comprobaciones sean necesarias para identificar al legítimo poseedor del código y dejar de dar servicio a quien haga uso fraudulento del mismo, además de emprender cuantas acciones legales estime oportunas según la legislación vigente.

Deberás acceder a:

mad.es/registro-campus

Si una vez aceptadas las condiciones de uso del Campus decides hacer uso del mismo, necesitarás del siguiente código de acceso junto con los códigos del resto de títulos que se exigen (si fuera el caso):

WB2A17PQZV